陕西师范大学优秀著作出版基金资助出版

城市旅游用地发展及对城市建设用地影响的量化研究——以西安市为例

The Research on the Urban Tourism Land and Its impact on Urban Development Land：A Case of Xi'an City

魏峰群　黄明华　著

中国建筑工业出版社

图书在版编目(CIP)数据

城市旅游用地发展及对城市建设用地影响的量化研究——以西安市为例/魏峰群,黄明华著. —北京:中国建筑工业出版社,2018.9
ISBN 978-7-112-22464-7

Ⅰ.①城… Ⅱ.①魏… ②黄… Ⅲ.①城市旅游-公用地-影响-城市土地-土地利用-研究-西安 Ⅳ.①F299.274.11

中国版本图书馆 CIP 数据核字(2018)第 165325 号

本书针对城市与旅游高度融合发展所带来的城市旅游用地及其管控问题而展开研究。以西安市为典型案例,论述了城市旅游用地的概念、特性及其发展演化,并进一步运用空间分析方法量化其外部性影响,深刻揭示出城市旅游用地对城市建设用地的综合影响。最后,系统性地提出将城市旅游用地纳入现行城乡规划体系的思路与技术方法,并完善相应规划技术规范,进而促进城市与旅游的协调发展。

本书可供城乡规划专业师生、规划设计与管理机构人员等参考。

责任编辑:许顺法
责任校对:王 瑞

城市旅游用地发展及对城市建设用地影响的量化研究——以西安市为例

魏峰群 黄明华 著

*

中国建筑工业出版社出版、发行(北京海淀三里河路 9 号)
各地新华书店、建筑书店经销
北京科地亚盟排版公司制版
北京富生印刷厂印刷

*

开本:787×1092 毫米 1/16 印张:11¾ 字数:293 千字
2018 年 10 月第一版 2018 年 10 月第一次印刷
定价:**50.00** 元
ISBN 978-7-112-22464-7
(32336)

一个城市的成长是时间与空间不断结晶的过程，是各种功能相互协调创造的过程。面对这一复杂巨系统演化过程中所出现的新元素"城市旅游用地"，我们有必要采取"先调查后规划"的技术路线科学应对，使其完美地融入城市进化过程中，充分发挥其独特的潜能和作用。

——作者

前　言

当代是人类社会进入城市时代和休闲时代并行的新时期，人们清晰地认识到"旅游正逐渐成为影响一个城市未来发展最重要的核心力量之一"。面对"城市旅游化"和"旅游城市化"的浪潮，现代城市规划应与时俱进地调整其技术工具与公共政策。在国家明确提出将"旅游用地"纳入城乡规划体系的政策背景下，本研究从城市建设用地规划与管理的视角，探索城市旅游用地发展及其对城市建设用地的综合影响。

本书首先对城市旅游用地的起源与特性进行了梳理，明确城市旅游用地概念与内涵，并从理论层面深入探讨了城市旅游用地对城市发展与规划的综合影响。其次，量化测算西安城市旅游用地对城市建设用地规模的占用率。第三，运用"ArcGIS"与"Moran's I"空间分析方法，在西安中心城区内5个城市片区，进行城市旅游景区对建设用地开发强度外部性影响的量化测算，并得出以下结论：①城市旅游景区对周边建设用地开发强度的影响效应呈圈层结构，且外部影响随距离衰减；②对城市旅游景区周边建筑高度的控制是影响外部效应强弱最为核心的主导因素；③西安城市旅游景区所形成的外部影响，折合为建设用地约占现状建设用地总规模的5%左右。第四，借鉴国内外旅游城市用地管控的成功经验，从理论层面对城市旅游景区外部性影响的发生机理与空间模式等方面进行了探索性研究。进一步表明城市旅游用地已成为现代城市用地结构中重要的组成部分，并对周边城市建设用地开发强度产生不容忽视的外部影响。第五，依据现行城市规划与管理相关法律法规，提出将城市旅游用地纳入城市建设用地分类和用地指标体系的试行方案，并进一步讨论了相应的城市规划管理策略。

我国正处于社会经济转型发展期，蓬勃发展的各项事业和各类型产业都向城市提出更多更高的发展空间要求，其中快速发展的城市旅游产业与城市建设用地间的问题与矛盾尤为突出，需要现代城市规划予以更为科学准确的回答。研究从城市旅游用地与城市建设用地关系的角度展开，希望为协调城市建设与旅游发展提供具有价值的探索。

目　　录

1　绪　　论

"影响城市发展的基本因素是不断演变的。……居住、工作、游憩与交通四大活动是研究及分析现代城市设计时最基本的分类。"——CIAM，雅典宪章，1933

"人类的未来在于城市，以及对城市空间、资源、服务与体验的共享。"（The future of humanity is urban, and the nature of urban space enables, and necessitates, sharing—of resources, goods and services, experiences.）[1]随着全球一体化和科学技术的进步，城市之间的发展竞争，正在演变为城市文化与城市精神的较量，而绝大多数时候正是通过旅游与游憩宣扬了其独特的城市文化形象。因此，我们应该认识到"旅游正逐渐成为影响一个城市未来发展最重要的核心力量之一"。面对城市时代和休闲时代的来临，现代城市规划正是构建这一全新时代城市的技术手段与公共政策。

1.1　研究背景

1.1.1　研究缘起

（1）城市与旅游融合发展，城市旅游职能不断增强

世界正在经历着前所未有的快速城市化过程，据联合国经济和社会事务部（Department of Economic and Social Affairs）2014 年 7 月发布的《世界城市化展望 2014》❶（World Urbanization Prospects 2014 Revision）显示："全球范围内，越来越多的人生活在城市。相比于 1950 年，仅有 30％的世界人口居住在城市。2014 年，全世界的城市居民已达到人口总数的 54％。预测到 2050 年，将会有 66％的世界人口居住在城市。"伴随着这一人类伟大进程的又一个重要事件是：第二次世界大战以后特别是 20 世纪 60 年代以来，现代旅游业的崛起和迅速发展成为人类社会进步的标志性事件。在 1999 年，英国城市建设委员会（Urban Task Force）发布了划时代的《迈向城市的文艺复兴》❷（Towards an Urban Renaissance），该报告明确指出："人类社会生活方式的改变是促进当今城市变革和发展的三个重要力量之一"。由于经济的发展、技术的进步、社会制度的完善，人们生活的方式发生着巨大的转变[2]，游憩和旅游逐渐成为人们的一种常态化生活方式，现代城市也相应进入了一个以休闲为主要职能的城市时代。

按照以往的城市发展经验，当城市化率达到 50％以上，这个时期城市发展开始出现从数量规模的增长向城市环境品质提升的转变。而与之相对应的是旅游需求也进入一个显著

---

❶　世界城市化展望：World Urbanization Prospects 2014 Revision，由联合国经济和社会事务部（Department of Economic and Social Affairs）在 2014 年 7 月份发布。

❷　迈向城市的文艺复兴：Urban Task Force, Towards an Urban Renaissance. London：Taylor & Francis Group plc, 1999. 28.

1

增长的发展阶段。时至今日，世界城市化进程和旅游业发展问题仍是当代最为瞩目的全球性议题，一方面，城市在旅游休闲产业发展中承担着举足轻重的作用；另一方面，旅游产业正在成为城市化发展的新动力，是推动城市可持续发展的重要力量。城市与旅游的进一步融合发展，造就着"城市旅游化"和"旅游城市化"的时代特征。

纵观全球城市发展历程，早在1933年《雅典宪章》便已明确提出"游憩"是城市的四大基本职能之一。伴随着世界经济的成长和生产力水平的不断提高，旅游与游憩功能已逐渐成为现代化城市最为重要的城市职能之一，并出现了许许多多以旅游产业为支柱产业或主导产业的旅游型城市。旅游与游憩活动对城市建设和发展的影响日益增强，使得现代城市的性质和职能正在发生着重大变革，越来越多的城市已经从传统意义上面向市民服务的城市（内向型城市 Introvert type city），转向面向更大区域、国家乃至世界服务的旅游城市（外向型城市 Extrovert type city），城市逐渐成为城市居民与外来游客"人人共享"的全新城市。在2016年，第三次联合国住房和城市可持续发展大会（简称"人居三"）通过的《新城市议程》❶（New Urban Agenda）中创新性提出"城市人的权利"，秉持"所有人的城市"的基本理念，去面对当代城市在环境、社会和空间上面临的种种挑战。

一般认为，城市旅游职能的日益增强是城市社会经济不断发展的必然现象，也是旅游业和城市化深入发展所带来的趋势。"外来游客大量涌入城市的现象常态化，游客成为城市日常生活的重要群体，以旅游者需求为导向统筹公共服务资源成为城市发展规划的重要方向"[3]。我国的城市当下也正经历着这一转变与融合的发展过程，2013年国务院颁布的《国民休闲旅游纲要（2013-2020）》中，进一步强化了城市作为旅游发展的中心地位和作用，在城市基本功能的基础上，融入旅游休闲职能，改善城市人居环境，带动城市服务设施和基础设施建设，提高城市软硬件系统升级，完善城市旅游公共服务功能，提升城市整体品质。同样也映射出了旅游发展在推进新型城市化进程中的重要价值和意义。总之，在全球经济发展和城市化的过程中，公众的旅游与游憩意识和权利的崛起是这个时代的重要特征之一。

（2）国家对于城市与旅游协调发展的政策要求

我国目前正处在社会经济的快速发展期，土地成为越来越紧缺的资源，而城市化是人类集约高效利用土地资源的重要方式。但面对经济快速发展，伴随而来的严峻问题恰恰是城市土地资源的供给愈发紧张和不足，蓬勃发展的各项事业和各类型产业不断向城市提出更多更高的空间发展诉求。

一方面，随着我国城市化进程的不断加快，城市建设用地也急速扩张与蔓延，引发了一系列的城市问题，交通拥堵、空气污染、地价高昂等等。为了限制城市无序盲目地扩张，规划界积极探索和实施"多规合一"；明确"城市增长边界"❷，控制建设用地规模增长；引导城市用地从"外延式扩张"向"内涵式发展"模式转变，城市规划的重点也相应

---

❶ 《新城市议程》（New Urban Agenda），联合国2016年10月在厄瓜多尔首都基多召开的人居三（HABITAT III）大会所通过的一份重要的政策文件，"基多宣言——全人类的永续城市和住区" QUITO DECLARATION ON SUSTAINABLE CITIES AND HUMAN SETTLEMENTS FOR ALL.

❷ 城市增长边界：Urban Growth Boundary，简称"UGB"，明确城市建设用地空间发展界线，控制城市无序蔓延而产生的一种技术手段和政策措施。UGB的研究和实践主要集中于美国，美国在控制城市蔓延中提出的"新城市主义"与"精明增长"理念始终将UGB置于一个核心地位。

地从"增量型规划"向"存量型规划"转变，即从提高城市建设用地效率和质量的角度去实现城市转型发展。

另一方面，在当前城市与旅游高度融合发展的时代背景下，"伴随着旅游产业的高速、持续地发展，城市规划与建设中越来越多地涉及与旅游活动和旅游产业发展相关的内容，尤其是旅游用地与城市建设用地相互关系处理的现实问题越来越突出，如规划衔接不足；新业态用地缺乏管控；用地计划指标不规范等问题。"[4]52《国务院关于加快发展旅游业的意见》（国发〔2009〕41号）颁布，全国各省市区相继出台促进旅游业发展的相关政策，为了吸引更多的旅游人口与活动，众多城市积极开发建设新的旅游景区，大规模配套旅游服务设施。城市中的旅游用地正逐渐成为城市建设用地重要的组成部分。面对这一紧迫的现实问题，国土资源部、住房与城乡建设部、国家旅游局联合印发《关于支持旅游业发展用地政策的意见》（国土资规〔2015〕10号），明确提出"积极保障旅游业发展用地供应"[5]，进一步规范旅游产业用地的管理。随着国家进一步推动旅游产业发展，以及明确旅游新业态用地政策的逐步出台，针对这一新的发展形势，从城市规划管理与建设实践的角度，理应予以积极主动的、科学合理的技术响应和政策调整。

（3）城市规划技术规范与管理制度的创新发展

本质上而言，城市土地利用不仅是个单纯的经济问题，它还是一系列复杂的社会问题和政治问题。城市土地利用方式的转变，往往伴随着重大经济利益和权益的转移，城市各阶层利益通过用地权益的再分配，将成为城市发展的核心问题。现行的《城乡规划法》、《城市规划编制办法》、《城市用地分类与规划建设用地标准》等作为城市发展领域的公共政策，面对城市旅游及其用地的快速发展现状，仍未给予应有的重视，导致城市旅游产业发展在城市建设用地层面上落实与管理方面，缺乏积极和有效的管控手段。因此，若依据现有的技术管理规范去引导城市建设发展，既不能满足当下的现实需求，也不能适应当前出现的新情况、新问题，也就无法科学有效地进行城市空间资源的合理分配和利益调整。

城市规划一直是解决城市发展现实问题，调整社会各方利益的政策工具，"与时俱进"、"适度前瞻"、"全局统筹"是其固有的本质特征。对于我国许多城市而言，旅游产业和旅游人口的聚集已经成为城市扩张的重要驱动力之一；城市用地资源的利用与管理，理应充分考虑不同社会阶层的诉求、不同门类产业发展的需要，以及城市可持续发展的未来。因此，在我国市场经济飞速发展的今天，民众需求多元化、流动迁徙的自由化、以人为本理念的普及化等趋势都将会带来城市新的变化。若依然采取封闭和静态思维进行城市建设与规划是不符合动态发展现实的，城市规划应当从法律法规体系，技术标准与规范，规划管理制度等多个层面对这一现实问题进行适应性调整与创新。

（4）城市建设用地与旅游用地的衔接问题日益凸显

随着城市中旅游服务职能的不断增强，旅游产业的迅猛发展，必然需要城市提供相应的土地与空间资源予以承载。大多数的现代化城市，城市旅游用地已经成为城市建设用地中重要的组成部分。面对这一新的用地发展形势和诉求，现行的城市规划法律法规及管理制度对现实问题的响应较为滞后，导致当前城市建设与旅游发展在用地规划安排、空间建设和管理等方面出现较多的问题与矛盾：一方面，城市中与旅游活动或旅游产业相关的用地类型日益增长，它们不但占用了越来越多的城市建设用地，而且其主要服务对象是城市以外的旅游者。在许多旅游城市，城市旅游用地已经开始影响到基于常住人口测算出的人均建设用地指标的合理性，尤其在旅游产业占主导地位的城市中这一问题表现得尤为突出。另一方面，作为城市旅游用地最核心的旅游景区，会对周边城市建设用地产生一系列的外部影响，如：旅游景区周边一定范围内的用地将受到限建、限高、风貌等规划约束，这些规划管控手段必然降低或抑制城市建设用地的开发总量、使用价值或某些开发权益。这种抑制影响正在进一步扩展到更多的类型和更大的区域，进而对城市建设用地规模科学合理的确定产生深刻影响。面对新问题、新关系、新趋势，静态的实施现行的城市规划建设用地指标是否合理？旅游城市与一般性城市能否采取同等的用地管控技术指标？城市规划与实践应予以科学、准确的响应与回答。

1.1.2 研究意义

2004 年，彼得·霍尔（Peter Hall）曾在一个题为"21 世纪中欧城市间的相互学习"的报告中，为中国的未来城市发展指路，他认为"中国城市要跨入新的发展行列，解决问题的办法就是保持与加强城市发展的四个动力：一是商业与金融，二是管理政策，三是休闲文化产业，四是城市旅游业"。同时指出"中国的城市发展只要做好这四个方面，以目前的发展趋势，50 年后的三大城市群可以比肩伦敦、纽约等，成为世界第一流的大都市圈"[2]23。从十多年的发展情况看，后两者发展动力日益重要，发展趋势愈发明显，但我国的城市规划研究对它的重视却远远不够。当下的城市规划与建设理应加强旅游产业与城市经济的融合，旅游活动与城市活动的交织，旅游空间与城市空间的重构等领域的研究。

（1）城市发展与旅游业融合的现实需要

伴随着城市和旅游并行发展，城市逐渐成为旅游业发展的重要依托。同时，旅游业也成为城市发展过程中重要的产业支柱之一，"旅游城市化"和"城市旅游化"正在成为新的发展潮流，两者快速发展的进程在当代紧密交织在一起，相互促进、相互融合。其引发的"集聚效应"、"叠置效应"、"乘数效应"、"触媒效应"等对城市的未来发展将产生深远影响。"我国目前是世界第一大出境旅游客源国和全球第四大旅游目的地国家，2015 年旅游业对国民经济综合贡献度高达 10.8％"[6]（《中国"十三五"旅游业发展规划》，国发〔2016〕70 号）。与此同时，截至 2015 年，中国城市数量已达到 656 座（直辖市 4 座、地级市 291 座、县级市 361 座）❶，其中中国优秀旅游城市数量高达 370 座❷，超过城市总数的 56％以上。因此，对于我国当前的城市发展而言，作为支柱产业之一的旅游业在转变城市产业结构的同时，对城市性质与职能、用地空间布局、城市土地利用以及社会文化生活带来一系列的影响。涌入城市的庞大旅游人口及其活动，以及旅游相关用地需求的急速膨胀都给城市规划与管理带来严峻的挑战，如何协调和处理旅游与城市发展之间的关系，亟须在理论和实践层面进行积极的探索与研究。

（2）城市规划建设与管理的实践需要

众所周知，任何一个产业（包括旅游业）的持续稳定发展必须依托一定的土地与空间

---

❶ 数据来源：国家统计局官方网站
❷ 国家旅游局：中国旅游发展报告 2016

资源，但快速增长的旅游用地需求与日益紧张的城市用地资源之间的矛盾愈发突出。在城市从粗放式规划管理向精细化、精准化提升发展的今天，现行的《城乡规划法》与《城市用地分类与规划建设用地标准》并未给予"城市旅游用地"类型相应的法律地位和技术标准，依据现有城市规划技术管理规范难以有效管控城市旅游用地的布局、实施与发展。在国家政策层面，2014年颁布的《国务院关于促进旅游业改革发展的若干意见》（国发〔2014〕31号）中明确提出："从我国旅游业发展的实际需要出发，将'旅游用地'供给作为土地利用和城乡规划体系的重要内容，将'旅游用地'纳入土地利用和城乡规划，要求各级土地利用总体规划、城乡规划等要实际性地'安排旅游用地的规模和布局'"[7]。在"多规合一"与"空间协同"的规划发展背景下，这一重要文件对城市规划的编制和管理工作提出了新的要求。本研究将为丰富和完善城市规划编制技术规范，解决城市当下的规划建设与城市管理问题提供有益的探索。

（3）城市规划学科发展创新的理论需要

城市规划的学科价值在于科学合理地指导城市建设发展，从空间层面解决城市现实和未来所面临的诸多问题。即"城市规划的本源和本质是空间化的公共政策，城市规划的社会分工就是从空间的角度、土地的角度，来解决社会问题"[8]。对于转型时期的中国以及中国城市，迫切需要城市规划理论和实践管理工具进行科学指导，以解决城市发展中不断出现的新情况、新问题。

此外，随着现代城市规划编制技术手段和建设管理手段的不断发展，规划研究与实践过程中更为注重定量化分析与实施，传统城市规划中相当多作为经验性的知识应该得到进一步科学化的检验与验证。依据《城乡规划法》所制定的城市规划技术规范与管理办法中仍存在定性的和经验性的知识内容，虽然其法定性和刚性必须得到认可与执行，但从理论视角出发，其部分技术指标并不能精确地揭示复杂问题的特征、根源与逻辑，也不利于精准地实施城市规划管理，导致城市规划作为公共政策属性的科学性、严肃性和权威性难以得到保证和加强。众所周知，城市规划的科学性理应体现在准确的数据分析与研究的基础之上。因此，城市规划研究将越来越依靠定量化的论证成果来指导自身的前行与发展。

简而言之，本研究的价值在于以下三个方面：①梳理城市发展与旅游发展的相互关系与影响，有利于指导城市协调旅游用地与城市建设用地的关系，提高城市规划实施和管理的科学性与合理性，彰显城市规划的公共政策属性；②探讨城市旅游用地及其外部影响，有利于补充完善目前的城市规划用地指标体系，从空间设计层面保障城市居民与旅游者各自的公众权益；③寻求基于GIS和量化分析方法下解决现实城市问题的技术途径，有利于促进城市规划学科知识体系从经验知识向科学知识转化。

因而，无论从"空间"和"定量"的角度上说，还是从"求真"和"务实"的意义上看，研究对城市旅游用地与城市建设用地关系的探索将丰富现代城市规划学科的研究内容与方法，促进城市规划学科的科学化与创新性发展。

1.2 相关概念释义

"城市研究的第一科学问题是基本概念的正确性，没有正确和统一的城市基本概念，就谈不上城市研究，就没有城市科学，就弄不清城市和乡村的基本国情，就不会有正确的决策"[9]。本研究所涉及的"城市旅游用地"的概念处于初步形成阶段，学界对其内涵与外延的认知仍在讨论与探索之中，现有的相关法律法规、技术规范中并没有严格统一或标准规范性的概念界定。研究将首先从城市规划学科的角度出发，明确"城市旅游用地"概念的来源、内涵、外延及其与相关概念关系的发展和演化。

在对相关概念、名词进行界定之前，首先对常见的"城市旅游"与"城市游憩"进行辨析，将更清晰地认识和理解本书中出现的相关概念的语义。一般情况下，在城乡规划学、人文地理学、旅游管理学、社会科学等学科中提及的"城市游憩"，其基本含义来自英文"Urban Recreation"，"游憩"的原意与"恢复体力、愉悦身心、放松休闲"息息相关，本身是一种含义较广的抽象性概念。而本研究所关注的"城市旅游"，主要来自英文的"Urban Tourism"，"旅游"同样是一个释义众多，仍未有统一标准的概念。尽管对"游憩"和"旅游"的认识存在多种多样的阐释，但两者之间存在明显的特征区别："旅游"通常特指离开惯常居住地，并在目的地不作长期停留的观光游览活动；出于统计的方便，国际国内的官方旅游统计通常只涉及非短途旅游部分，尤其注重过夜旅游人次的统计，甚至有的学者认为"外出旅行必须超过 24 小时以上才被认定为旅游者，因为超过 24 小时的游客，更加依赖旅游目的地所提供的游览、交通、饭店、餐饮、商业、娱乐等设施"，即旅游者的旅游消费不同于城市居民"游憩"活动消费（一般性社会消费），旅游者与旅游目的地之间形成的"吃住行游娱购"系统构成了城市旅游产业。而城市居民在商业街、公园广场、博物馆等城市公共空间的日常休闲游憩，并不纳入旅游统计中。事实上"城市旅游"和"城市游憩"在本质上可能难以泾渭分明地去严格划定，但本研究从城市研究的角度，即以"时间的限制"和"服务对象的不同"来区分两者，有利于数据统计和分析研究。

1.2.1 城乡用地与城市建设用地

"城乡用地"指市（县、镇）域范围内所有土地，包括建设用地与非建设用地。建设用地包括城乡居民点建设用地、区域交通设施用地、区域公用设施用地、特殊用地、采矿用地以及其他建设用地等。非建设用地包括水域、农林用地以及其他非建设用地等[10]。

根据《城市用地分类与规划建设用地标准》（GB 50137—2011）的术语阐述，"城市建设用地"是城市（镇）内居住用地（residential）、公共管理与公共服务设施用地（administration and public services）、商业服务业设施用地（commercial and business）、工业用地（industrial，manufacturing）、物流仓储用地（logistics and warehouse）、道路与交通设施用地（road，street and transportation）、公用设施用地（public utilities）、绿地与广场用地（green space and square）的统称[10]。

1.2.2 旅游用地与城市旅游用地

"旅游用地"（Tourism land）作为土地综合利用的一种新方式和新方向，目前既无国家标准和相关法律法规明确界定，学术界也还未形成统一的概念共识。以往的研究主要从土地利用和旅游业角度认识旅游用地，将其看作旅游系统在土地利用上的空间表达，是土地资源利用从第一、二产业延伸到第三产业的新方式。广义的"旅游用地"主要涵盖旅游景区景点、旅游住宿、旅游运输、旅行社、旅游服务等各类用地，以及辅助性的商贸服务、文化娱乐、康体娱乐、零售和公共交通通信等相关用地。本书从城市用地研究的视角，界定"旅游用地"概念，即是指在城乡用地范围内，用于开展旅游活动和满足旅游产业发展所需要的用地，或以满足旅游需求与活动为目的而进行的开发建设所占用的土地。

"城市旅游用地"是指城市建设用地范围内，面向游客提供旅游服务功能的用地，主要包括城市旅游景区、城市旅游服务设施等用地。而本研究所关注的"城市旅游用地"中的"旅游景区用地"特指在城市建设用地范围内，由于历史和自然原因所形成的且规模较大，在城市发展中需要永久保留的用地，如西安大明宫遗址公园、杭州西湖风景区、北京故宫博物院、桂林山水风貌区等。

1.2.3 城市建设用地开发强度

通常"土地开发强度"是指建设用地总量占行政区域面积的比例，而"建设用地开发强度"则界定为对建设用地开发利用的广度、深度与频度的综合度量。本书所涉及的"城市建设用地开发强度"概念，主要包括容积率、建筑密度、建筑高度、绿地率等指标。一般而言，开发强度与单位地块上的总建筑面积及用地经济效益成正比关系。在城市土地资源越来越紧缺的今天，对城市建设用地开发强度的确定，其本质上是对城市土地资源利用的权益及其最优化配置的方案，因此也成为城市规划领域最为重要的研究对象。

(1)"容积率"（Plot Ratio/Floor Area Ratio/Volume Fraction），是衡量建筑用地使用强度的一项重要指标。其无量纲比值为"一定地块内总建筑面积与建筑用地面积的比值"[11]。

(2)"建筑密度"（Building Density/Building Coverage Ratio），"是指在一定地块内，所有建筑物的基底总面积占用地面积的比例"[11]。

1.3 研究目标

本研究试图采用量化方法回答以下几个科学问题：目前城市旅游用地在城市建设用地中占有多高的比重？是否已经成为城市用地结构中重要的组成部分？城市旅游景区用地对周边城市建设用地的外部性影响程度有多大？能否从影响机制的层面去探讨外部影响的因素、范围与强度，同时基于以上量化研究的结果，提出符合现实发展情况的规划应对策略。

(1)明确界定城市旅游用地概念，深刻认识其与城市建设用地间的关系

追根溯源，解析城市旅游用地产生与发展的脉络，深刻认识到城市旅游用地对现代城市发展及城市规划与建设的重要意义。厘清城市建设用地与城市旅游用地之间的复杂关系，进一步明确城市旅游用地在城市建设用地分类体系中的地位和作用。

(2)量化研究城市旅游景区用地对周边用地开发强度的外部影响

全面分析城市旅游景区用地对周边用地开发利用的深层次影响，采用空间统计分析方法、ArcGIS分析软件平台和空间自相关分析，量化研究城市旅游景区对周边用地利用的影响方式、范围与程度。基于量化的外部影响结果，从城市建设用地的减损视角揭示出城市景区用地对城市用地开发建设的强烈作用，为进一步科学合理确定城市建设用地指标奠

定测算基础与科学依据。

（3）深入探讨外部影响的发生机理与主要影响因素

基于现实的案例分析，讨论外部影响的发生机理及其主要影响因素，并进一步审视当前规划策略下对城市旅游景区周边环境维护的科学性。对比中西方成熟的城市规划与设计案例，采用视域分析方法，探讨环境维护理想状态下，外部效应可能影响到的最大值域范围与程度。

（4）从城市建设用地规划与管理制度层面提出应对策略

通过对以上研究结果的分析，遵循"科学的城市规划必须要有科学的指标体系作保障"[12]主导思想，因地制宜地构建适宜性规划指标体系。从法规制度层面为城市旅游产业用地发展给予合理的安排与管理，实现城市自身需求与旅游服务需求间的用地平衡与协调。

总之，研究的核心目的，是从城市建设用地规划与管理的层面，明确城市旅游用地的概念属性与法律地位，科学评估城市旅游用地对城市建设用地的影响，定量测算在效应场范围内城市建设用地利用方式和强度变化特征及其影响因素，进而通过量化手段和相应的协调与平衡策略，既能提高城市规划应对现实发展问题的科学性和精准性，又可以使得当前的城市规划管理更加科学化、权威化，更好地发挥城市规划调控城市公共空间资源的作用。

1.4　研究方法

基于对西安市实例的调研、分析与测算，试图揭示出城市旅游用地发展对城市建设用地的影响程度。研究将遵循理论与实证研究相结合，定性与定量研究相结合，宏观与微观视角相结合的研究思路，具体采用了以下几种研究方法：

（1）文献分析和逻辑分析

文献研究主要是对城市建设用地与旅游用地两个研究领域进行前期研究文献的整理和分析，集中搜索了国内外相关学术论文、理论著作、研究报告和规划成果等资料。为了进一步聚焦研究主题，对研究文献中涉及"城市建设用地规划指标"、"城市旅游用地"、"建设用地开发强度"，以及"城市用地管理制度"等关键内容进行归纳总结。鉴于过往研究对"城市旅游用地"与"城市建设用地"两者相互联系的相关成果较为薄弱，且已有的为数不多的研究结论也多为定性描述，极度缺乏定量化的细致刻画。研究将在文献分析的基础上，结合城市建设实践进行逻辑分析，如原因—后果分析方法，更为充分地表达出表象与许多可能的基本事件或因素的关系，全面认识事物发展的本质和规律。

（2）资料调研和实地调查

通过对大量相关资料调研和实地调查工作，包括省市的城市规划设计单位、旅游规划设计机构、省住房和城乡建设厅、城市规划管理局、城市旅游局、城市文物局、城市园林局等相关部门与机构的专题访谈。同时，研究将对于西安市内的若干重要旅游景区的相关数据进行量化测算，有必要进行更为细致深入的实地调查，收集涉及的区域和城市建设用地与旅游用地的发展状况，以及相应地块的用地性质与建设强度调查，如用地类型、用地规模、容积率、绿地率、建筑密度、建筑层数、建筑风貌等。此外，包括城市旅游用地的相关数据调查，如旅游宾馆、旅游餐饮、游客服务中心等设施状况，以及旅游景区用地规模、旅游人次、旅游收入、重游率、游客来源结构，平均过夜天数等一系列旅游统计数据。

（3）空间模型与效应量化描述

地理学第一定律（Tobler's First Law，缩写 TFL）❶ 指出"Everything is related to everything else, but near things are more related than distant things"（任何事物都与其他事物相联系，但邻近的事物比较远事物联系更为紧密）。研究采用 ArcGIS 与 Moran's Ⅰ 指数空间分析方法，对空间影响效应进行特征描述与分析运算，试图精确揭示城市旅游用地对周边城市建设用地利用强度的外部影响的范围与强度。

（4）测算数据对比分析

通过城市旅游景区对周边用地的开发强度影响的量化数据运算，将其与未受到外部性影响的城市用地开发强度进行对比分析。进一步探讨理想状态下相关数据之间的差异，为制定更为科学合理的指标体系与用地管理制度奠定坚实可靠的理论和实践基础。

具体采用以下技术路线：首先，对西安市中心城区建设用地范围内的城市旅游用地规模进行统计。鉴于城市旅游用地类型复杂多样，本次研究选择主要类型进行测算，包括城市旅游景区用地、旅游住宿设施用地及旅游餐饮设施用地三大类，以表征城市旅游用地总规模。其次，运用"ArcGIS"与"Moran's Ⅰ"空间分析方法，选择西安市重要的旅游景区进行外部性影响程度测算，并基于用地开发总量视角，结合西安市城市规划技术管理规定，折算景区外部效应所导致的用地减损规模。最后进行汇总计算，即城市建设用地范围内所有的城市旅游景区用地面积，加上城市旅游服务设施用地面积，再加上所有景区的外部效应所致的减损面积。计算公式如下：

$$F = \sum_{i=1}^{n} kj + \sum_{i=1}^{n} mj + \sum_{i=1}^{n} pj$$

F 为城市建设用地综合影响程度，单位公顷；kj 为第 j 个城市旅游景区用地面积；mj 为第 j 个城市旅游服务设施用地面积；pj 为第 j 个旅游景区外部效应导致的减损面积。

1.5 研究内容与框架

1.5.1 研究内容及重点

研究针对城市旅游产业快速发展的现实，从城市建设用地管控的角度入手，以西安市中心城区作为典型案例，实证分析城市旅游用地对城市建设用地的综合影响，在此基础上明确城市旅游用地在城市规划体系中的作用与地位，并进一步探讨符合现代城市发展需求的建设用地规划与管控策略，以期为理顺城市建设用地与城市旅游用地的关系，促进城市与旅游协调发展提供更为科学的规划技术工具（图1-1）。

---

❶ 地理学第一定律：由美国地理学家 Tobler 提出，Tobler's First Law（TFL），"all attribute values on a geographic surface are related to each other, but closer values are more strongly related than are more distant ones"。即地理事物或属性在空间分布上互为相关，存在集聚（clustering）、随机（random）、规则（Regularity）分布。TFL来源于他的观点"Everything is related to everything else, but near things are more related to each other"即"任何事物都相关，只是相近的事物关联更紧密"。

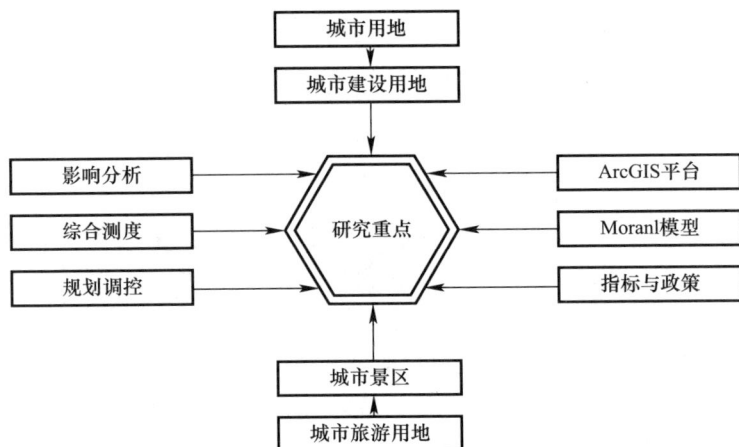

图 1-1　研究重点

具体的研究内容分为以下几个部分：

第一部分为背景研究，包含第 1 章和第 2 章。第 1 章主要概述了研究的缘起与目的，明确科学问题及其现实意义。第 2 章阐述了针对研究主题，国内外相关领域的研究进展与成果，以及目前所面临的现实问题以及获得的实践经验。

第二部分为理论研究，即第 3 章，主要对"城市旅游用地"这一特定概念进行了梳理与界定。从理论层面阐述了城市旅游用地对城市发展和城市规划与建设的综合影响，并在当前我国城市旅游用地发展现状与价值论述的基础上，进一步论证了城市旅游用地在城市规划体系中的重要地位与作用。

第三部分为实证研究，包括第 4 章和第 5 章的内容。研究以西安市为案例，对研究范围内的城市旅游用地进行具体的量化分析，通过相关用地规模及开发强度的占用测算、外部性影响测算，精确描绘出城市旅游用地的发展状态及其对城市建设用地的深刻影响。

第四部分为机理研究，包括第 6 章的影响机理探索和第 7 章的实施策略研究。从案例研究回归到理论层面，进行理想化的推演，深化城市旅游用地与城市建设用地相互关系及其影响因素的探索；并再次回到实践层面，细化和完善现行城市规划技术标准，丰富城市用地管理策略与技术手段。最终从根本上确立城市旅游用地类型的法律地位，并赋予相应的规划与管理权限，充分发挥其服务于城市发展的本质功能。

第五部分为结论，即第 8 章，主要从城市建设用地管控视角创新性、系统性明确城市旅游用地及其外部影响，并提出现行城市规划技术规范的深化和优化方案，以及构建城市建设用地开发强度指标平衡策略与制度。最后进一步指出研究的不足之处和未来可能的探索方向。

总之，通过研究主要达到三个目标，即：①明确城市旅游用地地位；②量化城市旅游用地对城市建设用地的影响；③优化城市建设用地分类与指标及提出城市建设用地调控策略。

1.5.2　研究框架

本研究遵循"问题导向—理论研究—解决方案—回归实践"的思路构建研究框架（图 1-2）。

城市旅游用地发展及其对城市建设用地的影响量化研究

现实问题与研究的意义

| 研究背景 | 概念释义 | 研究目标 | 研究意义 |
| 研究方法 | 研究内容 | 研究重点 | 研究创新 |

问题提出

相关研究进展与理论基础
- 城市土地开发与管控研究
- 城市旅游用地研究
- 实践探索研究

城市旅游用地及对城市的影响研究
- 城市旅游职能发展
- 城市旅游用地概念
- 综合作用与影响分析

理论研究

城市旅游用地对城市建设用地的影响研究

规模占用影响研究
规模占用率测算

典型性案例选取
空间分析模型构建
数据处理与结果分析

外部性影响研究
用地开发强度测算

实证研究

城市旅游用地外部性机理与空间模式研究

日本京都案例分析
中国桂林案例分析

理想状态探索

机理产生研究
影响因素研究

机理研究

现实条件下的城市规划响应策略

| 现行用地管控体系 | 法律法规层面协调 | 编制技术层面衔接 | 实施管理层面平衡 |

策略研究

研究的结论与创新 —— 研究的不足与展望

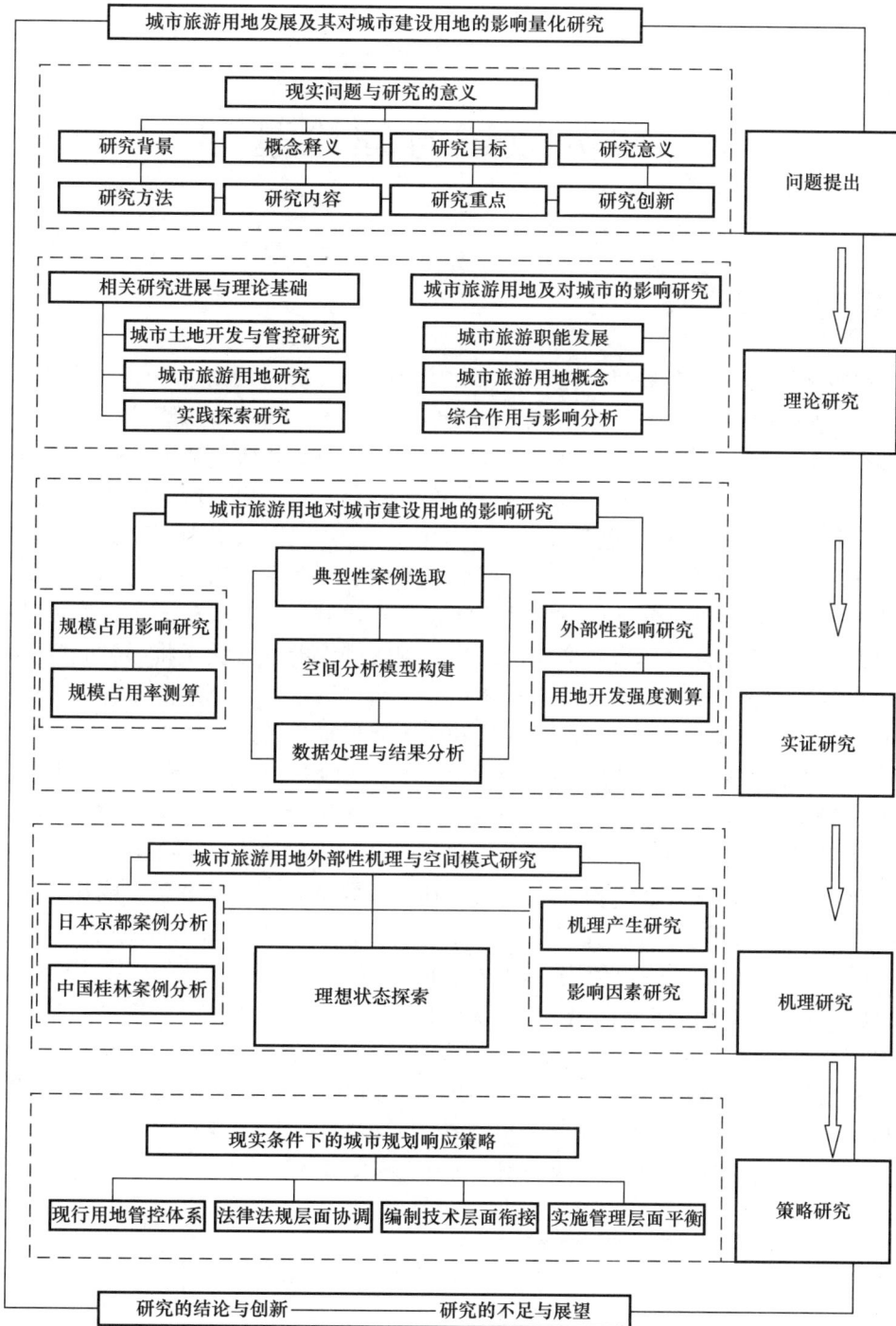

图 1-2　研究框架

11

2 研究概述与理论基础

2.1 相关研究领域综述

鉴于研究主题的交叉性和综合性特点，所涉及的相关研究领域集中于"城市用地开发与管控"和"旅游职能与旅游用地发展"两个方面。从现有掌握的研究历程和进展来看，其各自拥有较为独立的研究方向与侧重，并取得了较为丰富的研究成果。随着城市发展与旅游兴起的紧密融合，两个研究领域在城市维度得以交叉和汇聚，城市旅游职能的日益强化使得两个相对隔离的研究领域彼此联系、相互交织，"城市旅游用地"所涉及的城市问题逐渐引起了城市规划学科更多地关注。可以预见的是，随着城市旅游的不断发展，城市旅游用地与城市建设用地之间的问题与矛盾将越来越凸显，城市与旅游各自发展的过程以及内在的关系上，将会建立越来越紧密的联系。现实产生的直接关系将导致研究领域的进一步交融。因此，尽管当前对于"城市旅游用地"与"城市建设用地"相互关系的研究仍较为薄弱，但这一研究主题将会是城市时代和休闲时代提出的新命题。

目前，我国较权威的学术期刊引文数据库主要包括 CNKI、CSSCI、CSCD、CQVIP 等，鉴于 CNKI 中收录的期刊、学位本研究、会议、报纸和年鉴，类型丰富、内容广泛，对搜索研究主题的往期和发展情况较为全面和客观，故研究选择 CNKI 数据库中的研究成果进行评析。①以"城市用地"为主题检索，其文献数量高达 30320 篇，明显分为四个阶段：1951—1993 年每年不足百篇；1994—2003 年每年发表最高 500 篇左右；2004—2010 年约 2000 篇左右；2011—2015 年则高达 3000 篇左右，对城市用地关注持续增加。②检索"旅游用地"，从 1981—2015 年共有 2360 篇文献，每年约 300 篇左右。统计数据清晰准确地反映出"城市用地"和"旅游用地"研究在我国学术界的发展阶段及不断提升的关注度。若对相关的语汇"城乡用地"、"景区用地"、"游憩用地"、"休闲用地"、"旅游城市"等进行检索，则成果更为丰富。③进一步检索"城市建设用地"和"城市旅游用地"（包括城市景区用地、城市游憩用地）两个精确的主题词，其结果如下（图 2-1、图 2-2）。

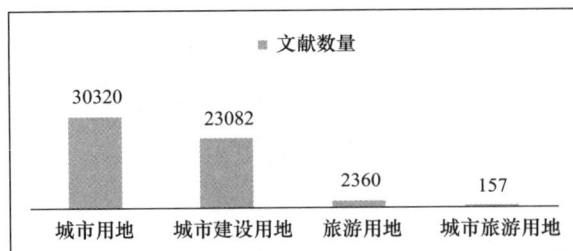

图 2-1　相关研究主题文献数量（1951—2015 年）

年度文献数量变化趋势

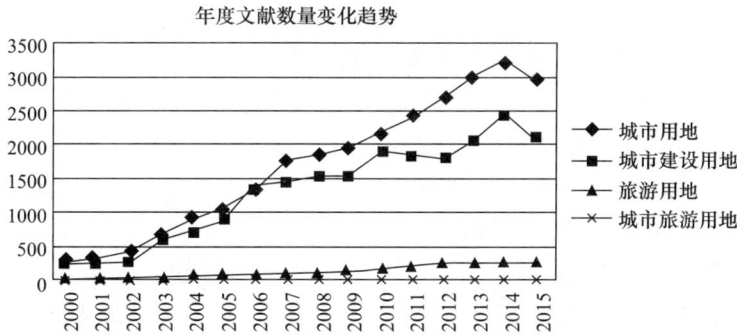

图 2-2 相关研究主题文献数量变化（2000—2015 年）

通过对近 15 年的专业期刊文献进行检索，涉及 "城市建设用地" 文献共 2932 篇，剔除与工程建设适宜性、生态环境安全及会议报道等相关性较弱或重复的 "无效文献"，经过分析整理确定 "有效文献" 共计 838 篇。而涉及 "城市旅游用地" 主题的共 135 篇，其中 "有效文献" 为 26 篇。归纳其具体研究方向结果如下（表 2-1）。

相关主题的研究方向成果统计分析 表 2-1

研究主题	研究方向	文献数量	关键词
城市建设用地	城市建设用地扩展	205	扩张模式、城市边界、动力机制、影响因素
	建设用地规模预测	87	承载力、规模预测
	建设用地利用效率	228	开发强度、利用方式、利用效益，集约节约
	城市建设用地管理	168	用地政策、分类与指标、调控策略
	用地结构与空间形态	150	用地结构、时空演化、空间格局、规划布局
城市旅游用地	基本概念与分类	7	概念与分类研究
	城市旅游用地管理	8	与城市规划、土地规划管理的衔接
	城市旅游用地规划	11	空间结构，发展驱动力及影响因素

通过对国外 EBSCO、CALIS 外文期刊数据库（2000—2015 年）的检索，表明：以 "城市建设用地（Urban Land Use 、Development Land）" 作为关键词大约包括 48000 多篇相关期刊文章，主要的研究方向与国内基本一致，但近年来的研究成果主要集中于 "城市扩展和土地利用转型"，"城市用地发展与生态环境保护关系"，"城市用地利用对住宅、福利、健康、社区文化等方面的影响" 等方面。而对于 "城市旅游用地（Urban Tourism Land、Urban Recreation Land、Urban Leisure Land）" 的检索，研究方向多聚焦于 "城市公园游憩地的价值评估"，"城市游憩用地经济发展与政策管理研究"，"旅游用地与公众利益关系研究"，以及旅游发展对城市更新、城市空间形态，以及对城市土地利用方式的影响等方面[13-39]。

从以上国内外的研究成果梳理，可以明显看出两个独立研究领域的初步交叉与融合趋势。从早期 "城市用地" 与 "旅游用地" 相互较为独立的领域研究，受到现实世界不断发展衍生出新问题的内在驱动，逐渐出现两个研究范畴的交叉探索，随着城市旅游职能的增强而带来城市旅游用地与城市建设用地相互关系的研究，必将成为城市科学和旅游科学研究的前沿课题。

2.2 城市用地开发与管控的研究进展

土地是国家不可再生的重要资源。城市土地则是被投入了物化劳动（基础设施）的资源，具有更高的经济价值。合理使用城市土地有很大的经济意义，同时还有重要的社会意义和环境意义。城市土地的合理利用是城市规划的重要目标之一，也是规划设计和规划管理的重要任务和内容[40]。因此，对于城市用地的开发和管控研究一直是城市规划学科的重中之重，众多的研究成果主要集中在以下三个方面：（1）城市建设用地分类；（2）城市建设用地规模；（3）城市土地开发强度。长期持续的研究工作其主要目的就是为了得到更为科学合理的城市用地规划与管理工具。

2.2.1 国外研究现状

"二战"后全球范围的城市化浪潮带给人类空前的城市繁荣和城市文明，与此同时，缺乏理性控制下的城市地域快速扩张也带来了大量的社会、经济层面的问题，遏制城市蔓延成为当代城市发展中的重大课题。追本溯源，早在1898年霍华德提出的"田园城市"理论中就已经出现了对城市用地规模控制的思想，随后沙里宁的"有机疏散"理论、泰勒的"卫星城镇"理论都是基于科学控制城市合理规模的思想而提出，其影响一直持续到当代。进入20世纪，"可持续发展"观念使人们对于城市规模控制的理解上升到新的高度，对于城市规模的合理性、城市用地的增长方式与极限等问题再次成为讨论热点。在西方国家，1987年的布伦特兰报告（Brundtland Report）、1990年欧盟发布的《城市环境绿皮书》（Green Paper on the Urban Environment）以及20世纪后期出现的相关概念与理论，如：紧凑城市（Compact city）、成长管理（Growth management）、精明增长（Smart growth）、新城市主义（New urbanism）、城市增长边界（UGBs）等，都表明在城市规划与建设层面科学合理控制城市发展规模的重要意义。在这一场寻求城市最佳规模的发展历程中，美国、英国、德国、法国、日本等发达国家相继制定规划指标体系，在城市用地分类、建设强度管控和实施政策制定等方面积累了丰富的经验。

除了上面对城市用地规模的研究外，对于城市用地的合理利用，研究认为主要取决于两个因素："使用性质"和"开发强度"。（1）使用性质：即正确处理地块的用途与相邻用地之间（在功能上）的相容性与不相容性；（2）开发强度：即正确处理地块上建筑物的高度（层数）、建筑密度（覆盖率）、空地率与周围空间环境的关系[40]。其中对于城市用地性质的研究主要集中于其结构比例和空间布局的科学性和合理性。而国外对于城市土地开发强度的研究，则主要集中在对"容积率"的管控方面，"容积率"（Floor Area Ratio）是西方发达国家20世纪初推行城市土地区划管理制度（Zoning）中所采用的一项重要指标。多年来已被世界大多数城市规划和管理机构广泛使用，成为评价城市土地开发利用合理程度的核心指标之一。如：荷兰的 MVRDV 建筑设计事务所❶在其著作

---

❶ MVRDV 建筑设计事务所创建于1991年，是当今荷兰最有影响力的建筑师事务所之一。极力主张在现有城市区域中实现建筑密度最大化，反对城市区域的不断扩张，同时主张在郊区和乡村地区尽量维持建筑的低密度、低影响和临时性发展。MVRDV 长期的理论探索和实践逐渐形成了对于密集度问题三维城市理论，《FARMAX》、《MetaCity-DataTown》、《Costa—Iberica》、《KM3》等一系列著作代表了他们对密度观念的发展。

《FARMAX》[41] （1998 年）和 Meta Berghauser Pont 与 Per Haupt 两位学者的《SPACE-MATRIX- Space，Density and Urban Form》[42]（2010 年），探索容积率空间分布与城市形态之间的逻辑关系，并对以容积率空间分布为基础的规划策略给予了细致深入的研究。

伴随着对无序建设带来的城市问题的治理和对容积率运用的深入了解，学界逐步认识到对容积率的空间分布的重要性和进行管控的必要性，并促进容积率管理从静态的理性管控转变为理性结合感性的弹性规划。与此同时，在人本主义的思潮下，国际上愈来愈注重城市中"历史文化空间"的保护及其周边环境的维护。致力于研究面对较高的开发压力，如何保护历史文化、如何良好地控制增长边界与保护自然资源。Jonathan Barnett 通过纽约中央火车站保护案、曼哈顿南街港区保护案、布鲁克林大西洋大道特别分区保护案三个案例分析了纽约应用容积率奖励与容积率转让计划成功保护城市历史资源的情况，提出了在城市迅速发展过程中进行城市历史遗产保护工作的重要性[43]。因此，对于容积率的调控性研究便提升到对城市异质性地块或特色的城市空间开发强度的管控方面，并延伸到对于影响到城市土地开发强度的生态环境容量、交通因素、商业发展、基础设施配套等相关问题都有较为深入的研究与探索。

2.2.2 国内研究现状

我国的城市化进程作为影响人类社会的重大事件，一直备受各方关注，逐渐形成了较为成熟的研究体系，文献回顾发现，相关的研究成果也十分丰富和多样。由于我国社会经济发展快速转型的特殊国情，近年来对于城市建设用地的相关研究主要集中在"城市用地分类与规模预测"、"城市用地扩展控制方法"、"城市用地集约利用"等方面，以适应我国城市用地快速扩张蔓延的现实。其中"城市建设用地规模"作为城市发展规模的核心指标之一，一直受到最大的重视。在技术层面上，城市用地布局和功能空间布局、设施配置指标的确定都必须依据城市建设用地规模进行分配和安排；在建设层面上，它直接关系到一定时期内城市所能运营管理的土地空间资源。因此，我国对于城市用地分类与建设标准的研究，尤为关注。早在 1987 年，中国城市规划设计研究院与北京、上海、湖北、陕西、四川、辽宁等省市规划设计单位，以及同济大学共同展开城市建设用地标准的研究，并完成了我国城市规划技术法规体系中重要的技术标准，即 1991 年实施的《城市用地分类与规划建设用地标准》（GBJ 137—90），直到 2012 年修订实施的《城市用地分类与规划建设用地标准》（GB 50371—2011）。近 30 年的研究始终紧紧围绕"不同社会发展阶段如何建立适应性的、普适性的城市用地标准"这一核心主题展开。近几年，随着城市数量的持续增加，城市性质的不断调整以及城市职能的不断丰富和多样化，针对不同的城市如何建立适宜的用地标准，成为该领域研究的前沿与热点。代表性的学者及研究成果层出不穷，如：赵民，汪军（2007）发表的"重构我国城市规划建设用地标准及控制体系的探讨"；黄明华，高峰，郑晓伟（2008）提出"构建合理的城市建设用地调控理念"；黄宁、徐志红、徐莎莎（2008）以武汉市主城区用地建设强度分区实施情况评估为例，提出动态优化与基准容积率调整的思路；黄明华，敬博（2010）认为"采用城市用地指标平衡思路，以建立更为针对性的动态控制方法"；赵民，程瑶，汪军（2011）探讨了"市场经济下城乡用地与管理标准工具的运用"；王凯，徐颖对（2012）新用地标准进行细致深入的阐述与解读；汪军，赵民，李新阳（2012）提出"多元控制理念下的人均用地指标确定"；黄明华，屈雯（2013）又进一步对城市建设用地分类体系进行比较研究等[44-84]。

自从 1957 年美国芝加哥城的土地区划管理制度首先采用容积率作为一项重要的控制指标以来，容积率已在世界上很多国家和地区得到广泛应用。我国自 20 世纪 80 年代引入后，规划界对此便展开了深入细致的研究，从早期的有关容积率的概念、特性等方面的定性研究到对容积率的定量研究，尤其是对容积率与城市地价的关系研究、容积率指标确定与动态调节、容积率管理的环境适应性、容积率调控中的利益协调性等问题，都取得了丰硕的研究成果。具有代表性的成果，如：宋军（1991）曾归纳出四种容积率确定方法，环境容量推算法、人口推算法、典型试验法、经验推算法；梁鹤年（1992）结合西方国家容积率的定量方法认为容积率的确定应与城市规模、基础设施条件、土地适用性及市场等因素相结合；邹德慈（1994）在《城市规划》上发表的"容积率研究"，分析了容积率的四个基本特性，提出容积率是多方利益博弈的结果；章波，苏东升，黄贤金等（2005）以南京市为例研究了容积率对地价的作用机理；王冰寒（2008）以西安市为例探讨了容积率对地价的影响规律及其修正系数的确定；宋小冬，庞磊，孙澄宇（2010）等对住宅地块容积率估算方法的探讨；戴铜（2010）对美国容积率调控技术的体系化演变及应用研究；曾诚（2015）对容积率空间分布的管控与实践初探[85-105]。

随着我国城市建设逐渐进入"大规模、高密度"的发展阶段，容积率作为城市用地开发控制的主要指标，成为控制性详细规划编制的核心指标，越来越受到城市规划管理部门的重视。为了让这一指标更加符合中国城市发展的国情，不断提升其客观性、科学性、合理性和公正性，近年来许多学者展开了关于"最佳容积率"、"合理容积率"的大量研究，从多种维度考虑城市土地开发利用的最优方案。如：陈琳（1995）对最佳容积率确定的探索；咸宝林，陈晓健（2008）关于合理容积率确定方法探讨；黄明华，黄汝钦（2010）对控制性详细规划中商业性开发项目容积率"值域化"初探；宋玲（2013）对独立居住地块容积率"值域化"进行研究；姚瑶，罗佳，方程（2016）总量平衡与刚柔适度的容积率控制方法优化研究；叶舟（2016）从土地开发强度视角分析了容积率的影响要素；黄明华，郑晓伟，王阳等（2012）基于公共利益的城市居住用地容积率"值域化"及其开发强度绩效展开深入研究[106-115]。

以上研究无论是从规划的技术层面、土地经济绩效、社会公益保障，还是生态环境维护、城市文化与形象等多元视角，研究城市用地容积率的相关问题，其本质上都对城市空间绩效进行提升和优化，积极探寻城市各个利益阶层共同认可的城市用地开发模式与结果。

2.3　城市旅游用地研究现状与实践

城市发展初期，城市建设和旅游发展之间的问题还并不突出，它们都有各自独立发展逻辑与轨道，相关的研究领域联系也较少。但随着城市旅游职能的不断增强，直到大量旅游型城市的出现，两者的关系逐渐密切起来，城市建设发展与旅游产业之间的关系成为不可回避的重要议题。加之随着两个领域研究范围的不断扩展和延伸，两个研究领域开始出现交叉性的探索与研究主题。

2.3.1　国外研究现状

首先，伴随着休闲时代的来临，人们逐渐认识到"休闲游憩"在城市生活中的重要价值与意义，人本主义引导下的城市空间规划越来越注重塑造"阳光、空气、绿树与游戏场地"的理想人居环境，也使得面向城市居民的城市游憩空间的研究愈加丰富，如美国、日本、英国、新加坡及欧洲许多国家早在 20 世纪 80～90 年代开始编制游憩用地规划，并对相关的城市游憩空间模型、游憩空间行为决策、城市游憩用地规模与指标等方面进行了较为深入的探讨。其次，随着"二战"后旅游业的快速崛起和持续高速发展，世界上出现了越来越多的旅游（型）城市，对于旅游城市的研究日渐兴起，并取得了丰硕的成果，主要集中在"城市旅游资源开发"、"城市旅游产业发展"以及"旅游城市服务设施建设"、"旅游城市竞争力评估"等方面。而针对旅游城市的规划建设则主要围绕旅游城市的"特殊性"展开，如"特色城市空间格局传承"、"城市文化遗址保护"、"城市风貌控制"等方面。客观地看，旅游城市作为一类特殊职能的城市，不仅面临着一般性城市用地蔓延的困境，同时也面对城市旅游与游憩快速发展的挑战，多种城市问题交织在一起，需要更多更深入的研究与探讨[116-142]。

2.3.2　国内研究现状

我国大多数的研究主要集中在城市绿地公园与游憩用地方面，即提供为满足城市居民休闲游憩服务功能的场所和设施的规划与建设，譬如城市商业街区、城市公园、滨水地段、绿地广场等城市公共空间，这些具体的研究成果丰富且较为深入。由于以往的城市研究更为关注城市产业发展与空间布局，而早期作为现代服务业的旅游产业并不发达，因此一直未得到足够的重视，因此对于主要面向城市以外旅游者服务的外向型旅游休闲用地，并未得到清晰的界定和充分的认识。但随着城市旅游业的异军突起，城市中不断涌现"旅游房地产"、"旅游综合体"、"文化创意园区"等新业态，甚至出现"旅游驱动型城镇化"❶等城市发展模式。随着城市旅游产业进一步发展壮大，逐渐在传统城市内部出现了不容忽视的规模较大、分布较广、数量较多、业态丰富，甚至集中连片的旅游用地和旅游度假区。近年来逐渐引起学者们更多的关注，并尝试将游憩用地与旅游用地分别进行研究，以及如何协调城市旅游用地与城市建设用地之间的关系。

但此类研究出现的较晚，仍处于萌芽和探索阶段，如：章牧，李月兰（2006）开始对土地利用总体规划修编中的旅游用地问题进行研究；胡千慧，陆林（2008）旅游用地研究进展及启示；毛卫东，马晓冬，杨春宇（2008）城市边缘区旅游用地类型及开发对策探析——以连云港市为例；徐勤政，刘鲁，彭珂等（2010）对城乡规划视角下旅游用地分类体系研究；赵莹雪（2010）对珠海旅游用地演变的分析等。上述研究成果主要是以城市为案例进行旅游用地的基本概念、分类体系、空间布局等方面进行讨论。蒙睿，李源，黄万英，刘青等（2007）以昆明市为例，对优秀旅游城市旅游业用地展开研究；杨军，高珊（2007）在 2007 年中国城市规划年会上，从城乡规划的视角看待旅游用地，并提出拒绝"擦边球"，开始对城市规划中出现旅游用地进行思考；贺倩（2008）对我国城乡接合部的旅游用地问题展开研究；曹华娟（2009）对城市规划中旅游用地的初步研究；郝艳丽，苏

❶　旅游驱动型城镇化：在新型城镇化的大背景下，旅游业对于农业、工业、服务业等的转型升级，质效提升，结构优化都具有重要作用，是新型城镇化最重要的动力牵引。旅游业带动的旅游型城市化是多途径城市化中的新路之一。

勤，吕军等（2009）以黄山市屯溪区为例对城市旅游用地规划进行研究；陈长伟，吴小根（2011）基于有机疏散理论对城市旅游用地进行分析；任飞（2011）杭州城市旅游用地空间结构演变及其驱动因素研究；胡侠（2012）新型旅游城市旅游用地现状调查——以西昌市为例；邵佳（2013）明确提出城市旅游用地的概念，并提出其分类设想及落实策略；罗峰（2016）基于 DEA 方法的杭州城市旅游用地效率评价研究。尤其近几年，对于城市规划与旅游规划衔接以及城市旅游用地的相关研究也开始出现并日益增多，如：杨德进，徐虹（2014）关于城市化进程中城市规划的旅游适应性对策研究；周丽，徐勤政，刘鲁，彭珂，邵佳等（2008-2013）对于国内外城市旅游用地研究的综述，以及基于城乡规划视角对于城市旅游用地分类体系及实践策略的研究[143-173]。

此外，近年来针对城市内部类似于旅游景区的文物古迹用地、公园绿地等城市公共资源或产品，其特殊性所导致的空间外部性影响也逐渐引起关注，并试图从经济学角度、政府治理角度、空间规划角度加以分析和解决。如陈佳骊（2004）对城市公益性用地的公共性和外部性进行了探索；罗祥伟（2006）提出城市土地利用中的外部性问题的治理思路；赵宇鸣（2006）和张丹（2011）分别对于城市区大遗址的外部性以及城市公园环境的外部性治理进行了较为深入地研究，进一步明确此类特殊用地的正负外部性，并提出一系列内化的补偿方法；王帅（2012）对于城市公共景观资源的公平利用所开展的规划控制研究，清晰地认识到城市公共景观资源的公共属性、自身与周边低强度特征等，并从外部效应与边际效应角度阐述了经济层面的积极影响；赵天英（2007）、江海燕（2010）、王洋（2014）、张英（2104）、何娟（2016）等，运用如 Hedonic 等多种空间分析方法，对城市开放空间、城市景观与环境、城市绿地建设、历史街区等所产生的外部性效应，及其对周边住宅地价的空间分异等展开大量研究，并进一步深入探讨城市特殊区域外部经济性及内部化等相关问题。以上研究的方法和成果对于进行旅游景区用地的空间外部性影响研究具有重要的启发和借鉴意义[174-183]。

综上，可以看出城市旅游用地研究仍处于起始阶段，主要集中在城市旅游用地的概念与分类方面，对于城市旅游用地如何纳入土地利用规划、城市规划也进行了初步的探索。但对于城市旅游用地的基本特性，与城市建设用地的相互联系、影响效应及机理，以及城市规划与管理如何应对等问题尚未有明确结论或缺乏深入的量化分析研究。尽管如此，但以上这些探索和研究也从一个侧面反映出该主题研究的必要性和紧迫性。

2.4　问题驱动下的实践探索

城市旅游业为城市带来丰厚的经济收益，旅游景区与设施也进一步提升着城市的品质，城市旅游用地发展展现出了勃勃生机。对于城市建设用地与城市旅游用地之间的关系处理，虽然在理论层面上的研究仍处于初步阶段，但现实问题和矛盾是比较突出的，对于许多城市，尤其是旅游城市和综合性大都市在城市规划工作中一直进行着有益的探索，在实践层面上积极寻求解决方案。

通过对现状问题的调研发现，目前城市规划实践过程中主要遵循"人口—用地"规模相匹配的思路，即依据城市常住人口（户籍人口与半年以上暂住人口之和）进行城市建设用地平衡测算，体现了人口和用地统计在空间上的一致，理论上具有较强的科学性和合理性。但实际上，伴随着中国城乡人口流动速度与幅度的逐渐变大，流动人口对城市用地规模的预测带来了较大的影响。其中对于在城市中长期工作但没有城市户籍的劳动者，通过办理暂住证等登记和管理手段，仍可进行一定的统计与管理，并在用地规模预测上予以适应性调整。但外来旅游人口大规模、短时间、不可控的流动对城市规划与管理者带来无法管控的难题，若旅游流的规模超过一定的阈值范围，则对城市带来较大的负担和压力。对于这一问题，许多旅游城市和旅游业发达的特大城市根据自身的发展情况，或严格执行标准规范，或进行相应调整，并没有一个统一的解决办法。目前主要有三种规划建设用地测算方法：①对于旅游流动人口采取不予考虑，严格按照规范要求执行用地测算；②或对于部分与旅游相关的用地类型给予考虑适当增加，优化城市用地结构，即在城市用地总规模不变的前提下进行内部调整；③或将旅游流动人口进行折算和修正后，并入常住人口参与用地平衡，即为旅游人口按一定比例系数提供城市建设用地指标。

　　深入思考目前的城市问题与规划对策，从城市规划建设与用地管理的视角看，上述三种处理方式都有其缺陷和局限性：第一种方法，完全忽视旅游人口对城市的影响，必将导致规划与实际的脱节，尤其对于旅游业作为支柱产业的城市，问题更为突出；第二种方法的问题在于，虽有一定的考量，但无法精确定位和定量，其随意性可能导致出现城市用地不足或土地资源浪费的情况，但这种影响仅仅限于部分用地类型；第三种，似乎更接近实际情况，但是对于旅游人口如何折算成为常住人口，并没有一个统一的标准，若按照不确定的折减统一并入常住人口，必将对城市所有类型用地规模进行放大处理，折减系数的科学性以及各类型用地的比例结构的合理性都存有疑问，有可能造成与旅游相关性较小的工业用地、居住用地的测算过量，而对需要针对性扩大的旅游相关用地又未能达到应有的需要，囫囵吞枣式的方法显然难以精确调控。细致分析，前两类方法是严格执行现行规范标准的用地规模总量测算，或仅在内部进行实际调整，缺乏规划的前瞻性和预见性；而后一类方法是基于现实情况而突破规范要求的权宜之计，且缺乏精确的定量化测算，规划的科学性和严谨性不足。总之，现有的方法均处于"合理不合法"或"合法不合理"或"合理不准确"的尴尬境地。应当承认的是，在特殊的转型时期，对于城市建设用地规模的预测手段和知识储备还远远没有达到"准确"的要求，但是为了提升城市规划的科学性和权威性，研究应尽最大可能进行数量化分析，追求结论"虽不准，不远矣"的目标。因此，更具现实意义的工作是如何应对城市旅游发展带来的问题，当下的城市规划理论和实践工作亟须科学合理的解决方案，促进城市规划从理性技术文件真正转化为现实的空间政策。

　　近年来，中央及各省市也出台了相应的政策文件，如《关于促进旅游业改革发展的若干意见》（国务院，2014 年）提出："年度土地供应要适当增加旅游业发展用地"[7]。《关于进一步促进旅游投资和消费的若干意见》（国务院，2105 年）中："对投资大、发展前景好的旅游重点项目，要优先安排、优先落实土地指标"[184]。《关于支持旅游业发展用地政策的意见》（国土资源部）指出："对符合相关规划的旅游项目，各地应按照项目建设时序，及时安排新增建设用地计划指标，依法办理土地转用、征收或收回手续，积极组织实施土地供应"[5]。《云南省旅游条例》（云南省政府，2014 年）提出："将旅游用地指标单列，条例规定对旅游重大项目用地指标予以单列，优先保障"[185]。

在一系列政策调整的背景下，近期，对于矛盾与问题极为突出的旅游城市和部分大都市，正在探索和实践符合自身情况的解决思路，如：北京市旅游发展委员会在《关于旅游发展情况报告》中提出："北京将把旅游事业纳入城市总体规划和国民经济发展规划中。在城市空间和土地利用规划中，充分考虑旅游事业发展的空间布局和建设用地的需求，将依据常住人口和旅游常态人口确定旅游公共服务设施、基础设施配套、旅游实体项目等建设用地指标。最终，将旅游业纳入城市总体规划，将城市安全、城市统筹、交通支撑、旅游开发等纳入一个完整的良性循环生态网，进一步推动旅游发展规划与城市总体规划、城市建设规划、土地利用规划等各级各类规划的衔接与融合。"[186]此外，天津和桂林的城市规划工作中已经开始尝试引入"旅游产业用地"[187]的概念、分类及指标体系❶，在分析城市旅游流及需求规律的基础上，在城市规划编制中增加旅游用地新类型，保证城市旅游用地的性质、规模和布局规划的执行，这将为确立城市旅游用地在城市规划法规体系的法定地位进行实践探索。

综上所述，城市化是人口和产业活动在空间上集聚的过程。对于我国众多的旅游城市而言，旅游产业和旅游人口的聚集必然成为城市扩张的重要驱动力之一，城市的发展和规划应该予以重视和回应。从某种角度看，城市不仅仅是本地居民的城市，也是服务于区域民众的城市，甚至是面向全体国民和世界的"共享城市"，旅游城市、历史文化名城尤为如此。城市建设用地与设施资源的科学和公平分配理应全面考虑不同阶层、不同类型民众的需要。特别是在我国社会经济飞速发展的今天，民众需求多元化、流动迁徙自由化、以人为本理念普及化，依然基于封闭和静态思维进行城市建设与规划是不符合发展现状和趋势的。规划界对这一问题重要意义的认识，以及对该问题在我国现阶段的必要性和紧迫性的重视，必将推动研究的进一步前行与深化。

2.5 理论基础

2.5.1 城市发展理论

城市是人和人类社会经济活动的集聚地。17、18世纪，随着工业革命的兴起，一批批工业城市相继形成发展，世界开始进入城市大发展的时代，并出现了极具深远影响的城市发展研究理论。如A.F.韦伯的《19世纪城市的发展概述》（1899年）、埃比尼泽·霍华德（Ebenezer Howard）的《明日的田园城市》（1898年）等。20世纪初，出现城市经济学、城市社会学研究，代表作如：帕垂克·盖迪斯的《城市发展》（1904年）和《城市演化》（1915年）。1925年，英国经济学家帕克（R.E.Payk）、伯吉斯（E.W.BLIygess）与赫德提出城市内部地域结构的同心圆理论和扇形理论；1933年，美国的麦肯齐（R.D.Mckenzi）提出了多核心理论等，都是对城市土地的利用方式和效能进行探索。与此同时，德国经济学家克里斯塔勒（W.Christaller）和德国经济学家廖士（A.Lösch）在

---

❶ 桂林旅游产业用地改革试点若干政策：2014年6月25日由桂林市人民政府发布，主要包括旅游产业用地规划管控政策；旅游产业用地分类管理政策；农民利用集体土地参与旅游开发分享收益政策；落实节约优先促进旅游产业转型升级的供地政策；旅游产业用地改革试点保障政策。

1933 年和 1940 年提出了中心地理论，对区域内城市的发展规模与空间结构进行深入探索。1950 年法国经济学家佩鲁（Francois Perroux）提出增长极核理论[188]等。

城市的定位与职能，从早期美国著名城市规划理论家、历史学家刘易斯·芒福德（Lewis Mumford）所谓的"城市是一个社会活动的剧场"❶；到大卫·哈维（David Harvey）的"城市是资本积累的工具"❷。再到世纪之交，在全球化和现代化共同推动下城市经济、社会结构状况发生巨大的变化，"一方面城市作为一个场址承担着将区域社会经济各类要素与过程联系起来的节点作用，以整体性而发挥影响；另一方面，城市本身是分解的、由不同的片段组成的，城市并不是一个统一的整体"[189]。扎森提出"这是谁的城市（Whose city is it?）"[190]。对于城市中的不同人群来说，城市职能以及他们的需求是不同的。这一问题的提出为城市规划对城市定位和对城市问题的处理等揭示了其中的复杂性和多元性。由于不同的人对城市有不同的体验，他们的利益诉求也各不相同，城市规划在城市发展过程中如何协调好相互之间的关系，成为当今城市规划与发展的关键所在[191]530。2016 年 10 月，联合国人类住区峰会（即人居三会议）达成的《新城市议程》，它是联合国指导世界各国未来 20 年住房和城市可持续发展的纲领性文件，它强调了"所有人的城市"这一基本理念，从城市与区域规划的角度出发，要为所有人建设更为包容、安全的"共享城市"。

随着城市的不断成长和发展，必然衍生出众多城市职能，城市功能因人的聚集而丰富多样，并不断演化、成长和嬗变。按照城市职能的服务对象来分，可以将其分为两类：一类是为本城市的需要服务的，另一类是为本城市以外的需要服务的。从城市经济活动的角度看即城市的非基本活动部分（满足城市内部需求的经济活动，随基本部分的发展而发展，主要是满足本城市生活和生产的需要）与基本活动部分（为外地服务，是从城市以外为城市创造收益的部分，它是城市得以存在和发展的经济基础，是导致城市发展的动力），两部分经济活动和两类城市职能相互依存，共同推动城市的发展。作为城市经济基础理论，这是理解一切城市成长发展机制的钥匙[192]139。

关于城市、城市发展理论以及城市经济基础理论是理解本研究的出发点，将城市旅游活动与相关用地应看做城市对外服务的基本职能类型，将城市"游憩"职能与城市"旅游"职能分开理解和对待，其服务对象、属性特征和空间发展并不完全相同，如此在城市规划与管理上便可以更为清晰地认识到问题的关键。

2.5.2 城市土地利用理论

城市土地资源是城市发展的基础与核心，是城市规划研究的最重要对象。戈德堡（M. Goldberg）和秦罗伊（P. Chinloy）在《城市土地经济学》中总结出城市土地具有的三个独特性："物理特征、区位特征和法律特征"，并强调"在城市土地市场上交易的并不是土地本身，而是一大堆对特定地块进行使用和对土地上已有的建筑进行改进的权利，这些权利是由法律和实践所界定的，并且具有强烈的文化依赖性"[193]。影响城市土地使用权

---

❶ 刘易斯·芒福德在《城市发展史》（The City in History）（1961）一书中表达出：城市"首先是一个剧场"。

❷ 大卫·哈维在《社会正义与城市》中谈到了生产、剩余价值、使用价值、交换价值与城市土地利用之间的关系。哈维对后现代社会空间的解读："城市空间的生产是资本积累的过程"。

利的因素是多方面的，可以是物质空间、交通区位、人为活动、经济收益、生态环境、历史文化、法律法规，受到以上因素的影响，使得城市土地的使用方式、开发强度和利用效率呈现出特定的城市空间关系与结构形态。作为城市用地布局的基础理论，其中最为重要的是经济学和地理学中有关区位研究的理论，各种区位论运用经济学理论和方法，试图为城市各项活动寻找能够获得最大效用的区位，即进一步优化城市土地资源配置，让城市土地发挥最大的绩效。

20世纪，在城市土地利用中，地租和竞租理论得到较为全面的发展。地租是经济学中的一个重要概念，19世纪的资产阶级古典政治经济学者大卫·李嘉图（David Ricardo）首先提出地租学说，李嘉图认为地租产生的条件是土地的有限性以及土地在肥沃程度和位置上的差别性，当然城市土地价值并不在其肥瘠，而与所处区位、利用权限以及开发强度等有关。20世纪中期，阿兰索（W. Alonso）提出竞租理论，将土地用途的转变与机会成本关联，其结果形成了土地资源按照不同用途进行更为合理配置。因此，在完全竞争的市场经济中，城市土地是按照最有利的用途进行分配，这是符合经济理性的结果。

值得一提的研究是，费雷（W. Fiery）在《波士顿中心区的土地利用》（Land Use in Central Boston，1975）中，通过对波士顿市中心土地利用的研究，强调了社会文化因素对土地开发及土地使用空间布局的决定性作用，他认为城市特色空间与某些社会价值结合为一体受到尊重，文化成为一种完全与经济因素独立的生态变量，影响社区内社会活动的分布和城市土地的利用状况，因此仅用经济利益竞争来替代文化价值、简单地用空间的经济成本来归纳空间的属性无疑是片面的。类似波士顿公有地这种曾经是许多重大历史事件发生地，这些事件与早期国家、运动、家族等紧密相连。从经济效用的观点看，这些公有地、公墓和其他城市景观等城市"闲置"地虽然造成了效用损失，但城市大多数居民愿意付出巨大的经济代价，来保护这些非经济效用空间，维护其所蕴涵的和象征的各种社会价值和文化价值[191]346。

总之，城市中一二产业用地让位给城市的第三产业，尤其是开发权转移给旅游服务产业，导致城市土地用途的转换，其本身是符合一定的经济发展和文化发展逻辑的。此外，在城市用地配置中，区位理论也并非唯一的准则，其他理论也会影响和修正规划布局，如基于城市生态环境修复、城市历史文化保护、社会公共利益的考量、关注城市空间公平正义等因素，城市政府则通过公共政策予以调整和优化。

2.5.3 城市空间理论

人们对城市空间有着多样的认识，哲学家海德格尔（Martin Heidegger）从存在主义哲学的角度为存在空间论提供了理论基础，他在《建筑、住房及思想》中提及"空间Raum，其本质是空而有界，空间是从地点，而不是从空无获得其存在的[194]"；美国建筑师查尔斯·穆尔在《建筑度量论》提出"知觉空间理论"，"建筑度量就是知觉空间的量度"，将空间与人联系起来，充分考虑到了人对空间感受的复杂性和具体性。而中国学者孙施文所谓"空间"是指一切围绕人而形成的客观存在的物质实体构架，它本身就是以人在空间中的存在和活动作为最基本构成要素的作用[191]292。苏珊·兰格（Susanne K. Langer）则认为："绘画、雕塑、建筑"是空间概念的三大表现形式[195]104。建筑学、城市规划与设计领域一直将空间作为其核心内容进行研究。一方面，空间为人提供活动的场所；另一方面，通过人的使用与改造，又不断重塑城市空间及其内涵，城市空间与人的互动和相互作用愈来愈频繁和复杂。费雷（W. FierY，1945）认为城市空间不仅是经济层面上的土地利用问题，其文化、情感和象征意义更为重要，只有当空间被人们赋予某种意义，处于其中的人们将产生认同感和归属感。20 世纪后期，将人的存在与物质空间相结合的存在空间论得到了广泛的认同与运用，诺伯格-舒尔茨的《存在、空间、建筑》（1971年）和《场所精神：迈向建筑现象学》（1979 年），以及凯文·林奇（Kevin Lynch）的《城市意象》逐步将物质空间、人的活动、感知、意象、情感等联系在一起；拉波波特（AmosRapoport）在《建成环境的意义》中指出："……环境被看作事物与事物之间，事物与人之间，人与人之间的一系列联系"，"在设计环境时，有四种因素会被组织起来：空间、时间、交流、意义"[196]。城市空间就是基于以上元素和基因组织起来，并被感知和认识的。从城市空间行为出发，美国爱德华·霍尔（Edward Hall，1966）创新性地提出"固定特征空间（fixed-feature space）"、"半固定特征空间（semifixed-feature space）"和"非正规空间（informal space）"，并进一步提出基于"神秘气泡"的"个人空间（personal space）"及其四种阶段中的八种状态；凯文·林奇（Kevin Lynch）则提出"路径（path）、边缘（edge）、地区（district）、节点（node）、地标（landmark）五项基本要素"；20 世纪 90 年代，文化研究派从文化研究角度审视城市空间，如索娅（Edward W. Soja）、施特劳斯（A. L. Strauss）、佐金（Sharon Zukin）等学者认为："对于几乎所有的服务经济来说，文化提供了最基本的信息和经济的手段"，佐金的《权利的景观》（Landscapes of Power，1991）和《城市文化》（The Culture of Cities，1995）尤其对主题公园、博物馆、广场、饭店、购物中心等城市特殊空间意义进行了深刻揭示[197-198]。

纵观以上对城市空间的相关理论研究与进展，使得"城市人居空间"、"社会生活场景"、"场所精神与情感"从物质与精神层面高度融合，不断完善基于空间与行为不可分割的空间-行为理论和空间文化理论。同时，这些相关理论被大量运用到现代城市设计、景观环境设计、人居环境建设、历史环境保护等领域，并不断汲取环境心理学、行为学、文化生态学等多学科理论知识，逐渐形成系统化的城市空间设计理论与方法。

2.5.4　城市旅游产业发展相关理论

美国前总统 J·F·肯尼迪曾说过："假如无法深刻理解和创造性地利用休闲游憩资源，我们将不能维持国家的强大与繁荣。"[2]1（Yet we certainly cannot continue to thrive as a strong and vigorous free people unless we understand and use creatively one of our greatest resources——our leisure。）可见，对于当今世界来说，"游憩、休闲、旅游"是影响现代化城市可持续发展的核心要素之一。

休闲产业是工业化社会高度发达的产物，它发端于欧美，19 世纪中叶初露端倪，20世纪 80 年代进入快速发展的时期。早在 20 年前，西方的未来学家们就极富预见性地指出，当人类迈向 21 世纪门槛的时候——由于我们已经进入一个以知识创造和分配信息为基础的经济社会，其社会结构、生活结构和生存方式也将发生重大的变革。随着发达国家及城市步入"休闲时代"，休闲、娱乐活动、旅游业将成为下一个经济大潮[199]。科技发展和社会进步终将释放出人类生命中更多的时间用以休闲游憩活动，"休闲"将成为推动人类进步与社会发展的最重要动力。

　　西方社会的大量学者都曾涉足于休闲经济的研究。比如：发表《有闲阶级论》一书的作者索尔斯坦·凡勃伦，虽然是制度经济学的创始人，但对休闲经济的论述也是相当的精辟。已在全世界再版了 18 次的《经济学》的作者萨缪尔森，20 世纪 60 年代就曾参与了美国人闲暇时间分配状况的调查和每周 40 小时工作制的论证。而在微观经济学领域内，人们所关注的"非均衡现象"、"非理性问题"、"不确定条件下的行为理论"、"公平保费"、"讨价还价理论"、"有限理性"、"实验经济学"、"家庭行为的微观经济理论"、"福利经济学—均等理论"、"制度经济学"等等都与人的休闲需求密切相关[199]。

　　世界旅游组织（WTO）和联合国（UN）统计委员会推荐的技术性的统计定义："旅游指为了休闲、商务或其他目的离开他（她）们惯常环境，到某些地方并停留在那里，但连续不超过一年的活动"。按产业经济学的理论，旅游服务业属于第三产业，具有综合性强、覆盖面广、关联度高、拉动作用突出的特点。国际公认的"旅游产业"，是指依托旅游吸引物及其服务设施，为游客提供"吃住行游娱购"完整旅游活动服务的综合性行业。我国目前是将"旅游业"作为国民经济的战略性支柱产业加以大力扶持和培育。2016 年，国家旅游局进一步提出的"全域旅游"发展理念，其理念核心是将整个区域作为旅游目的地进行建设发展。但从现实操作层面来看，城市作为旅游业发展重要的游客集散地、旅游服务基地和旅游吸引对象，其空间范围较为适当。因此，以城市作为全域旅游目的地建设发展是目前的关键，即城市势必成为区域旅游产业发展最为关键的核心与增长极。

　　旅游产业作为一个产业类型必然服从市场经济规律和相关经济发展理论；同时旅游活动的核心紧紧围绕自然与文化资源，必然涉及生态保护、文化保护、历史遗址保护、旅游环境容量理论、景观生态学理论以及可持续发展等相关理论；此外旅游业作为现代服务业，也遵循体验经济理论、市场营销理论、旅游地生命周期理论、旅游形象理论等，以及旅游心理学理论、行为学理论、旅游人类学理论、旅游系统理论等。

　　而"城市旅游"特指以城市丰富的自然和人文景观为吸引要素，依托城市完善的旅游服务设施而发展的旅游活动及其服务业。从 1978 年中国旅游业开始正式发展，都以城市为主要的接待目的地。如我国国际游客主要集中在北京、上海、广州、桂林、西安等中心城市和旅游城市，此后不断涌现大批新兴的旅游城市，城市旅游在这一进程中，发挥了重要的引擎作用，城市旅游成为中国旅游业迅猛发展的动力源。

　　城市旅游产业的发展对于城市发展带来极为深刻的影响，覆盖城市经济、社会、文化、环境、生态等范畴。城市旅游是以城市整体作为旅游目的地，与普通的旅游景区相比具有若干独特性（Blank，1994；Pearce，1995）。Pearce（2001）指出城市旅游具有的特性：一是旅游仅仅是城市提供的众多功能之一；二是旅游者与城市居民在使用服务、空间和设施时将出现共享与竞争；三是一个城市在更大的空间视角上将扮演多种旅游角色，包括门户、中转站、目的地和客源地等。Shaw 和 Williams（2002）认为城市旅游的多样性体现在三个方面：一是城市区域的多样性，即城市的大小、区位、功能和发展阶段的不同；二是城市提供的服务设施的多样性；三是使用这些设施的使用者的多样性，包括旅游者和其他居民。Pearce（1998）认为，城市本身具有的多功能本质、城市内多元化的旅游吸引物以及选择城市旅游的旅游者多样化的旅游动机，使得城市旅游异常复杂，导致对城市旅游的研究也更为困难。Law（2002）认为城市旅游研究的复杂性在于城市资源与服务设施使用对象的多元性和复杂性以及行业边界的模糊性。许多学者从经济、社会文化和环境等角度对城市旅游的影响进行了研究[154]。

城市旅游活动越来越集中，城市旅游的核心空间负载越来越大，旅游的带动效应也越来越有了空间上的限制性。城市旅游空间无论是从活动还是从效益上，都越来越像是城市中相对孤立的一块，与城市系统、城市经济系统、城市社会与文化系统相脱节，城市旅游发挥效应的面降低了，这是城市旅游发展中必须正视的一个问题[200]。

综上，城市旅游需求的增长推动城市空间功能结构的变化，城市中更多的土地被开辟或改造成为旅游空间，城市许多其他功能用地或多或少地渗透了旅游内容，城市中具有特殊意义和价值地段基本上都成为城市旅游的核心区域，如城市滨水区、历史文化街区、名胜古迹、文化艺术及商业区。这些城市旅游区域也逐渐成为一个城市文化价值和城市品牌形象的代表，是现代化城市的核心竞争力所在，是城市可持续发展软实力的载体。

2.5.5　外部性理论

按照马克思哲学，万事万物都是相互联系相互影响的，也正是因为事物之间有联系，所以才有了外部性。外部性（Externality）又称为溢出效应、外部影响或外差效应，原指个人或群体的行动和决策使他人利益受损或受益的情况。"外部经济"的初始概念是由经济学家马歇尔在《经济学原理》（1980 年）中首次提出。庇古《价值与财富》（1920 年）在其基础上又引申出了"外部不经济"的概念，同时提出治理外部性的经济方法，即征收"庇古税"。罗纳德·科斯在 1960 年又进一步提出的"科斯定理"，使人们对外部性问题有了全新的认识和更深刻的理解。

20 世纪以来，经济学中的外部性概念被逐渐引入环境外部性研究领域，外部性理论得到了新的发展，出现了空间外部性理论。曼瑟尔·奥尔森（Mancur Lloyd Olson，Jr）在 1982 年的《联合行动背后的逻辑：公共产品和群体理论》中认为"特殊的环境空间和自然资源具有一定的公共产品属性，而其主要特征是非竞争性，致使提供者无法获得其优化配置的相应收益，因此产生了外部性"[201]。

鉴于城市旅游景区对城市影响的综合性和复杂性，从城市建设用地的利用角度考量，包括不同尺度下的影响、直接影响与间接影响等多个分析层面，研究借用经济学中外部性的概念，试图更为准确地表达出城市旅游景区对周边用地多维度、系统性的外部性影响（Spillover Effect）。客观上规模较大的城市旅游景区常常是历史或自然所形成的特殊的空间场所，必定会对周边用地产生积极和消极的综合影响。基于城市建设用地利用方式的视角看，城市旅游景区的"外部效应"非常典型。

2.5.6　空间相关性理论

"空间"——地理学和空间科学的核心。美国地理学家 W. R. Tobler（1970）曾指出"地理学第一定律：任何东西与别的东西之间都是相关的，但近处的东西比远处的东西相关性更强"。

空间相关的概念最早起源于生物计量学研究，20 世纪 60 年代开始运用于生态学、遗传学等领域；Moran（1950）将相关系数推广到二维空间并定义了第一个度量空间相关性的方法：Moran 指数；Geary（1954）提出 Geary 系数概念，标志着空间自相关分析方法雏形的形成。学者 Could 于 1970 年提出空间自相关的概念；Griffth（1987）认为空间自相关是指一组变量在同一数据分布区内的潜在依赖性；Anselin（2000）认为空间相关性是空间依赖性的重要形式，空间依赖性是指研究对象属性值的相似性与其位置相似性存在一致性；王永和沈毅（2008）将空间相关性表述为"某空间单元与其周围单元之间就某一种特征值，通过统计方法进行空间自相关程度的计算以分析这些空间单元在空间分布的特征"[202]。无论具体的表述如何，空间相关性其概念内涵是一致的，即是研究一定地理单元里某种现象存在与周围其他现象存在的联系。

地理数据不会孤立存在，空间自相关用于度量区域内特定位置数据与其他位置数据间相互依赖程度。一般而言，空间距离越近，相关属性特征就越接近、越相关。通常采用相关性分析（Correlation Analysis）方法测定两种现象相关性的高低。所谓的空间自相关（Spatial Autocorrelation）就是研究"空间中，某空间单元与其周围单元间，就某种特征值，透过统计方法，进行空间自相关性程度的计算，以分析这些空间单元在空间上分布现象的特性"。目前已有多种指数可以使用，Moran's I、Geary's C、Getis、Join count 等，但最主要的有两种指数，即 Moran 的 I 指数和 Geary 的 C 指数。

研究城市旅游用地与周边建设用地的关系，恰当地运用空间自相关分析方法来深刻认识和尊重空间关系本质上的规律，是进行研究的基本立足点。对于城市内部空间系统的复杂性与整体性的理解，必须强调不同性质城市空间的异质性及其相互作用与影响，才能进一步探讨它们之间的影响强度与影响控制因素。

2.5.7 公共产品理论

公共产品理论作为一种系统理论产生于 20 世纪 80 年代，是一种适应国家干预行动而确立的理论，是当代西方财政学的核心理论。公共产品理论以边际效用价值论为基础，探讨政府与市场关系、公共产品供给、税收政策，成为弥补"市场缺陷"的资源配置方式。

按照公共经济学理论，社会产品一般分为公共产品和私人产品。社会公共产品具有三个主要特征：效用的不可分割性、消费的非竞争性和受益的非排他性[203]。该理论是由于"二战"后经济学领域，尤其是福利经济学领域关于社会福利函数的性质和市场失灵与政府干预两方面的争论发展起来的。对非市场决策的经济研究是一种研究政府决策方式的经济学和政治学。公共选择理论致力于探讨的问题是：在外部性、公共物品和规模经济存在的前提下，如何确立对资源进行有效率配置所需要的条件。对于社会和消费者个人来说，公共物品的供给是必要的。而提供公共物品需要成本，这些成本应由受益者共同分担；可公共物品一旦提供出来以后，又无法排除那些没有负担成本的消费者的消费行为。于是出现了"搭便车"问题。根据公共物品的特性，由私人提供公共物品会造成资源配置缺乏效率[154]。孙施文在《现代城市规划理论》的城市规划政策准则中探讨了城市土地使用控制、公共物品的利益安排、社会成本和收益的公共责任，以及公共政策的公平标准等问题。而本书研究的对象城市旅游用地，按照公共物品供给理论，其属性具有两个方面，其具有市场产品的旅游产业属性，同时对于特殊的文化遗址和自然遗产，作为旅游对象时又具有一定的社会公共产品属性。

2.6 本章小结

鉴于研究主题的交叉性和综合性特点，本章首先通过对近 15 年期间有关"城市用地开发与管控"和"城市旅游用地发展"等领域的前人研究成果进行梳理和分析,尽可能准确地掌握当前的研究现状及存在的问题。其次,综合分析评价现实问题较为突出的旅游城市,目前所采取的城市建设用地指标测算方法的局限性,论证在我国现阶段城市发展过程中该研究的重要性和必要性。

研究涉及的基础性理论,包括城市发展理论、城市土地利用理论、城市空间理论、城市旅游产业发展理论、外部性理论、空间相关性理论和公共产品理论等。本研究将以上述基础理论为指导,多维度、系统性地看待城市旅游用地发展及对城市规划与建设用地的影响,并综合运用相关理论方法,分析测算其影响程度与发生机理,为制定更为科学合理的城市建设用地指标提供理论指导和实践方法借鉴。

3 城市旅游用地及其对城市发展与规划的影响

城市是人类文明发展的重要体现与标志。随着社会生产力的不断进步，城市在不同文明发展阶段发挥着不同的作用，从防卫功能到政治中心，从经济职能到文化功能，从功能城市到休闲城市不断演化嬗变。当今时代，现代旅游业的迅速崛起成功地促进了现代化城市旅游职能的形成，休闲游憩与旅游活动用地在城市中占据越来越重要的地位，同时对城市未来可持续发展产生着深远的影响。

在日常生活中，人们一说到旅游目的地，多数人都会提到北京、上海、西安、香港、东京、悉尼、威尼斯等一长串城市名，而并不完全是旅游景区的名称，这从一个侧面反映出城市作为旅游目的地和服务基地的重要作用。旅游业作为朝阳产业，是第三产业的龙头已是不争的事实，它所具有的产业结构和资源配置的导向性功能也是不容置疑的。世界城市化的发展历史证明，凡是现代化国际性程度高的发达旅游城市，其第三产业的生产总值所占当地国内生产总值的比重均在 60％以上，甚至高达百分之七八十。如香港特区为73.2％，新加坡为 69.85％，东京为 72.5％，巴黎为 72.7％，伦敦为 85.0％，纽约为86.7％[204]。在可以预见的未来，随着旅游经济活动的不断发展，旅游业的发展必将不断推动城市产业升级与城市经济蓬勃发展。此外，关联性产业的特征要求旅游业注重基础设施和服务设施的建设和完善，便捷的交通、流畅的信息、方便的生活条件、优美的城市环境、国际化标准的基础设施、高品质的公共服务水平都有利于提升城市的品牌形象。这些外在和内涵的城市魅力将城市的基础设施和资源优势转化为真正的旅游吸引物，通过旅游者良好的感官效应塑造了城市的良好形象，通过旅游者的口碑效应提高国际知名度[204]。世界和我国每年度发布著名旅游城市排名和各类榜单，而不是旅游景区排名，也充分说明了城市旅游的重要地位，进一步明确城市才是整合和展示区域文化旅游资源最为重要的载体，而并非孤岛式或碎片化存在的旅游景区景点。

3.1 城市旅游职能的出现与发展

3.1.1 城市旅游职能源于城市游憩功能的出现

从城市的起源来看，早期城市的主要职能是防卫和居住功能，即"筑城以卫君，造郭以守民"。随着商业手工业的繁荣，逐渐出现集市等贸易场所，并带来愈发频繁的人际交流，城市的功能也不断丰富，出现生产、市场、贸易、金融、交通等，城市得到空前的发展。城市不断集聚着人口、财富、文化与科技，在目不暇接的快速、繁忙与喧嚣的发展道路上，人们对人际交往、游憩休闲和文化交流的需求日益突出，城市中涌现出大量的休闲场所。从古代的皇家园囿、公共浴池与斗兽场、市民集会广场，到今天的城市公园、旅游景区、艺术场馆、体育与康体设施。

西方工业革命以后，城市快速发展带来的城市病和城市问题越来越突出，人口剧增，交通拥堵，污染严重，使得回归自然及人本主义思潮渐入人心。随着美国"城市公园运动"和"城市美化运动"的示范效应，不同程度地影响了几乎所有美国和加拿大的主要城市，城市游憩功能得到进一步的丰富和加强。直至1933年《雅典宪章》的颁布，成为确立城市游憩功能的标志性国际文件。

在城市游憩功能不断发展的同时，现代旅游产业逐渐兴起并持续高速发展，并逐渐发展成为世界上产业规模最为庞大、产业链条最长、业态最为复杂的新兴产业。旅游，正在深刻地融入社会生活的各个方面，并逐渐成为人们的一种生活方式，因此从某种角度来说，现代旅游业的兴起不但改变着人类的生活方式，同时也影响着人类最大的集聚形态——城市的发展方向，正如2010年上海世界博览会的宣传口号所隐含的城市发展目的——"城市：让生活更美好"。

3.1.2 城市游憩功能向城市旅游职能的演化

现代旅游业的快速崛起，进一步推动了城市游憩功能向城市旅游职能的扩展延伸。工业社会之前的城市，基本上是一个封闭或半封闭的地域系统，流动的外来人口在城市中的活动规模很小，对城市发展的影响力也极为有限。但随着城市化进程的不断加快，社会生产力的提高、交通条件的改善、商业贸易的发展、文化交流的频繁，使得越来越多的外来人口进入城市，城市的发展也越来越依靠外来人口所带来的发展动力和活力。城市规模进一步扩大，城市服务进一步完善，同时又吸引更多的外来人口建设城市，并享用优质的城市公共资源与服务，两者相互促进的良性循环导致了城市发展由单一功能向多功能、由封闭向开放的转变。

城市游憩功能的起源，其出发点是为满足城市居民自身的需要而规划建设并提供相应服务。时至今日，情况发生巨大的变化，城市游憩功能逐步扩展到城市旅游职能。城市中大量的休闲游憩地，如公园绿地、博物馆、文物古迹、河滨休闲区等游憩场所，成为全民共享的旅游用地，不仅为城市居民提供服务，同时为城市以外的旅游者提供游憩休闲、娱乐康体服务。随着城市旅游职能的不断增强，让现代城市真正成为"人人共享"的城市，城市旅游职能已成为世界上大多数城市所拥有的基本城市功能。

同时，随着城市旅游职能不断扩张和丰富，逐渐正在渗透和融合着城市多种传统职能与用地类型，如大量的城市公园、文化遗址、历史街区、体育场馆、艺术街区、特色餐饮街区等，从原本仅为附近居民服务，变得更加开放外向，逐渐成为"全民共享"的城市旅游景区，甚至部分大学校园、工业厂区、科技园区等教育科研用地和工业用地等，也逐渐附加部分旅游服务功能。"旅游+"和"+旅游"正在变得像一股潮流席卷整个城市地域，不断重塑着现代化城市的职能结构。这一趋势是时代发展的潮流所致，就像古代帝王的皇家禁苑必将成为公众的游赏之地，所有的加持着特权的职能与场所终将转变成为公众共享的领域。

从现实情况看，城市外来流动人口已经成为许多城市产业发展和城市健康运转的支撑力量。一旦外来流动人口规模下降，其产业发展、城市运转将会遇到更多的问题和困境。据相关统计分析，城市外来流动人口中的一个重要组成部分便是旅游者群体。比如2015年西安市常住人口仅862.75万人，但当年的旅游人次高达1.36亿，即旅游人次是西安常住人口的 15 倍之多。很显然，西安不仅是西安市居民的西安，也是 1.3 亿旅游者的西安。虽然游客个体在城市中的活动是短暂的，但对于城市而言，个体汇聚而成的旅游流是庞大的、持续的和动态变化的，甚至在部分城市其规模与强度远超城市居民本身。无论是国外的巴黎、罗马、纽约、佛罗伦萨，还是国内的上海、北京、西安、桂林、丽江，这些城市的旅游职能正在变得越来越重要，全球城市旅游化是一个正在普及和发展的重要现象，是任何一个城市都将会面临的一种趋势。

3.1.3 城市旅游化的不断发展形成旅游城市

随着城市旅游化水平的不断提升，积累的量变终将引起质变，大量出现旅游城市。在这种新型城市，旅游产业是城市的支柱产业，城市的主要职能是面向全民提供高品质、大规模的旅游服务。早在 1964 年，斯坦斯菲尔德（Stansfield）已经认识到"城市不仅仅是区域的政治、经济和文化中心，作为重要的旅游客源地和旅游目的地，也是区域重要的旅游服务基地和旅游活动中心"。伴随着大旅游时代的来临，对于世界各国的大中城市，以及数量众多的历史城镇而言，最大变化就是逐渐增强了其旅游接待职能。尤其到后工业化时代，城市具有越来越强的旅游接待、服务管理、集散和辐射中心的功能，逐渐从工业、居住、商业功能的背后走向前台。甚至部分旅游城市的旅游职能逐渐成为城市发展的核心，城市"旅游化"和旅游"城市化"交织前行。随着城市化进程的加快，众多城市呈现出后工业化时代的特征，服务业成为经济发展的主导产业，城市功能逐渐由生产功能向消费功能转变，从某种意义上说，城市已经成为旅游业发展的重要依托和载体。

世界旅游组织（UNWTO）、世界旅行与旅游理事会（WTTC）、国际社会旅游组织（BIIS）、世界旅行社协会（WATA）、世界旅行社协会联合会（UFTAA）、太平洋亚洲旅行协会（PATA）等国家旅游组织和机构，以及《世界旅游城市市长论坛》、《世界旅游城市发展报告》、《旅游与休闲》等国际论坛和杂志出版发行机构定期评选世界最佳旅游城市，举行世界旅游城市发展会议。从中可以看出，"旅游城市"这一新的城市类型逐渐得到世界范围的公认。全球形成了一大批著名的旅游城市，如欧洲的巴黎、莫斯科、柏林、威尼斯、佛罗伦萨、罗马、雅典、维也纳、巴塞罗那、哥本哈根、赫尔辛基等；美洲的旧金山、波士顿、奥兰多、拉斯维加斯、迈阿密、盐湖城等旅游城市；亚洲的东京、京都、新加坡、吉隆坡、曼谷、孟买、香港、迪拜、北京、上海、西安等旅游城市；还有埃及开罗、南非开普敦、澳大利亚悉尼、新西兰奥克兰、巴西里约热内卢等等数不胜数的旅游城市；此外一些欠发达和发展中国家的城市，凭借其优美的自然风光和良好的区位条件，大力发展旅游产业，在很短的时间便由落后的农业区域演变为现代旅游城市，如墨西哥的坎昆、印尼的巴厘岛、丽江古城等等[205]。中国旅游业在近 40 年快速持续发展，其中热点旅游城市的带动作用，功不可没，自 1998 年以来至今共有 370 个城市（含直辖市、副省级城市、地级市、县级市）荣获中国优秀旅游城市称号，充分证明了城市旅游和旅游城市的重要地位与作用。

3.1.4 "城市旅游化"与"旅游城市化"的发展趋势（表 3-1～表 3-3）

近年来，在世界经济低迷的发展态势下，旅游业的迅速复苏一枝独秀，成为全球经济发展中的一大亮点，许多国家和地区把发展旅游业上升为国家战略。党中央、国务院明确提出，要把旅游业培育成为国民经济战略性支柱产业和人民群众更加满意的现代服务业。2013 年《国民旅游休闲纲要》和《旅游法》的相继出台，进一步促进我国旅游事业的突飞猛进，旅游人数、旅游收入均创历史新高，加之城市旅游功能的提升和完备，几乎所有的城市都把建设旅游城市作为城市发展的目标。城市越来越成为旅游产业发展的核心竞争力和重要载体[206]。

世界著名旅游城市国际过夜旅游人次（2015 年）　　　　　　表 3-1

城市	伦敦	纽约	香港	曼谷	新加坡	巴黎
2015 年	1882 万	1227 万	866 万	1824 万	1188 万	1606 万

数据来源：《全球目的地城市索引》（the Global Destination Cities Index）

我国主要旅游城市国内外旅游人次增长（2000—2015 年）　　　　表 3-2

城市	北京	西安	桂林	上海	南京	三亚
2000 年	1.04 亿	1567 万	963.37 万	7727.4 万	1500 万	205.2 万
2015 年	2.73 亿	1.36 亿	4000 万	2.84 亿	1.02 亿	1496 万

数据来源：国民经济和社会发展统计公报，旅游统计年鉴等

2015 年我国主要城市旅游区位商　　　　　　表 3-3

城市	人口（万人）	GDP（亿元）	旅游业（亿元）	产业比重（%）
上海	2425	25300	3450	13.6%
北京	2168	23000	4607	20%
广州	1667	18100	2872	15.9%
深圳	1077	17500	1245	7.1%
天津	1516	17200	2794	16.2%
重庆	3001	16100	2251	14%
苏州	1060	14400	1885	13.1%
武汉	1033	11000	2189	20%
成都	1442	10800	2040	18.9%
杭州	889	10100	2201	21.8%
南京	821	9600	1688	17.6%
青岛	871	9400	1200	12.8%
西安	862	6000	1074	18%
昆明	726	4050	723	17.9%
洛阳	662	3576	780	21.9%
厦门	365	3565	832	23.3%
南宁	666	3425	743	21.7%

数据来源：国家统计局、国家旅游局

"旅游城市化"是伴随着旅游业和城市化不断发展而出现的一种必然现象，是社会经济发展到一定阶段的产物。其概念最早由 Mullins（1991）提出，旅游发展为城市发展注入了动力和活力，成为推动区域城市化的积极力量，其内涵包括使城市规模扩大和使城市质量提高两个方面，揭示了旅游与城市之间的内在、互动关系：城市成就旅游发展，旅游

31

提升城市功能。在城市成为旅游活动的目的地和集散中心的同时，旅游引发城市性质、经济结构、城市风貌、城市品质的调整与转变。

《中国旅游业统计公报》显示："2015 我国全年实现旅游业总收入 4.13 万亿元，同比增长 11%；全年全国旅游业对 GDP 的直接贡献为 3.32 万亿元，占 GDP 总量比重为 4.9%；综合贡献为 7.34 万亿元，占 GDP 总量的 10.8%。旅游直接就业 2798 万人，旅游直接和间接就业 7911 万人，占全国就业总人口的 10.23%"[207]。无论是从产业比重还是从业规模上看，旅游业已经成为我国国民经济增长重要的一极，旅游业正在由一般性产业向战略性支柱产业转变，其中城市旅游业对城市的重要性也不言而喻。

总之，旅游时代和城市时代的典型特征就是："城市是人人共享的美好生活境域"。表现在世界上出现越来越多的旅游城市、休闲城市和文化城市。从某种程度上看，世界上绝大多数城市都具有一定的旅游职能，并且城市旅游职能正在不断增强、扩展和丰富，旅游职能的质量正在成为衡量一个城市现代化、国际化、宜居性水平高低越来越重要的指标之一。

3.2　城市旅游用地的演化与发展

3.2.1　溯源：早期的城市游憩休闲用地

早在古希腊文明鼎盛时期，音乐、绘画、雕塑和建筑等艺术十分繁荣，在发达的美学文化和哲学思想的孕育下，城邦建设、环境设计也达到了很高的水平，城镇中心区集中布局的供市民集会、祭祀、游憩和商业活动的公共建筑与广场，如神庙、竞技场、市场、杂耍场和滨水区等成为早期的城市游憩休闲场所雏形。路易斯·芒福德在他所著的《城市发展史》中描绘了游憩活动和场所的状况："广场和市场是最古老最经久的公共会面场所，人们聚焦于此不光为做生意，还有许多其他原因"，"荷马在《伊利亚特》中描写了市民们汇聚在这里，长老们坐在磨得发亮的石凳上，四周围绕着圣民"，"地方足够宽敞，因而民众的舞会和运动会也能在这里举行"。"阿里斯托芬在他的喜剧《乌云》（The Clouds）中记载，甚至到了公元 5 世纪，那些拥有土地的官绅还是喜欢在体育场里闲荡，他们在那儿可以遇见与其地位相同的人"[208]114。可以看出，城市公共活动场所作为人际交往和社会娱乐的功能起源很早并一直没有完全消失，直到 20 世纪出现专业化贸易市场、专门性的体育场馆等之前一直是城市最为重要的游憩空间和场所（图 3-1）。

古罗马继承和发展了希腊文化，在文化、艺术方面表现出明显的希腊化倾向，当罗马几乎征服了全部地中海地区，发展成为西方奴隶制的最为繁盛的阶段时，在广袤的领土上建设了大量的营寨城。城市轴线交点布置露天剧场与官邸建筑群形成的中心广场，周边区域建设公共浴池、斗兽场、赛马场、广场、凯旋门、铜像和记功柱，形成城市的公共开放空间和游憩场所。"皇宫外围的公园虽然起初是供皇室私用的，后来却成了市内自发娱乐活动的最早开放性空间之一，尽管城外当然也能找到这样的活动场地"，"凯撒大帝把自己的御花园遗赠公众，这是历史上私人特权转让给民众的最早记录之一"，庞大的浴池和竞技场每日上演的群众性娱乐活动"令人想到，很久很久以前，罗马城本身就曾是人间最大的游艺场"[198]172-180（图 3-2～图 3-4）。

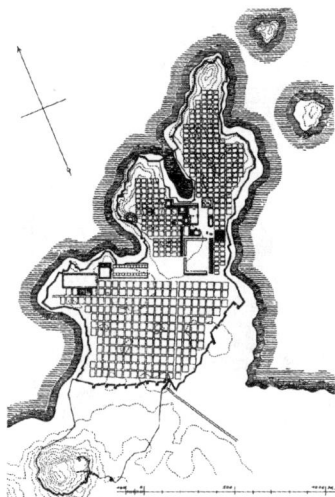

图 3-1 古希腊时期的米利都城（Miletus）
（图片来源：www.wikipedia.org）

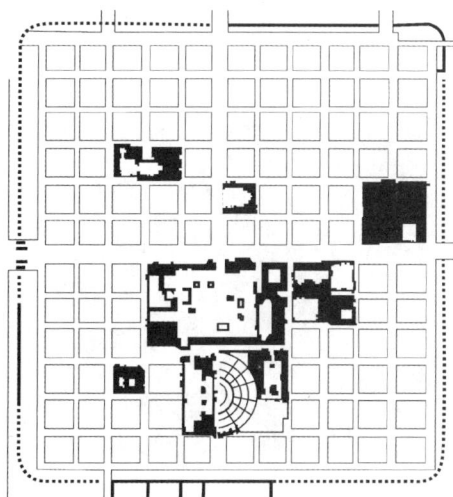

图 3-2 古罗马时期的提姆加德城（Timgad）
（图片来源：百度图库）

图 3-3 古罗马卡拉克拉浴池（Baths of Caracalla）
（图片来源：百度图库）

图 3-4 古罗马圆形大剧场（Coloseum）
（图片来源：百度图库）

中世纪的欧洲城市建设逐渐对城市景观、环境风貌较为注重，城市郊区遍布果园或葡萄园，城镇中心仍保留着花园与菜园，许多市民的屋后都有自己的花园。中世纪的人们习惯于户外生活，游憩活动十分丰富，城市中有射击场、游戏场、球场、活动空地，开展射箭、踢球、赛跑、狩猎、钓鱼等游憩活动；城镇也划分为若干教区，每个教区内都布置了小教堂、水井和喷泉，井台附近有公共活动场地。"总体来说中世纪城镇可用的公园和开阔地的标准远比后来的任何城镇为高"，中世纪的城镇广场"可供公众集会和举行盛典。事实上，中世纪的市场重新起到了古罗马那种广场或市场兼集会场所的作用"[208]221-233。如闻名世界的威尼斯的圣马可广场（Piazza San Marco）始建于中世纪，是一个宗教和政治广场，它那优秀的空间品质以及丰富的视觉变化让它一直被称作世界上最完美的城市公共空间（图 3-5、图 3-6）。

历史的脚步来到 15～16 世纪的文艺复兴时期，主张人要从宗教的桎梏中解脱出来，获得精神与肉体的独立和自由，强调"人本主义精神（Humanism）"，其核心是提出以人为中心而不是以神为中心，肯定人的价值和尊严，提倡"自由、平等、博爱"的理性精神。这一时期的城市中心与城市广场的建设发展到了一个新的水平。"首先是城市广场的数量

图 3-5　威尼斯圣马可广场鸟瞰
（图片来源：百度图库）

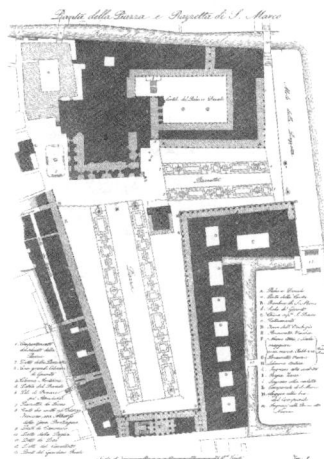

图 3-6　圣马可广场平面布局图
（图片来源：www.wikipe dia. org）

大大增加。文艺复兴时期，人们的政治、经济和社会生活都更趋向于在开放的空间中进行，同时人口的增加也需要更多的公共空间。因此，城市不断地修建新的公共广场来满足市民的需要。其次是城市广场的主要功能有了区分，有的广场主要是政治宗教中心，有的广场则成为城市的商业贸易中心，还有的广场是周边市民的休闲空间。第三，文艺复兴的城市不但追随古典原则恢复起标志性建筑，而且在建筑的形制、体量和选址等方面均有很大的发展。文艺复兴时期的城市正是沿袭了这一传统，通过修建标志性建筑来宣扬城市的兴盛，表达城市的精神。第四，从 14 世纪起，修建花园和园林成了一时的风尚。15 世纪时，贵族富商的园林别墅差不多遍布佛罗伦萨和意大利北部各城市。16 世纪时，园林艺术发展到了当时的高峰，这些城市游憩空间的设计思想和实践成就对城市游憩空间影响深远。文艺复兴时期建设的广场、花园、宫苑、标志性建筑等城市空间都成为当时和现代重要的城市游憩空间与场所（图 3-7、图 3-8）"[154]。

图 3-7　法国的凡尔赛宫苑景观
（图片来源：百度图库）

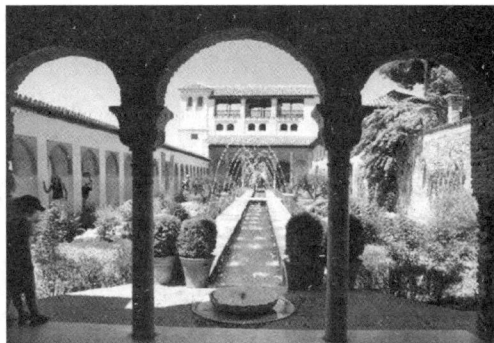

图 3-8　西班牙阿尔罕布拉宫景观
（图片来源：百度图库）

15 世纪莱昂·巴蒂斯塔·阿尔伯蒂（Leon Battista Alberti ，1404-1472）在《建筑论——阿尔伯蒂建筑十书》中明确指出，"城市不仅仅是为了居住，而要精心设计，除了公民的居住之外，应该为广场、马车道、花园留出地方，也应该留出踏青和游泳的地方，既为了娱乐也为了休闲"[209]。阿尔伯蒂认为城市规划中除了市民的居住之外，还应该考虑城市的娱乐与休闲功能，为市民留出广场花园等活动空间[210]。

相比古代西方城市游憩空间而言，中国古代城市游憩场所主要集中在公共的寺观园林、风景园林和商业街巷，以及大量的非公共空间的皇家宫苑与私家园林。中国早期古代城市中的游憩场所功能由通神、祭祀、生产、狩猎目的向单纯的游乐、休闲、玩赏功能转化，其规模随着封建社会的发展而不断扩大，品质也随着工程技术进步与文化艺术发展，以及当时的思想观念而不断提升和演化。在封建时代，城市主要的开放游憩空间主要集中在娱乐、商业和消遣活动密集的市井场所，如典型的隋唐长安城的东西两市，南京秦淮河两岸的繁华商业区，戏楼、酒肆、茶馆、书场、天桥等，提供了人们集会、娱乐、庙会、表演、欢宴的休闲空间场所。唐代诗人王建（公元767—830）的诗篇《夜看扬州市》生动地描绘了扬州夜市的繁盛景况，富有生活气息，又充满时代感。"夜市千灯照碧云，高楼红袖客纷纷。如今不是时平日，犹自笙歌彻晓闻。"此外，城市及郊区的园林、湖畔也是人们春日踏青、放飞纸鸢、儿童玩耍、走亲访友的休闲场所。杜甫在《丽人行》中描绘春日游春的仕女，"三月三日天气新，长安水边多丽人"，证实了长安城曲江一带是那一时期城市民众的游兴之地。林升的《题临安邸》："山外青山楼外楼，西湖歌舞几时休，暖风熏得游人醉，直把杭州作汴州。"中国古代这些著名的诗作从另一个侧面表现出历史上城市游憩活动的丰富和游憩场所的营造状态（图3-9）。

图3-9　北宋画家张择端的《清明上河图》
（图片来源：百度图库）

3.2.2　发展：近代的城市游憩休闲用地

19世纪60年代英国工业革命后，世界各国开始从以农业为主的传统乡村社会转向以工业和服务业为主的现代城市社会，城市化成为世界瞩目的重要问题。随之而来的城市人口飞速增长，城市环境迅速恶化，"城市病"肆虐蔓延，城市中的这些环境问题又衍生了许多新的城市问题，进而造成了更为严重的后果。从某个角度上说，人们在获得巨大财富和工业发展的同时，也最大限度地破坏了城市的原生环境。面对一系列严峻的城市问题，涌现出许多"药方式"的理论、设想与思潮，试图去缓解诸如人口膨胀、居住拥挤、交通拥堵、环境质量恶化、社会矛盾突出等问题，典型的理论如：空想社会主义（托马斯·摩尔的"乌托邦"，康帕内拉的《太阳城》，傅立叶的"法朗吉"，罗伯特·欧文的"新协和村"，霍华德的"田园城市理论"）、社会改良主义，索里亚·玛塔的带型城市，戈涅的工业城市，格迪斯的学说等。

其中，对现代城市规划理论与方法影响最为深远的是英国社会活动家、城市规划师埃比尼泽·霍华德（Ebenezer Howard，1850~1928）于1898年提出的"田园城市"理论。该理论的实质是协调城市与自然、与人的关系，其中特别强调了城市中的绿地布局和游憩功能。理想的"田园城市"空间布局了大量的城市公园、环状公园、林荫大道、游乐设施等，城市外围是森林、果园、耕地与牧场。

西方工业革命以后，为了缓解城市问题，改善城市环境，城市政府将部分私人或专有的园林绿地划作公共使用，甚至开辟新的公共绿地。1640年，英国殖民时期，美国波士顿市政当局决定在市区内保留某些公共绿地，成为后来公园的雏形。1811年伦敦建成了为富有阶层服务的摄政公园（Regents Park），1843年利物浦建成为工人阶层服务的伯金海德公园（Birkenhead Park），以及伦敦东区的维多利亚公园（Victoria Park）。1844年英国市政当局提出建立面向全体市民开放的公共园林的要求。工人集会要求为保障市民的健康，为市民提供休息娱乐场所，交流感情而建设公园。英国城市公园运动在欧洲引起了新的变革。1851年，第一部公园法案在美国纽约通过，将公共领地转变为城市公园，为市民提供休闲与娱乐。1857年，由奥姆斯特德（Frederick Law Olmsted，1822-1903）和助手沃克斯（Calvert Vaux）主持设计的纽约中央公园，成为现代意义上的第一个城市公园。从此在美国掀起了"城市公园运动"（Urban Parks Movement），在旧金山、芝加哥、布法罗、底特律、蒙特利尔等大城市建了100多处大型城市公园[211]。

中国的城市公园起源于清末帝国租界，自1840年第一次鸦片战争时期，西方列强在建立租界的同时，按照当时自己国家的城市建设手法布局了公园用地。1868年第一次出现在上海的英美公共租界内，即现在的黄浦公园。之后陆续建成了"虹口游乐场"（今鲁迅公园）、"法国公园"（今复兴公园）、"极司菲儿公园"（图3-10）（今中山公园）等等，当时专供外国人运动休闲之用。这些"租界公园"作为早期上海城市休闲游憩用地的重要组成，其建设规模和水平虽无法与同时代的欧美城市公园相比，但初步形成了动植物展示、儿童活动、运动、展览等设施功能，客观上促进了中国近代城市公园与游憩场所的发展[212]。

同时期，我国天津历有英、法、美、日、德、俄、奥、意、比等9国租界，是我国租界最多的城市。天津租界内前后共计有公共园林10座，分别为英租界维多利亚花园、义路金公园、久不利花园、皇后花园；德租界德国花园；俄租界俄国公园；法租界海大道花园、法国花园，日租界大和公园；意租界意国公园等。其中英租界的维多利亚花园（图3-11）

图3-10 上海租界的极司菲儿公园
（图片来源：百度图库）

图3-11 天津英租界维多利亚花园
（图片来源：百度图库）

（今解放北园），是天津英租界最早的园林，面积约 1.23 公顷，周围遍布英租界主要建筑，如利顺德大饭店、天津俱乐部等，可谓英租界之行政中心和休闲、集会、娱乐中心区[213]。

3.2.3 嬗变：现代城市旅游用地的发展

随着休闲游憩与旅游业的发展，按照游憩与旅游概念上的细分，从服务对象上来看，城市游憩用地（公园、商业街区、广场）主要面向城市居民提供休闲游憩服务，而城市旅游用地（旅游景区、宾馆酒店、游客服务中心）则更关注为城市以外的旅游者尤其是过夜游客提供旅游观光服务。一般而言，城市中许多游憩用地和旅游用地都兼具两者的服务需求，功能上也会有一定程度的交叉和重叠。城市"游憩用地"和"旅游用地"将按照城市用地的主要功能予以区分，并依据国家旅游局给予的 A 级景区进行界定，增强研究数据与结果的严谨性和可操作性（图 3-12、图 3-13）。

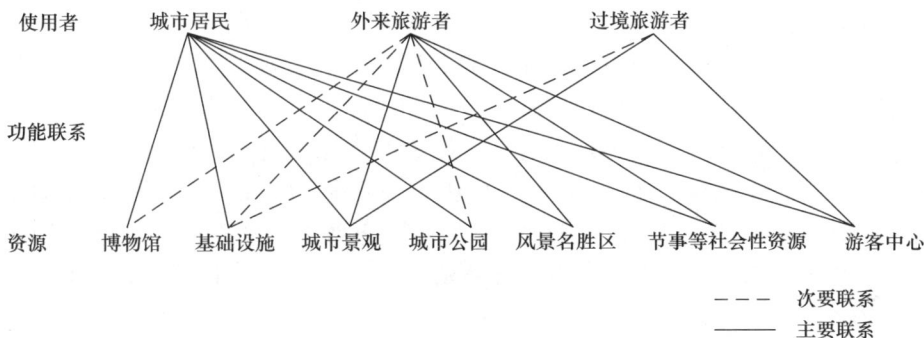

图 3-12　城市游憩与旅游资源功能受众[214]

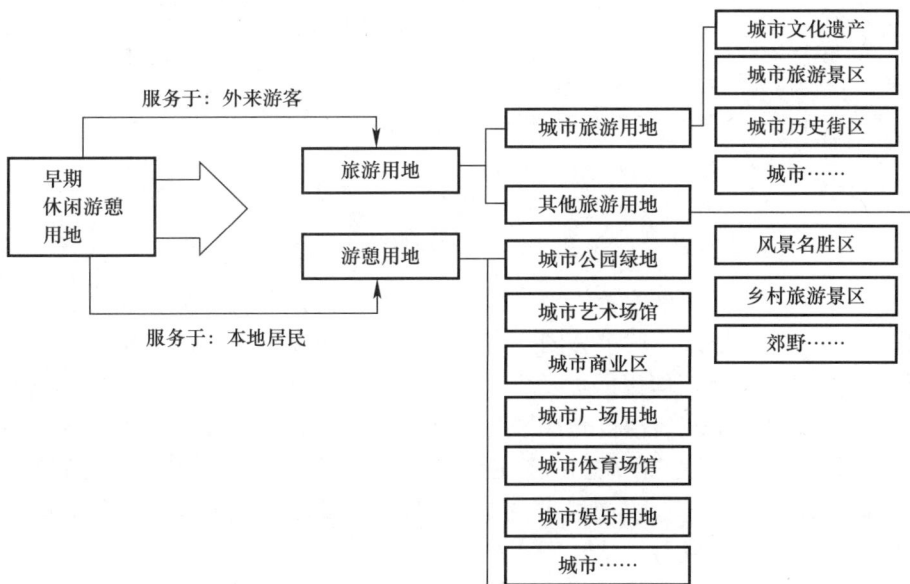

图 3-13　游憩用地到城市旅游用地演化过程

3.3 城市旅游用地的概念与内涵

随着世界旅游业的快速兴起及城市旅游化和旅游城市化的推进，旅游活动与相关产业发展用地在城市地域结构中的地位日益重要，尤其是许多旅游城市，其旅游用地数量与规模已经成为城市建设用地中最为重要的一部分，对城市的发展发挥至关重要的作用和影响。

3.3.1 城市旅游用地的概念与构成

（1）城市旅游用地的概念界定

"城市旅游用地"是指城市建设用地范围内，面向游客提供旅游服务功能的用地，主要包括城市旅游景区、城市旅游服务设施等用地。其中①"城市旅游景区用地"是在城市建设用地范围内，具有吸引国内外游客前往游览的明确的区域场所，能够满足游客游览观光，消遣娱乐，康体健身，求知等旅游需求，具备相应的旅游服务设施并提供相应旅游服务的独立管理区，即旅游景区及其附属旅游服务设施用地；需要指出的是：本研究所涉及的"旅游景区用地"特指在城市建设用地范围内，由于历史和自然原因所形成的且规模较大，在城市发展中需要永久保留的用地，如西安大明宫遗址公园、杭州西湖风景区、北京故宫博物院、桂林山水风貌区等。②"城市旅游服务用地"是城市中与旅游活动相关的服务设施和部门用地，主要提供餐饮、住宿、交通、购物、信息等相关服务的用地，如宾馆、旅行社、旅游运输公司、旅游咨询服务中心等，旅游服务用地服务对象不仅限于旅游者，涵盖范围更广，涉及内容更多（图 3-14）。

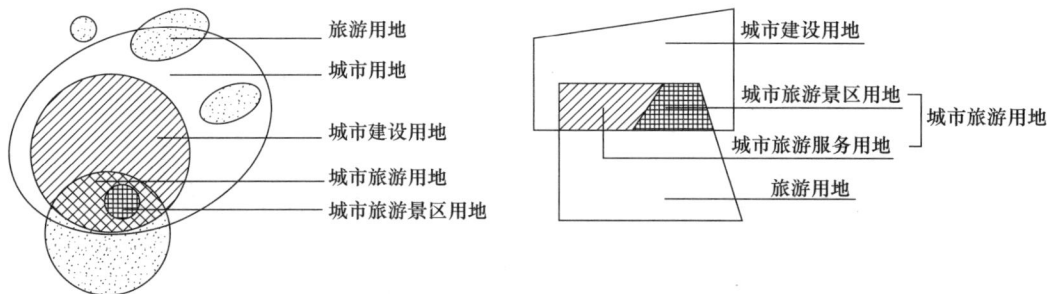

图 3-14　城市旅游用地空间概念

从以上的论述可知，城市旅游用地的概念界定有狭义、广义之分，狭义的概念是指城市旅游景区用地，如风景区、城市公园、绿地广场、历史遗迹等旅游景区；而广义的概念则包括城市旅游服务用地，即以"游览"为核心的"吃、住、行、购、娱"等相关用地，缺少了这些相关用地，旅游活动也无法顺利开展。但通常我们涉及的仅仅是狭义的城市旅游用地，本书也偏重于探讨城市旅游景区用地，但是一个完整的旅游活动及服务，必然依赖城市旅游服务用地的支撑，两者相互融合，共同影响着城市旅游的规模与品质。

（2）城市旅游用地构成与类型

已有的前期研究多对游憩用地和旅游用地的分类与构成进行了一定的讨论，如陈文娣在《旅游用地分类体系构建及空间结构特征研究》一文中，将旅游用地分为生态保护用

地、旅游游赏用地、旅游基础与公共服务设施用地、旅游商业开发用地以及其他旅游用地
5个一级类型和16个二级类型。上述旅游用地分类主要建立在旅游活动功能基础上[152]。
本书主要是从城市规划及建设用地管理的角度对城市旅游用地进行深入研究。因此，本研
究将城市旅游用地分为城市旅游景区用地和城市旅游服务用地两类，后者包括旅游住宿用
地、旅游餐饮用地、旅游交通用地、旅游商业用地、旅游服务机构用地、旅游其他用地等
六个次级类型。该分类体系便于城市旅游用地的统计分析，并与城市规划建设与管理相衔
接（图3-15）。

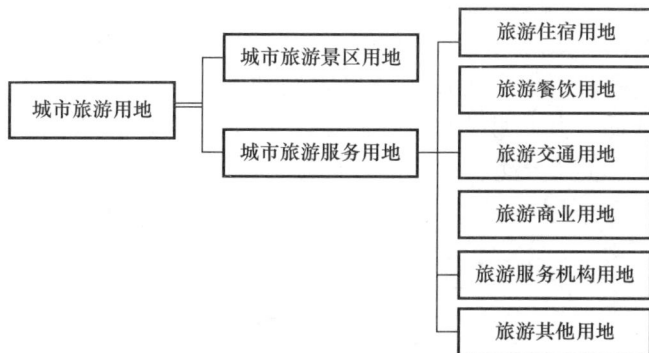

图3-15 城市旅游用地类型构成

3.3.2 城市旅游用地的主要特性（图3-16）

（1）法律属性

依据《中华人民共和国城乡规划法》，城乡规划是政府对城市建设布局、土地利用的
总体安排和调控手段。城市旅游用地是城市中提供旅游服务功能的用地，是保障城市对外
旅游服务功能实现的重要载体，位于城市规划区内，属于城市建设用地范畴，从法律层面
应该纳入城市用地规划与管理体系中。

（2）经济属性

当原有城市用地类型所产出的经济收益不断下降，其竞租能力逐渐变弱，若转让使用
权给旅游业利用以产生更大的经济收益，则旅游开发将会改变原有土地用途，或附加旅游
功能提升城市用地经济价值。当前城市旅游用地作为现代服务业发展的空间资源，促进消
费，延展产业链，创造出极大的经济效益和经济拉动效应。

（3）公益属性

城市规划基于保障民众的社会公共利益和游憩权益，建设和配套城市旅游用地与服务
设施，进一步改善了城市生态环境，提升了城市人居环境，促进了城市人际交流和文化交
流。许多城市建设的文化广场、城市公园、历史街区和旅游景区，免费向城市居民和外来
游客开放，收获了良好的社会效益、文化效益和生态效益，成为城市文明和社会文明建设
的重要组成部分。

（4）复合属性

旅游用地的复合性表现在其用地性质的多元性，如文物古迹用地、宗教用地、都市农
业用地、教育科研用地和公园广场用地，甚至部分工业用地等都可能被旅游业所利用，发

现这些用地新的游憩价值，并将原有用地职能叠加其上，而并非进行简单的替代，最终形成不能分离的复合型用地性质。这种发展趋势也导致具有旅游功能的用地不断扩散和泛化，工业旅游、文化旅游、购物旅游、会展旅游等创新性产品与场所，使得城市用地中的许多用地类型或多或少都具有一定的游憩和旅游功能。

（5）波动性与局限性

旅游用地是旅游活动开展的空间场所，而旅游活动短暂的生命周期变化与强烈的季节波动性，直接导致了城市旅游用地在开发利用方面的灵活性和波动性，即旅游用地在时间上（旺季、淡季）的利用强度出现周期性的波动；在空间上旅游流主要集中于城市特定的旅游用地，即城市空间中旅游用地的利用强度也并不是均衡分布。此外，由于旅游用地开发利用受到环境容量限制，即旅游用地所能容纳的旅游人口规模和经济规模具有一定阈值，其旅游活动应保持在其承载力的范围之内，否则会对旅游用地的生态环境、景观资源、游客体验、居民态度等产生负面影响，使旅游目的地的品质与形象下降，进而影响旅游用地的多种效益产出。

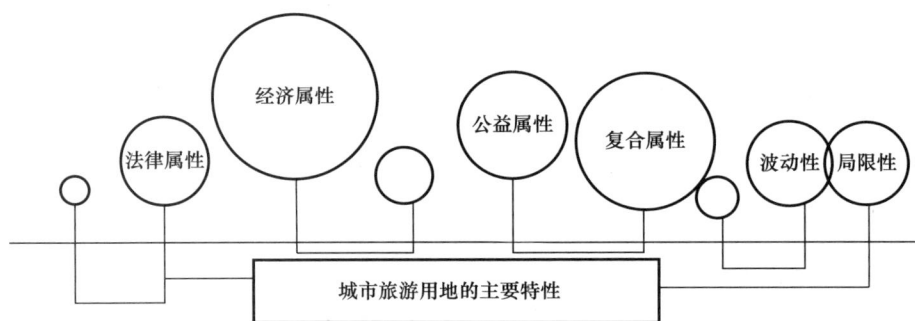

图 3-16　城市旅游用地主要特性

3.3.3　城市旅游用地的内涵与价值

随着经济的发展、技术的进步、社会制度的不断完善，现代社会中人们的闲暇生活日益丰富，城市用地结构中的旅游用地的作用和意义越来越重要。从某种角度看，城市旅游需求的增长正在一定尺度上和程度上改变着现代城市的空间结构和用地组成，进而深刻影响人们的城市生活方式和社会发展进程。

（1）城市旅游空间不断扩展，涉及几乎所有重要的生态区域、风景名胜、历史遗迹、文化艺术及商业区域，甚至部分工业区域，创新性地改变着城市用地的初始功能和利用方式，城市旅游用地的不断增长推动城市空间结构的演化。

（2）城市旅游产业的兴起重构城市经济格局，为旅游休闲而进行的各类产业链条和相关服务活动成为城市经济增长的亮点，旅游所带动的消费需求（时间消费、经济消费、文化消费等）成为新时期城市中最具活力的经济力量。

（3）旅游空间作为城市空间中最具特色的空间场所，正在成为城市形象展示的窗口和城市文化及城市精神的载体和平台，这些特色空间逐渐整合成为城市文化发展的核心竞争力，它们既是软实力也是硬实力，既是城市走向和谐发展之路的核心要素，也是城市让生活更美好的核心要素。

（4）城市旅游文化与活动推动人们生活方式和发展观念的进步，不断提升城市生活质量，实现更高层次的文化精神需求，对于人的发展完善和寻找生命价值具有重要的贡献。

（5）城市旅游发展成为城市管理制度和公共政策创新的主要推动力之一。如：美国的城市美化运动（City Beautiful，Burnham）；美国城市公共卫生改革（Public Health Reform）；大都市区治理政策等。

3.3.4 城市旅游用地与城市建设用地的关系

根据前文对"城市旅游用地"概念的界定，它特指城市建设用地范围内，面向游客提供旅游服务功能的用地。换言之，即城市旅游用地属于城市建设用地范畴。按照现行的城市建设用地分类的视角，可以进一步分析两者间的相互关系（图 3-17）。

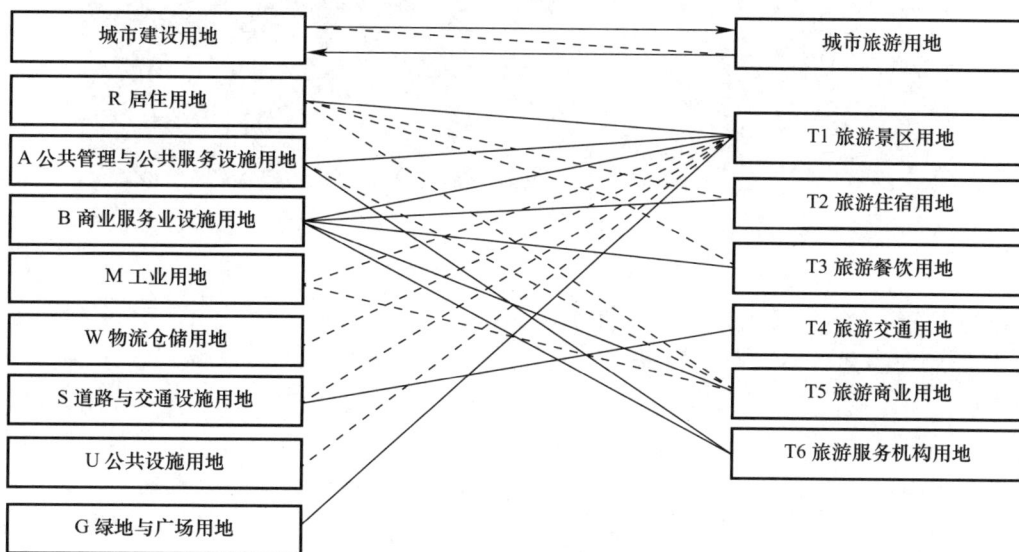

图 3-17 城市旅游用地与城市建设用地关系图

通过对城市旅游用地与城市建设用地关系的梳理，可以看出两者关系的密切与复杂，相互交织与功能重叠是其典型特征。从理论上说，支持和保障城市旅游活动正常进行的城市建设用地几乎涵盖了所有的用地类型。尤其是随着旅游资源和产品概念外延的拓展，几乎所有的城市建设用地或多或少，或直接或间接都与旅游用地联系起来，而这种发展趋势将会持续增强。

3.4 现代旅游活动及用地发展对城市的综合影响

众所周知，旅游发展对城市具有极强的经济、社会、文化、生态等全方位的综合影响。在具体分析城市旅游用地发展对城市规划与建设的影响这一问题之前，可以先观察国内国外两个典型的案例城市，作为著名的旅游城市，其城市旅游比较发达，旅游产业的发展对城市发展和规划建设与管理带来诸多深刻的影响。

（1）意大利威尼斯

威尼斯，是世界著名的历史文化名城，城内古迹众多，有各式教堂、钟楼、修道院和宫殿百余座，其建筑、绘画、雕塑、歌剧等在世界有着极其重要的地位和影响。拥有圣马可广场、圣马可教堂、总督宫、叹息桥等名胜古迹的威尼斯是全球闻名的旅游目的地城市。

威尼斯城占地规模仅 7.8km²，被 177 条蛛网般密布的运河割成 118 座小岛，岛与岛之间依靠约 400 多座各式桥梁错落连接。号称"威尼斯最长的街道"的大运河（Grand Canal）呈 S 形贯穿整个城市，将城市分割为两个部分（图 3-18、图 3-19）。

图 3-18　威尼斯城市鸟瞰图
（图片来源：百度图库）

图 3-19　威尼斯城市卫星影像
（图片来源：百度图库）

据官方公布的统计数据，自 20 世纪 50 年代以来，威尼斯的城市人口一直在减少。1951 年威尼斯的常住人口为 17.4 万人，而 1996 年这一数字已经下降为 7 万人，而且近年来仍有居民不断搬离威尼斯，照此趋势发展，2030 年威尼斯将不再有城市常住人口。而与之相对的是，威尼斯每日大约接待 5.5 万名外来游客，几乎与城市人口相当，城市的设施与服务不堪重负。早在 1950 年时威尼斯的年游客量已经高达 100 万人次，而如今每年都有约 2000 万游客来此观光游览。威尼斯酒店经营者协会主席马斯基耶托批评说："威尼斯之所以沦落至此，完全是由于过去 20 至 30 年来管理部门没有认真规划威尼斯的将来，只知道从旅游业中收取高额税收"。[215]

（2）中国平遥

平遥位于山西省，拥有 2700 多年的建城史，是目前国内保存较为完整的明清古城。平遥作为国家级历史文化名城、国家 AAAAA 级景区和世界文化遗产，丰富的历史文化旅游资源使其成为我国著名的旅游目的地城市。

平遥古城池总面积约 2.25km²，古城空间格局基本保持传统形态，密布的街巷道路继承了历史肌理，价值较高的传统民居建筑保存完好，展示出了规整的中国传统城市风貌。古城内现有居民仅 4.2 万人，与 2015 年平遥古城接待游客 835.1 万人次相比，外来游客与城市居民数量对比极为悬殊，而且游客数量还以每年 20 ％速度增加。古城内的用地资源、道路资源、基础设施，以及住宿餐饮等旅游服务设施捉襟见肘，建设与发展都存在着不堪重负、难以为继的严峻问题（图 3-20）。

总之，无论国内外，著名的旅游城市必然会受到旅游产业发展和旅游人口带来的繁荣与压力。如何科学准确地去评估这种压力，是旅游城市未来发展和建设的关键问题。本质上，作为人类最大规模的聚集地城市，其发展始终是两种力量的推动，一是经济的力量，二是文化的力量。著名经济学家凯恩斯曾预言，人类将第一次面临真正的永久问题——如

图 3-20 平遥县城总体规划（1999—2020）
（图片来源：xxgk. qingyao. gov. cn）

何度过闲暇时光，休闲和文化的巨大影响力逐渐改变着人类的生活方式和城市的发展轨迹。凯文·林奇在《城市形态》（1981 年）一书中提到："城市规划的关键，在于如何在空间安排上保证城市各类活动的交织。"[216]《雅典宪章》则首先回答了旅游在城市规划中的作用。随着城市旅游产业的蓬勃发展，在城市中持续增长的城市旅游用地，已经成为城市地域空间结构的重要组成部分，必然会对城市及城市空间规划产生深刻的影响。达成共识的是，我们都认可依托于城市旅游用地所形成的旅游流与城市交通流、商贸流、信息流等在城市空间层面产生出"1+1＞2"的聚集效应和链式反应，即一定规模的城市旅游用地及旅游活动对城市区域或整个城市的职能定位、用地布局、道路交通和商业环境、设施配置等产生一系列的综合影响[4]53。但从理论到现实，我们需要明确知道城市旅游用地的发展对城市规划的影响和作用，以便更好地在空间层面安排它们。

3.4.1 旅游人口及其活动对城市的压力

众所周知，旅游城市不仅是旅游目的地，同时也是区域旅游集散中心，大量的外来旅游人口不仅在城市以及周边进行旅游活动，而且其中大部分游客将进入城市接受城市服务，消耗城市资源，如住宿、餐饮、娱乐、购物以及游憩等，必定大量占用城市空间资源与设施资源，对游客而言这种使用是暂时的和动态的，但对于城市而言这种占用和使用却是长期的和固定的。若仅依据城市常住人口计算用地规模和相关设施配套，忽略大量旅游人口的需求，实际上降低了城市人均建设用地指标，导致旅游城市发展过程中用地指标的不足，不仅对外来的旅游人口，也对城市居民的生活质量带来负面影响。需要指出的是，上述的影响讨论分析仅是针对城市旅游景区而言，还并未涉及为旅游活动和旅游产业发展提供保障的旅游服务用地，若考虑到涉及旅游服务的相关用地情况，则问题将更为突出。

每一个城市的发展条件、用地情况和旅游业发展水平不同，尤其对于我国而言，国土广袤，城市众多，情况千差万别。针对此，本书尝试引入"城市旅游影响强度指标"的概念，即旅游强度是度量旅游业对城市社会经济生活的影响程度或在城市发展中的地位的一组指标。指标分为三个方面：①旅游人口影响强度 P_r，指一定时期内旅游者数量与城市常住人口数量之比；②旅游空间影响强度 P_s，指一定时期内城市旅游用地面积与城市建设用地面积的比值；③旅游经济影响强度 P_e，指城市旅游综合收入与城市国民生产总值 GDP 之比。三个强度指标相互区别，又紧密关联。但 P_s 和 P_e 两个指标的数值易受到旅游人次和旅游人均消费的影响，鉴于本研究的讨论是基于城市建设用地的视角，主要研究人口与用地的关系问题，而用地指标一般是伴随人口指标而变动，因此优先采用 P_r 指标进行测度，即一定时期内城市游客数量 T 与城市常住人口规模 R 的比值，表征城市旅游发展对城市用地和设施所造成的影响程度（表 3-4）。

其计算公式如下：

$$P_r = T/R$$

其中 P_r 代表旅游人口强度，T 代表旅游人次，R 代表城市常住人口

我国部分旅游城市的"城市旅游人口强度"对比表　　表 3-4

城市/2015 年	城市常住人口规模（万人）	旅游人次规模（万人次）	旅游人口强度（P_r）
北京	2170.5	27300	12.58
西安	862.75	13600	15.76
桂林	496.16	4200	8.47
三亚	58.56	1495.7	25.54
上海	2415.27	28369.68	11.75
大理	67.0	2928.51	43.71
杭州	889.2	12000	13.50
成都	1442.8	19100	13.24
咸阳	495.68	4305	8.68

注：1. 三亚、桂林等受旅游季节波动影响较大的城市，与北京、西安等城市的旅游人口强度比较的是全年平均值，但其特殊性在于旅游人口在时间分布的波动特征更强。2. 数据来源于各市国民经济和社会发展统计公报等。

从上表显示出我国部分城市"城市旅游影响强度指标"的分析结果，可以看出不同城市所受到的旅游压力是不同的，其影响强度主要受到城市规模、城市性质、城市人口、产业发展、旅游人口、旅游消费等众多因素影响，而这些影响最终将体现在物质空间层面，从城市规划与管理的角度看，主要集中在城市建设用地资源和设施配置方面。因此，我们认为越来越发达的旅游产业的确会对城市的规划建设与可持续发展带来深远的影响。

3.4.2　对城市性质与用地结构的影响

随着越来越多的城市不断强化其旅游、游憩职能，加大对城市旅游产业的扶持力度，如历史文化城市、海滨城市、山地城市等风景型城市，以及转型发展的城市，其城市旅游产业地位逐渐成为城市的支柱产业，城市的性质也进一步突出旅游职能。据《中国城市统计年鉴 2015》统计全国建制城市 656 座（含地级以上城市和县级市），国家旅游局依据《创建中国优秀旅游城市工作管理暂行办法》和《中国优秀旅游城市检查标准》批准的中国优秀旅游城市已达 370 家，占到目前城市总数量的 56% 以上，旅游产业在城市发展中的重要地位得到进一步明确与加强。本书对陕西省部分城市在不同时期的多轮城市总体规划文本进行统计分析，可以清晰地看到近 20 年来城市性质表述变化的过程，充分体现出旅游职能在城市性质中不断提升的功能地位（表 3-5）。

陕西省部分城市总体规划中城市性质描述一览表　　表 3-5

城市	不同时期城市总体规划中城市性质的表述	关键词
地级市		
西安	(1) 2008—2020，西安是陕西省省会，国家重要的科研、教育和工业基地，我国西部地区重要的中心城市，国家历史文化名城，并将逐步建设成为具有历史文化特色的现代城市 (2) 2016—2020，国际旅游城市：新欧亚大陆桥中国段中心城市之一；国家重要的航空航天、科研教育、现代制造、高新技术等产业基地；区域枢纽城市；中国西部经济中心；陕西省政治经济文化中心，"一线两带"的核心城市。	国际旅游城市
咸阳	2010—2030，西安国际化大都市的核心组成部分，历史文化旅游名城、国家先进制造业基地、西部现代服务创新型城市。	历史文化旅游名城
汉中	(1) 2001—2015，陕、甘、川经济交往的纽带，陕西西南部中心城市，以发展商贸、旅游、高新技术产业为主，生态良好的国家历史文化名城。(2) 2010—2020，以汉文化为主要特色的国家历史文化名城、陕甘川渝毗邻地区省际开放的枢纽城市，生态环境优越的宜居休闲城市和优秀旅游城市。	旅游产业为主，优秀旅游城市
延安	(1) 1980—2000，延安承担着对中国人民和世界人民宣传毛泽东思想的光荣任务，是一个革命纪念性城市。(2) 1990—2010，中国革命历史文化名城，是延安地区的政治，经济、文化中心。(3) 1996—2010，中国革命圣地，国家历史文化名城，面向全国的爱国主义、革命传统和延安精神教育基地，以发展生态农业、旅游、石化、能源产业为主的陕北现代化中心城市之一。(4) 2000—2020，延安是中国革命圣地、国家级历史文化名城，面向全国的"三大教育"基地，陕北现代化中心城市。(5) 2010—2030，中国革命圣地和国家历史文化名城，陕北区域中心城市和交通枢纽，延安政治、经济、文化中心。	旅游产业为主，优秀旅游城市
榆林	(1) 1990—2000，榆林县城是榆林地区政治、经济、文化中心，是以毛纺、制革为主的轻工业县城，远期具有发展煤炭工业的优势，并具有旅游前景的历史文化名城。(2) 1995—2010，以发展能源化工、轻纺工业及商贸旅游业为主的晋陕蒙接壤区经贸中心城市和国家级历史文化名城。(3) 2000—2020，国家级历史文化名城，晋陕蒙接壤区重要中心城市，融科教、商贸、文化、旅游为一体，生态环境优美的陕北能源重化工基地管理和服务中心。(4) 2006—2020，榆林是陕北国家能源化工基地的核心城市、陕甘宁蒙晋接壤区域的中心城市、国家历史文化名城和沙漠绿洲宜居城市。(5) 2013—2030，陕甘宁蒙晋接壤区区域中心城市，以能源金融、新型能源产业为主的绿色能化新都。	具有旅游前景的历史文化名城，商贸旅游为业主
宝鸡	(1) 2001—2020，炎帝故里，周秦王朝发祥地，新亚欧大陆桥上的重要城市；连接中原、西南、西北的交通枢纽；工贸发达的现代化区域中心城市。(2) 2008—2020，我国西部重要的地区中心城市，先进制造业基地和综合交通枢纽，独具文化特色的生态宜居城市。(3) 2010—2020，关中一天水经济区副中心城市，全国重要的新材料和装备制造业基地，西部地区重要的综合交通枢纽，文化名城和生态宜居城市。	文化名城
渭南	(1) 1986—2000，以发展化工有色金属和轻工业为主的新兴工业城市。(2) 1996—2010，以能源、化工、机械、轻纺、食品、旅游为主导产业，工商贸协调发展的新型现代化中等城市。(3) 2008—2000，渭南市是秦晋豫黄河三角区区域中心城市、关中东部新兴工业城市，具有关中地域文化特色的生态园林城市。(4) 2010—2020，国际知名山水文化旅游城市，关中-天水经济区和西安国际化大都市东部门户，秦晋豫黄河三角区区域中心城市，具有关中地域特色的生态园林城市。	旅游为主导产业，国际知名山水文化旅游城市

续表

城市	不同时期城市总体规划中城市性质的表述	关键词
铜川	(1) 2005—2020，陕西重要的以能源、现代建材业为主的工业基地，开放型的产业城市，生态城市和现代化区域中心城市 (2) 2016—2030，打造全国知名休闲养生城市战略。	全国休闲养生城市
安康	(1) 2005—2020，国家长江经济带的上游组成部分；陕西省汉江经济走廊的中心极核；川、渝、鄂、秦四省市接壤地区的中心城市；集水电能源基地和交通枢纽，以特色经济建设为主，具有优美自然风光、优良生态环境的山水园林城市。(2) 2010—2020，连接关天、成渝、江汉三大经济区的重要交通枢纽；西北重要的清洁能源、新型材料、富硒食品、安康丝绸、生物医药基地；旅游休闲、生态宜居的山水园林城市。(3) 2015—2020，关中-天下经济区的重要辐射区；西安、成都、重庆、武汉四大都市圈的重要连接点；陕西省东南部中心城市和全省重要的交通枢纽城市；以发展新型工业、旅游休闲、特色农业和现代物流产业为主的山水园林城市。	以发展旅游休闲为主的山水园林城市
商洛	(1) 2000—2020，陕西省东南部的中心城市，商洛市域政治、经济、文化中心，以发展商贸、旅游和现代工业为主，融山、水、城为一体的现代化生态园林旅游城市。(2) 2009—2020，秦岭腹地生态旅游城市，关中天水经济区次核心城市，西安大都市圈的宜居养生城市。(3) 2010—2020，陕西省东南部的中心城市，循环经济示范区，现代化生态旅游城市。	生态园林旅游城市，生态旅游城市，现代化生态旅游城市
县级市		
韩城	(1) 2000—2020，国家级历史文化名城，陕西省关中东北部的中心城市，以发展旅游、科教、商贸为主的园林城市。(2) 2012—2030，国家级历史文化名城，陕西省东北部区域中心城市，全省重要工业基地，以文化旅游为导向的生态宜居城市。	以发展旅游为主的园林城市，文化旅游城市
华阴	(1) 1998—2015，华阴市是华山国家级风景名胜区所在地，是中国中西部地区重要的风景旅游城市和历史文化名城，是关中东部的交通枢纽。(2) 2013—2030，国际山水文化旅游名城，国家全域旅游示范区，全国生态文明建设示范区。	风景旅游城市，国际山水文化旅游名城，国家全域旅游示范区
兴平	(1) 2005—2020，以加工工业为主，加快发展高新技术产业和服务业的现代化中等城市。(2) 2010—2030，兴平市域的政治、经济、文化中心，以工业为主的现代化宜居城市。	
县城		
彬县	(1) 1983—2020，以卷烟、食品加工等轻工业为发展重点，逐步建设成为一煤炭工业为主的城市。(2) 1997—2020，为咸阳北部中心城市，陕西省的能源基地之一，为发展煤炭及配套工业为主的现代化工业城市。(3) 2008—2020，陕西能还原化工基地之一，国际丝绸之路上的节点之一，咸阳市域北部中心城市，是以发展煤炭及相关产业为主，并具有旅游业和现代农业发展前景的现代化城市。	具有旅游业发展前景

　　研究基于扎根理论方法❶，对全陕西省 83 个县级行政区，包括 3 个县级市及 80 个县

　　❶ 扎根理论研究法是由哥伦比亚大学的 AnselmStrauss 和 BarneyGlaser 两位学者共同发展出来的一种研究方法。是运用系统化的程序，针对某一现象来发展并归纳式地引导出扎根的理论的一种定性研究方法。

的城市总体规划中对城市性质的表述进行概念提炼，包括"历史文化"和"旅游"，"山水园林"，进而归类范畴化"城市旅游职能"。城市职能中涵盖相关概念的约占90%以上，而在城市性质明确表述的占75%以上。

城市性质的变动必将带来建设用地类型的调整。对于旅游城市而言，旅游用地是旅游城市发展的主体空间资源，其对旅游城市性质的确定和城市职能的发挥，更是具有举足轻重的影响意义。比如：美国奥兰多迪士尼的数据显示，每年到那里的国内外游客，超过3000万人次，一年门票收入就达30亿美元，此外，迪士尼周边有着连片的酒店、度假村、水疗中心、高尔夫俱乐部、商场等房产组合，这些资产不仅带来经营利润，还使得土地增值。随着迪士尼世界的运营，奥兰多由农业县发展成为一个重要的旅游城市，该市就业人口中，80%是直接或间接为迪士尼世界服务。

目前，我国有众多以旅游产业为主导产业和支柱产业的城市，旅游用地和旅游产业的发展状况同样是确定城市性质和职能的重要依据。以三亚为例，其旅游产业占城市GDP的70%以上，相对应的旅游用地比重较大，在三亚市城市总体规划（2008-2020），所确定的城市性质为国际性热带海滨风景旅游城市，中心城区面积188km²，城市建设用地70km²，人口规模约48万，人均城市建设用地146m²。大量的旅游用地不但参与了城市建设用地的平衡，同时按照"一线旅游，二线居住"的布局原则，滨海一线用地优先用于酒店及旅游配套服务设施的建设，并鼓励和促进滨海一线现状居住功能向旅游度假功能转换。规划旅游业用地主要集中在城市的滨海沿线，旅游用地的职能和空间布局塑造了特色的滨海旅游城市形象。

随着城市旅游及其产业链的深度发展，城市旅游用地规模的不断增长是完全可以预期的趋势。城市旅游用地已经成为现代城市用地结构中重要的组成部分。尤其对于旅游城市而言，城市旅游用地占城市建设用地规模的比例不断增加，城市建设用地规模则随城市旅游用地规模动态变化。

3.4.3　对城市空间格局与道路系统的影响

游憩与旅游用地的布局影响城市空间格局与道路系统的历史，最早可以追溯到古代的城市。中国古代传统城市都是经过精心选址以后才开始建设的，其选址本身就考虑了自然山水环境、风水五行文化等，并提出"凡立国都，非于大山之下，必于广川之上，高勿近旱而水用足，低勿近水而沟防省。因天材，就地利，故城郭不必中规矩，道路不必中准绳"（《管子·乘马第五》）。城市的内部和郊区分布着众多特别的环境元素，如河流、湖泊、山体、寺观、园林、宫苑等，这些环境要素无不深刻影响城市形态、空间布局和道路系统。时代发展到今天，这些原本的自然环境和人文要素大都成了现代城市游憩与旅游空间，彰显着城市独具特色的形象与文化。如："四面荷花三面柳，一城山色半城湖"的济南，"欲把西湖比西子，淡妆浓抹总相宜"的杭州（图3-21），"百千家似围棋局，十二街如种菜畦"的长安，其城市空间格局、道路系统、用地布局完全受到大规模旅游资源与旅游用地的深远影响。国外名城也莫不如此，如法国的巴黎市与凡尔赛宫苑的空间关系，直接形成了其放射性城市路网体系（图3-22），甚至这种城市设计风格影响到后来的美国华盛顿的城市规划。

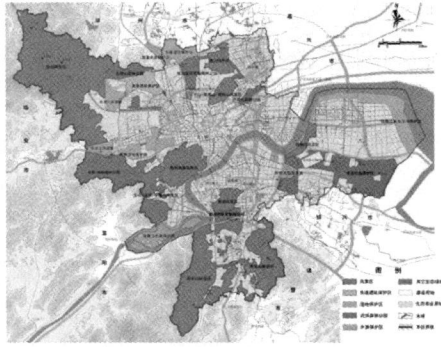

图 3-21　杭州城市绿地系统规划图
（图片来源：www. upr. cn）

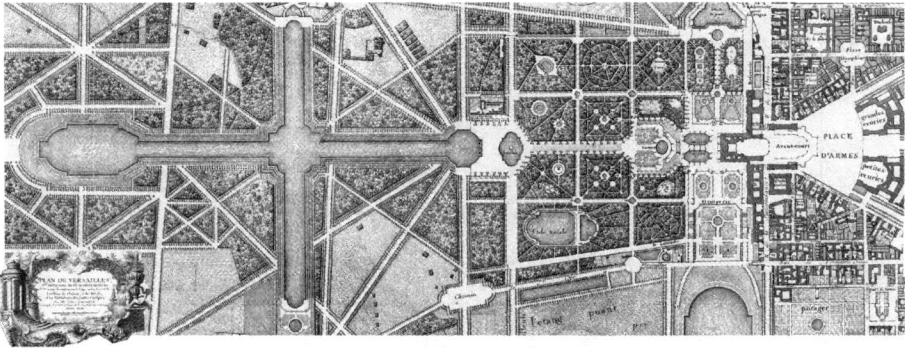

图 3-22　巴黎凡尔赛宫平面图
（图片来源：www. wikipedia. org）

现代旅游城市在这一方面的影响更为突出，例如海南省三亚市。根据《三亚城市总体规划》的内容显示，三亚市以构建独立的城市旅游交通系统网络为目标，城市道路网骨架沿海滨一线展开布局，注重道路景观设计，营造安全、舒适、美观的旅游交通环境，城市道路空间资源分配向旅游交通倾斜，结合用地布局强化城市旅游服务和商业氛围。其他各类城市公共服务设施和市政基础设施的规划标准和规模配置，均以国际滨海旅游度假城市的需求为目标，促进城市旅游产业发展。此外，西安城市规划一直秉承的皇城模式，即"九宫格"发展空间格局，以及桂林城市所依托的山水空间格局，其城市空间发展与规划布局已经与旅游资源分布、旅游用地布局、旅游活动组织浑然一体，密不可分了。

3.4.4　对城市历史文化空间资源的影响

城市的历史文化空间是人类文明的印记，在城市建设日新月异的今天更为稀有和宝贵，同时作为文化产业和旅游产业的重要资源，更是推动城市旅游发展的重要因素。对于我国许多城市而言，城市旅游业的快速发展，一方面依托城市完善的旅游服务设施，另一方面主要依靠城市中的风景名胜和历史古迹作为游览观赏的对象。因此，城市旅游景区用地大多依托城市的历史文化资源进行建设和发展，城市旅游用地的发展在一定程度上保护和维护了城市独特的历史文化空间资源与特色风貌。

对以西安为典型代表的历史文化名城而言，文化遗产就是城市旅游资源的核心与城市文化特色，城市规划及建设与分布其间的历史文化空间浑然一体，大多数的历史文化空间担负着展示城市历史文化的重任，接待着数以千万计的旅游人群。若从当下的主体利用方式看待文物古迹用地，据统计85%的文物古迹用地发挥着城市旅游用地的职能。同时，依托文物古迹进行开发建设的城市旅游用地，如大明宫遗址、曲江池遗址等不但成为炙手可热的旅游景区，也成为文化遗产保护模式创新的典范，结合时代需求，更好地展示了文化、保护了遗产、创造多重价值（图3-23）。

图 3-23 古都西安城市风貌
（图片来源：百度图库）

3.4.5 对城市公共设施配套与景观风貌的影响

城市旅游业不仅是城市产业发展的新动力，也是建设美丽中国、美丽城市的助推器。目前，我国不但将旅游业作为推进结构性改革尤其是供给侧结构性改革、促进经济发展的重要方面来抓，不断加强旅游硬件设施建设，同时也将旅游业发展提高到生态文明建设和文化建设的突出位置来对待。按照发展中保护、保护中发展，努力寻求生态保护与经济发展，文化建设与旅游发展协调的发展路径。

著名风景旅游城市海南三亚市，极为重视城市绿地系统建设和城市景观风貌控制，充分发挥城市及周边景观资源价值，大力营造旅游城市优越的绿化景观环境和公共活动场所，对滨海沿线城市空间格局与建筑形体，以及山—海廊道、重要视线通廊和景观节点、门户区域、天际轮廓线等进行景观风貌管控（图3-24）。此外，西安、杭州、桂林、北京、南京等众多城市出台城市设计导则及相关规范，严格控制城市建设强度、建筑的高度、体量、风格和色彩，对城市及周边环境风貌精心维护（图3-25）。同时，为满足游客游览需求，方便开展游览活动，重点景区景点全面建设配套旅游服务设施，酒店宾馆、文化娱乐、特色餐饮、城市室外家具、解说标识系统等，进一步提升和完善城市公共服务配套，相对于普通城市街区，设施规模、水平、质量都较为全面和优质。

综上所述，我国有越来越多的城市积极发展旅游产业，丰富和完善城市旅游职能，并提出全域旅游目的地城市的发展目标，将整个城市作为旅游对象进行提升建设，其旅游产业及用地发展对城市职能完善和转变，对城市空间格局和景观环境的营建都将带来深刻的影响。正如2017发布的《世界旅游经济趋势报告》中所言："旅游成为城市有机更新、城市经济复兴的主要依托。城市成为旅居共享，跨文化交流的重要承载地。城市与旅游的交互是健康和谐与可持续的现代乐活生活方式的最佳呈现"[217]。

图 3-24　海南三亚亚龙湾城市风貌　　　　　图 3-25　桂林城市中心区风貌
　　　　（图片来源：百度图库）　　　　　　　　（图片来源：百度图库）

3.5　本章小结

随着全球"城市旅游化"和"旅游城市化"的发展趋势，旅游活动与相关产业发展用地在城市地域结构中的地位日益重要，尤其是许多旅游城市，其旅游用地数量与规模已经成为城市建设用地结构中极为重要的组成部分，并对城市的发展产生深刻的影响。

基于对城市旅游职能，城市旅游用地的演化与发展的阐述，明确提出城市旅游用地的概念，即城市建设用地范围内具备和发挥重要旅游功能的用地都属于"城市旅游用地"范畴。同时，进一步对"城市旅游用地"的构成、主要特性、内涵与价值，以及城市旅游用地与城市建设用地关系等进行了分析与阐释。

通过采用"城市旅游影响强度指标"测算方法、扎根理论系统归纳方法，对我国部分旅游城市相关数据及陕西省部分城市总体规划进行研究。结果表明：当代城市发展进程中，城市旅游产业发展及其用地规模增长，其作用与影响日益增强，其中城市旅游用地发展对城市建设用地的规划布局具有重要的影响，甚至直接关系到建设用地分类与指标确定的科学性与合理性。

4 城市旅游用地对建设用地占用影响的实证研究

4.1 案例的选取

随着城市旅游产业的蓬勃发展，我国大多数城市正处于从功能性城市向文化性城市的转变过程，大量的仿古文化街区、文化艺术产业区、城市公园广场、旅游主题公园、工业教育旅游园区等创新型景区不断涌现，导致城市中面向外来旅游者服务类型用地的数量与规模持续增长。为了满足旺盛的旅游产业用地需求，使得部分发挥其他功能的城市建设用地的性质逐渐发生变化，从原有的功能或局部或整体地转换为城市旅游用地类型。从城市建设用地的视角看，有三方面的影响不容忽视：首先，对于一些旅游产业较为发达的历史文化城市、风景旅游城市，城市中大面积的风景园林用地、城市公园绿地、历史文化遗产用地、公共交通枢纽用地、商业服务业用地等城市建设用地，逐渐担负起为城市常住居民和庞大旅游者服务的双重职能；其次，从某种角度看，在城市规划用地总量严格执行人口与用地规模精确匹配的情况下，外来游客所占用的建设用地与相关设施用地，实际上在一定程度上压缩了城市本身常住居民的规划人均建设用地指标；最后，由于旅游和游憩活动对场所与环境的特殊要求，相比其他城市用地类型而言，城市旅游用地的景观绿化环境品质较高、开发建设强度较低，开发利用的约束条件也较为严格。上述问题都将会对城市建设用地规模的合理确定、规划布局、建设强度设定等造成一定程度的影响。为了深入探讨上述问题，有必要选取典型案例进行定量化的分析研究。

4.1.1 遴选标准

研究的主要目的是面对城市中旅游用地快速发展的现实，解决其与城市建设用地之间进行合理衔接和协调的问题，最终回答城市规划与管理如何科学应对。因此，对于案例的选取主要考虑以下几个方面：

首先，案例城市应为典型旅游城市，旅游产业较为发达，城市中的旅游用地数量较多、规模大、分布广，城市旅游用地在城市用地结构中占有相当重要的地位。为了在全国城市中具有一定的代表性，案例城市宜选取综合性大城市，即不但具有较强旅游职能，而且城市的其他职能也较为发达，不宜选取完全由旅游产业支撑的旅游小城市。

其次，选取的案例，城市建设用地范围内所分布的旅游用地集中连片、规模较大，对其毗邻城市用地的开发利用会产生较大的影响，甚至可以对整个城市片区的城市建设用地开发强度造成显著的影响，以便更好地测算出外部影响的范围及强度。

最后，选取城市的建设用地规模严格执行城市规划行业标准，同时城市发展速度较快，旅游发展潜力较大，易形成城市用地扩展与旅游用地需求之间较为突出的矛盾和问题，而对于这一典型性问题的处理将始终是该类型城市未来发展的重要议题。

4.1.2 西安的典型性

本研究选取中国优秀旅游城市——西安为研究案例。

首先，西安作为 13 朝古都，拥有 3100 多年的漫长城市史，与雅典、罗马、开罗并称为世界四大古都，是代表着中国形象的闻名海内外的世界名城。西安拥有丰富的历史文化旅游资源，作为国家首批历史文化名城与优秀旅游城市，膺获"中国国际形象最佳城市"、"国家园林城市"和"中国最佳休闲城市"等桂冠。作为古丝绸之路起点的西安，在"一带一路"发展倡议的指引下，城市发展定位为具有历史文化特色的国际化大都市，世界一流的文化旅游中心。因此，西安在我国城市化发展及旅游发展过程中具有重要地位和影响。

其次，西安作为闻名遐迩的旅游城市，城市中分布着大量文化遗址、建筑遗迹、风景名胜、特色街区等，大多数都是高品质的旅游景区景点，它们是西安旅游发展的核心旅游资源，每年吸引着千百万海内外游客观光游览，据统计，2015 年西安共接待海内外游客 1.36 亿人次。西安市为了更好地发挥城市旅游服务职能，大力推进与旅游业密切相关的旅游景区与旅游服务用地的布局与落地，近年建设了闻名的大唐不夜城、曲江池遗址公园、大明宫国家遗址公园、世界园艺博览园等重大旅游项目。在可预见的未来，随着西安旅游业的进一步发展和深入，城市建设用地如何满足越来越多的旅游项目、旅游设施和旅游人口服务的用地需求，是国际旅游大都市西安必须面对的重要议题。

最后，西安作为历史文化名城和世界文化古都，一方面需要更好地保护文化遗产资源，另一方面需要进一步提升旅游服务品质，还要保障城市居民的生活质量和城市有序发展。在多重发展目标的引导下，城市建设用地安排中如何科学合理地协调文物保护、旅游发展、景观风貌、城市发展等多元的用地需求，制定适宜的城市规划建设用地指标和用地管控政策，对于西安而言是未来发展必须要解决的问题，对于类似的历史文化城市和旅游休闲城市也同样具有重要的标本价值和启示意义。

总之，每一个城市都有每一个城市的特点和发展诉求，而对于旅游城市则都面对着旅游产业发展需求这一共同的特征，在基于"不同性质或类型的城市，应该制定适宜的建设用地标准"的出发点，对于日益增多的旅游城市和旅游需求这是一个无法回避的问题。西安作为旅游城市的代表，旅游产业发达，城市功能丰富，旅游用地类型多样，作为案例研究具有一定的典型意义。

4.2 西安城市发展与规划概况

4.2.1 西安市基本情况

西安市位于渭河流域中部关中平原，东经 107.40 度～109.49 度和北纬 33.42 度～34.45 度之间，南依秦岭，北临渭河和黄土高原，东以零河和灞源山地为界，西抵太白山地。西安市区东有灞河、浐河，南有潏河、滈河，西有沣河、沣河，北有渭河、泾河，此外还有黑河、石川河、涝河、零河等较大河流，自古有"八水绕长安"之美称[113]47。

西安古称"长安"，历史悠久，有着 3100 多年的建城史和 1100 多年的建都史，先后有 13 个王朝在此建都，与雅典、罗马、开罗并称世界四大文明古都。西安是陕西省省会城市，是国家重要的科研、教育和工业基地，我国西部地区重要的中心城市，世界历史文化名城[218]。

西安现辖新城、碑林、莲湖、雁塔、灞桥、未央、阎良、临潼、长安、高陵、鄠邑 11 个区，蓝田、周至 2 个县（共有 114 个街道办事处、55 个镇、856 个社区和 2925 个行政村）。有国家级西安高新技术产业开发区、国家级西安经济技术开发区、西安曲江新区、西安浐灞生态区、西安阎良国家航空高技术产业基地、西安国家民用航天产业基地、西安国际港务区、西安沣东新城（简称"五区一港两基地"）。总面积 10096.81km²，市区规划面积 865km²，城市建成区面积 565.75km²，常住人口 883.21 万人[219]。

4.2.2 西安城市规划与建设

"长安自古帝王都"，其先后有西周、秦、西汉、新莽、西晋、前赵、前秦、后秦、西魏、北周、隋、唐 13 个王朝在西安地区建都。西安是中国建都朝代最多、时间最久的城市，是中华文明和中华民族重要发祥地之一，丝绸之路的起点。作为世界级的历史文化名城，经历了漫长的城市发展时期，其拥有无与伦比的城市发展历史使其成为世界城市建设史上的典范，其文化影响力深远影响日本、朝鲜半岛等东亚地区。

（1）从古代的西周丰、镐京遗址、秦咸阳城、汉长安城、隋大兴城、唐长安城、明清西安，城市格局一脉相承，基本遵循《周礼·考工记》关于营建都城的记载："匠人营国，方九里，旁三门。国中九经九纬，经涂九轨。左祖右社，前朝后市。市朝一夫"。由此可见，古代西安城市的空间形态结构基本保持中轴对称的格局、方整的城市轮廓、严整的棋盘式道路网的鲜明特点。此外，物质性的城市结构形态中还蕴含了从其选址到营建中丰富的隐性文化，如天下之中立国、象天法地、尊天敬祖、天人合一等思想观念，最终形成与自然环境高度和谐的城市人居环境（图 4-1）。

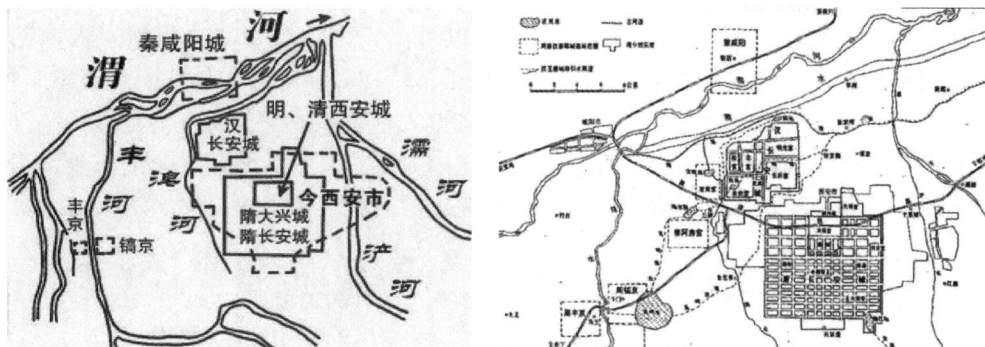

图 4-1 西安历代城址变迁与城市格局演变（图片来源：百度图库）

（2）自新中国成立以来，西安在不同的历史发展时期共进行了四轮城市总体规划编制，分别是《西安市城市总体规划（1953—1972）》、《西安市城市总体规划（1980—2000）》、《西安市城市总体规划（1995—2010）》、《西安市城市总体规划（2008—2020）》。回顾历次规划，随着城市功能的转变和调整，规划末期城市用地规模（注：主城区面积）分别为 131km²、162km²、275km²、490km²，城市格局和骨架逐步拉大，城市发展基本按照规划的引导和控制向外围蔓延生长[220]（图 4-2）。

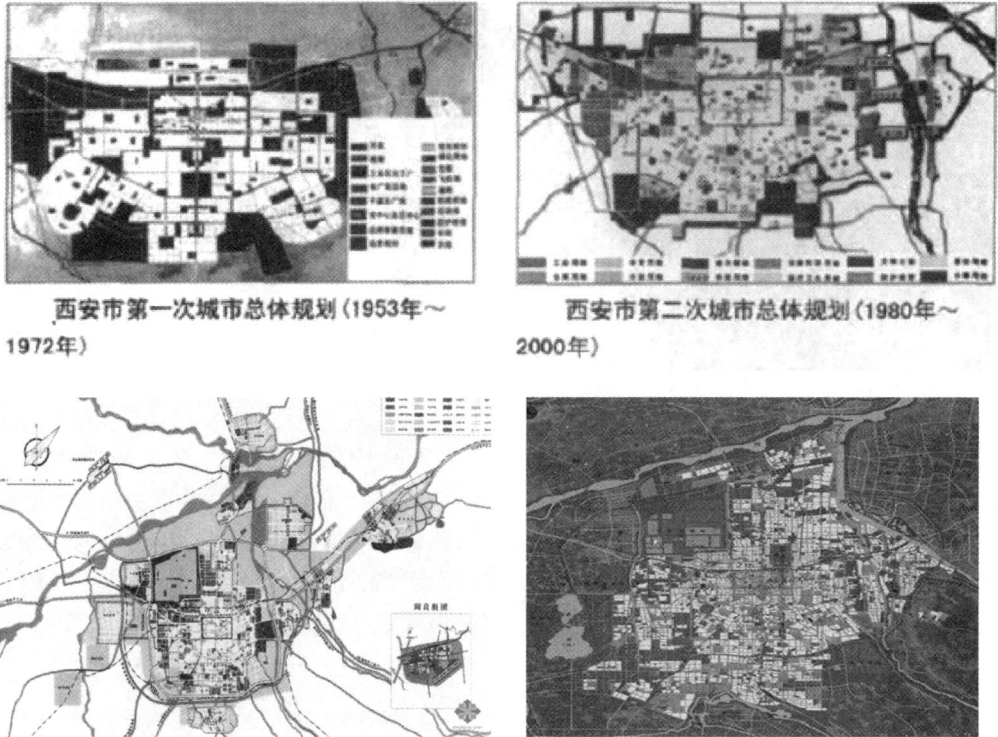

图 4-2 历次西安市城市总体规划用地规划图
（图片来源：龙小凤. 西安历次城市总体规划理念的转变与启示. 规划师. 2010）

（3）2016 年，西安市启动《西安城市总体规划（2008-2020 年）修改》工作，规划至 2020 年，全市城镇建设用地规模控制在 960km² 以内（含西咸新区 85.1km²）；中心城区的城市建设用地总规模控制在 490km² 以内。可以看出，多轮西安城市规划一直遵循着特殊的城市用地管控基本原则，其核心理念是对城市自然环境和历史文化基因的尊重与传承，主要包括：①维护自然山水，恢复八水绕长安的和谐人地关系；②重构九宫格局，空间上传承土城模式的写意元素，保持历史帝都的空间文化内涵；③兼顾功能和文化的双重需要，坚持"古城新区分离发展"的双引擎模式，重组和完善西安城市功能体系[218][220]（图 4-3）。

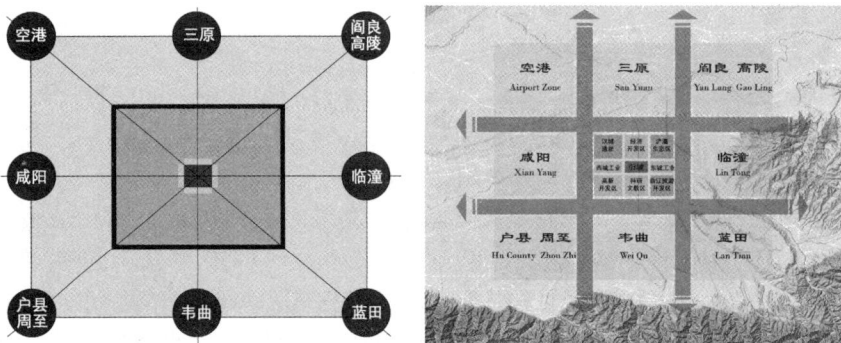

图 4-3 基于文化基因传承的西安城市九宫格局（图片来源：百度图库）

4.2.3 西安城市旅游业发展

（1）旅游业发展历程

中国的旅游业发展是伴随着我国改革开放的历程前进的，在改革开放前旅游事业以民间交流与外事接待为主，属于"旅游事业或外交事务"，并不是完全意义上的产业概念。1978 年，我国提出大力发展"旅游产业"，虽然起步时期产业总体规模较小，但是正式确定了其国民经济地位，发展速度迅猛，逐渐成为各省市国民经济发展的优势产业和新的增长点。1978 年 9 月，法国总理希拉克在参观了秦始皇兵马俑后兴奋地赞誉为"世界第八大奇迹"，标志着西安全面发展旅游业的开始，西安与北京、上海、杭州、桂林等成为我国旅游业发展起步较早的城市。西安发展战略所确立的高新技术产业、装备制造业、旅游产业、现代服务业和文化产业等"五大主导产业"中，依托得天独厚的区位优势和丰富的历史文化旅游资源，旅游产业发展水平一直位于全国前列。

（2）旅游产业要素发展

旅游业是西安市重点培育发展的主导产业之一。为了进一步推动旅游业快速发展，西安市颁布了《西安市人民政府关于进一步加快发展旅游业的若干意见》和推动西安市旅游业跨越发展的 12 条措施等政策。西安市以建设丝绸之路经济带新起点为契机，围绕"丝绸之路起点、华夏文明之源——美丽西安"的目标，健全旅游管理机制和市场秩序，加快产业结构转型升级，加强完善旅游基础设施和服务设施建设，因地制宜开发旅游景区和项目产品，推动中华古都文化国际旅游目的地城市建设，提升了包括景区景点、旅游交通、住宿餐饮、娱乐购物、旅行社等旅游产业各个要素的竞争力和发展水平。2015 年西安市接待海内外旅游者 1.36 亿人次，同比增长 13.3%；实现旅游业总收入 1073.69 亿元，同比增长 13%，相当于全市 GDP18.5%；实现旅游业增加值 534.20 亿元，占全市 GDP 的9.2%。西安旅游业继续保持了快速发展态势。

旅游产业规模不断壮大，截至 2015 年底，西安市共有国家 A 级标准旅游景区（点）74 家；星级饭店 117 家，客房 2.32 万间；旅行社 366 家；具有西安地域特色的旅游餐饮、文化演艺、娱乐场所和旅游纪念品购物网点遍布城市，成为西安旅游的新的亮点。目前西安市已形成了由城市快速道路网、高速公路、高速铁路、航空机场所构建的高速便捷、四通八达的旅游交通体系，尤其是在"一带一路"建设的带动下，西安咸阳国际机场已经成为连接欧洲、美洲、亚洲和大洋洲的重要航空枢纽，强大的客运能力成为旅游接待高速增长的重要保证。

（3）旅游发展规划

《西安市旅游发展总体规划 2013-2020》显示，西安旅游产业发展将形成"一核引领"（西安主城区）；"三带拓展"（秦岭山地休闲体验带、渭水生态休憩景观带、渭北历史文化体验带）；"十三大集聚区"（古城旅游集聚区、曲江文化旅游集聚区、临潼秦唐文化与度假旅游集聚区、浐灞国际会议与生态度假旅游集聚区、秦岭终南山世界地质公园核心集聚区、秦岭楼观道文化旅游集聚区、户南生态文化旅游集聚区、蓝田国家温泉休闲度假集聚区、周秦汉遗址公园旅游集聚区、泾渭汉帝王文化旅游集聚区、秦咸阳宫文化体验旅游集聚区、西安樊川佛教祖庭旅游集聚区和阎良航空旅游产业集聚区）的产业发展格局[221]。

进一步梳理与本研究密切相关，属于西安城市建设用地范围内的旅游集聚区发展定位与规划：

① 古城旅游集聚区：古城旅游集聚区即西安城市中心区域，古城旅游集聚区是国际国内游客体验"华夏故都，山水之城"——西安历史文化的核心区域，主要依托享誉中外的古城墙、钟鼓楼、古街区、古建民居、宗教寺院、各类博物馆、文物遗址遗存及红色革命历史遗存等文化资源，突出古韵唐风，彰显历史文化底蕴；进一步凸显都市观光游览、游憩休闲、文化体验、旅游商贸与综合服务功能，推进文化遗产旅游、现代都市旅游业、文化演艺业、商贸服务业、餐饮业、住宿业等产业的加速发展与融合。

② 曲江文化旅游集聚区：曲江文化旅游集聚区主体位于曲江新区和雁塔区，拥有4个国家级文物保护单位（大雁塔、青龙寺、汉宣帝陵、唐长安城遗址），3个省级文物保护单位（秦上林苑宜春宫遗址、曲江池遗址、唐城墙遗址），发展文化、旅游产业优势得天独厚。作为唐文化主题旅游区，其中唐代建筑文化、佛教文化、园林文化构成旅游吸引物的主体。辅助以文化创意、旅游会展、影视演艺、商贸服务、游乐休闲度假等旅游配套功能，形成旅游新业态和产业链，进一步提升产业发展水平。

③ 浐灞国际会议与生态度假旅游集聚区：其主体位于西安城市东北部的浐灞生态区。区内生态环境优美，人与自然和谐，生态、文化、现代经济是区域发展的三大特色。随着西安城市的东扩，浐灞生态区的建设步入快速发展期。依托欧亚经济论坛、西安世博园、F1国际摩托艇赛事、浐灞国家湿地公园以及国家级生态旅游休闲度假区等项目，进一步美化优化整体环境，积极推进商务会议中心、世园公园、浐灞河旅游文化休闲带、雁鸣湖、桃花潭等项目建设，凸显高端商务会议、时尚度假、生态休闲等旅游功能，形成以旅游休闲和会议会展为核心的现代旅游经济。

④ 周秦汉遗址公园旅游集聚区：主体位于西咸新区沣东、沣西新城古都遗址带。依托周丰镐、秦阿房宫、汉长安城、昆明池四大遗址公园及其他旅游资源，遵循传承历史文化、发挥现代旅游功能的原则，通过构建遗址公园虚拟体验系统，演绎遗址历史典故，营造公园主题意境，凸显遗产文化观光体验、旅游休闲、考古科普教育、旅游康体等旅游功能，发展遗产文化观光体验、旅游休闲、旅游体育、旅游商贸服务等产业，打造西安大遗址公园之城的核心区域[221]。

4.2.4 西安城市遗产空间保护

(1) 城市文化遗产保护历程

自20世纪50年代，西安编制首轮城市总体规划就已关注城市内部现存的历史文物建筑的保护问题，限于当时的文物保护理念，仅对钟鼓楼、明城墙、大雁塔、小雁塔等文物古迹进行单体建筑保护，未涉及文物古迹周边环境及整体历史文化名城格局与风貌的维护。随着我国文化遗产保护体系的逐步建立和完善，文化景观、文化线路、工业遗产、科技遗产、建筑遗产、非物质文化遗产等一大批遗产类型进入视野，在后期几轮西安城市总体规划的编制中，越来越注重城市文化遗产及其空间环境的保护、与城市发展建设的关系处理、与文化旅游产业的关联，逐步形成和不断丰富着西安市城市文化遗产保护体系、历史文化名城专项保护法规、城市文化旅游主题线路、城市考古遗址公园体系等相关政策、规划与管理办法，基本涵盖了城市中的宫殿遗址、陵寝遗址、宗庙遗址、园林遗址、古树名木、近代建筑、历史文化街区、人类活动遗址、古都格局、环境风貌和非物质文化遗产。西安城市中珍贵的历史文化遗产逐步整合形成无与伦比的都市营建的典范，并进一步与文化、旅游、商贸、城市建设紧密结合，共同彰显西安的城市特色、城市价值、城市内涵、城市品质和城市精神。

（2）西安城市遗产保护规划

西安作为国家历史文化名城，一直对历史文化遗产的保护非常重视，先后编制了《历史文化名城保护专项规划》、《西安历史文化名城保护条例》（2002年）以及《西安城市总体规划（2008-2020年）修改》（2016年），进一步提出新时期城市历史文化保护的目标：①发挥历史文化资源集聚优势，建设丝绸之路文化旅游合作示范区，打造"关中-天水经济区"国际一流的旅游目的地城市；②统筹大西安区域历史文化资源，完善历史文化遗产保护体系，强化城市历史文化资源的整体保护与展示；③重组历史文化资源，延续历史文脉，将西安建设成为中国传统文化与东方城市营建的展示基地、红色文化教育基地和彰显华夏文明的历史文化基地[218]。

城市总体规划明确提出"整体山水格局、城市格局的保护策略"，进一步彰显"九宫格局，棋盘路网，轴线突出，一城多心"的城市空间布局特色。大西安城市建设过程中要保护由山、水、关、塬，以及周、秦、汉、唐、明、清等城址和其地形地貌、湖、池、水系等要素，更加突出城市自然山水和历史文化环境的保护与传承，保护山水相融、和谐共生的城市整体山水格局。

保护的主要对象为全国重点文物保护单位62处（含6处世界文化遗产），省级文物保护单位105处，市县级文物保护单位216处，登记在册文物点3246处，世界文化遗产包含秦始皇陵与兵马俑坑，丝绸之路"长安-天山廊道"路网（汉长安城未央宫遗址、唐长安城大明宫遗址、大雁塔、小雁塔、兴教寺塔）。

在山水与城市格局以及历史文化资源保护的基础上，对西安历史文化和传统风貌保护方面，划定历史文化核心区（城市三环以内区域），建立"三城、两脉、十片区"的保护体系，即保护汉长安城城址、隋唐长安城规模格局和明清西安城历史遗迹，保护"长安龙脉、丝路文脉"，保护大雁塔、小雁塔等十片历史文化片区，提升和发掘其历史文化内涵。

4.2.5　西安城市风貌特色维护

中国的快速城市化进程不仅起到了影响世界格局的重要作用，同时也导致众多城市面貌的同质化、城市特色的削弱、城市记忆的消失。在经历城市大规模建设期间，缺乏对城市自身独特的历史文化与风貌应有的尊重和关注，必将造成城市特色缺失，进而导致我国城市风貌"千城一面"的现象较为突出。

西安城市空间风貌特色规划的目标为：未来西安城市建设将呈现南山北塬、两环绿映、八水润城、三楔贯通、九宫格局、一城多心、周礼秦制、汉习唐风、古今相映、人城乐居的总体城市空间风貌。构建的城市空间风貌结构为"一核、两轴、三环、六廊、四区、八节点"，其中彰显城市空间风貌特色的重要地段包括：①重要节点区域：钟鼓楼广场、大雁塔南北广场、曲江池、电视塔片区及浐灞湿地公园等八个区域，对该区域的建筑风貌、建筑高度、建筑色彩、建筑形式、建筑群体等要素进行严格管控；②重要轴线区域：城市南北轴（渭河-未央路-北大街-南大街-长安路-会展中心-秦岭），城市东西轴（沣河-丰镐东路-西大街-东大街-万寿路-东三环-连霍高速），对两条城市空间风貌拓展轴的宽度、纵向界面连续性、高度变化、开敞空间及横向的建筑退线、建筑限高、建筑立面等进行严格管控；③视线廊道区域：钟楼至东、西、南、北城楼和大雁塔至和平门、青龙寺等六条视线通廊，对视线廊道区域的高度及宽度进行严格管控[218]。

综上所述，西安拥有漫长的城市发展史，作为重要的古代中国都城，历经13个王朝的更迭起伏，从"五塬、六岗、八水、十一池"的独特自然地形风貌，到西周丰、镐京遗址、秦咸阳城、汉长安城、隋大兴城、唐长安城、明清西安等丰厚的人文遗址，历史在这座城市身上留下了太多的印记。今天的西安，作为现代化国际化大都市，其城市规划与建设、旅游业发展、文化遗产保护、城市风貌特色等方方面面的综合与提升，成就了一座国际著名的旅游城市。城市内部分布着数量众多、规模巨大、知名度极高的城市旅游景区，这些灿若星辰的景区景点，大多是由于历史和自然的原因所形成，是城市地域空间中的标志性场所，在漫长的城市发展历史中具有极为重要的文化意义。如大慈恩寺（占地66hm²）、曲江池遗址公园（占地100hm²）、明城墙景区（占地68.7hm²）、大明宫遗址公园（占地320hm²）、阿房宫遗址公园（占地230hm²）、汉长安城遗址公园（占地3600hm²）等等，现在都是炙手可热的旅游景区，每年吸引着成千上万的外来游客参观游览。但是这类城市旅游景区用地规模巨大，开发强度极低，并且划定建设控制地带和环境协调区域，一定程度上限制了城市土地利用效率的提高。加之这类特殊用地在城市发展过程中将会被永久性保留下来，因此对未来的城市规划与发展将带来深远影响。

近年来，西安一直努力处理城市规划建设与文化遗址保护、旅游景区发展之间的关系，尤其是城市建设用地与城市旅游用地间的问题较为复杂。西安市的旅游用地大多依附历史形成的大型文化遗址区，其本身就受到文物保护所划定的保护红线的限制，再叠加上整体城市风貌维护和旅游景观风貌控制的要求，使得城市建设用地的布局与开发受到限制。再考虑到城市为大量外来游客提供旅游服务的设施建设，使得这一问题与矛盾愈加凸显。当然，同西安相似的北京、杭州、桂林等城市也大都受到此类问题的困扰，西安的这一现象在全国旅游城市具有一定的普遍性和典型性。因此，西安作为中国旅游城市的代表，旅游产业发达，城市功能丰富，旅游用地类型多样，旅游用地与建设用地的关系处理对于城市未来发展极为重要。以西安作为典型案例进行量化分析，其研究结果与结论对于我国众多城市，尤其是旅游城市具有重要的理论启示价值和实践借鉴意义。

4.3 基于西安中心城区的量化测算

通过前文的论述，城市按照经济活动的服务对象不同，分为基本活动部分（为本城市以外的需求服务）和非基本活动部分（为本城市的需求服务），一个城市的可持续发展，其基本活动部分的成长性和活跃度是发展的关键因素，"是理解一切城市成长发展机制的钥匙"[192]。各部分在城市建设用地层面必然形成相应的空间与用地，其中城市旅游产业发展属于城市的基本活动部分，其用地必然占用一定的城市建设用地指标。为了进一步量化分析其占用影响，本书采取"占用率（Occupancy Rate）"的指标表征城市旅游用地对城市建设用地的占用影响，即"建设用地占用率＝城市旅游用地/城市建设用地×100%"，可以较为准确地表达出城市旅游用地在城市建设用地结构中的比例和地位。

4.3.1　占用影响测算的基础数据

西安市空间发展范围分为两个层次：①西安市行政辖区，现辖新城、碑林、莲湖、雁塔、灞桥、未央、阎良、临潼、长安、高陵、鄠邑 11 个区，蓝田、周至 2 个县，总面积 10096.81km² ；②西安中心城区，即以绕城高速为基本轮廓，东至灞河，西到绕城高速路，南至长安（潏河），北到渭河。鉴于与旅游活动相关的用地及设施主要集中在西安中心城区。因此，研究的空间范围确定为西安中心城区范围，以下研究所涉及的城市建设用地、城市人口、城市旅游用地、旅游景区等皆对应此空间范围（图 4-4、图 4-5）。

图 4-4　西安中心城区规划图　　图 4-5　研究区空间范围图（来源：自绘）

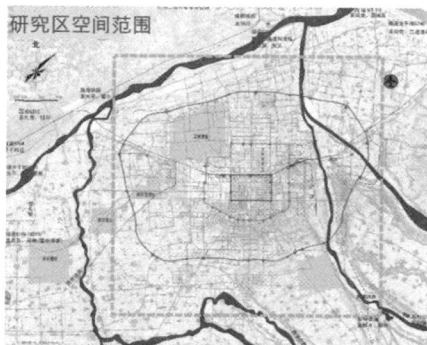

（1）西安城市建设用地与居住人口规模关系

《西安城市总体规划（2008-2020 年）修改》（2016 年），明确提出城市开发增长边界，在坚持集约发展，树立"精明增长"、"紧凑城市"理念，在遵循生态廊道、保护文物古迹等刚性要求的前提下，明确城市开发边界线，控制城市建设用地增长。结合《西安城市开发边界划定》，在开发红线内，以"刚性规模、弹性布局"为建设原则，对全市城镇建设用地规模进行刚性管控，不得改变。从以上规划中可以看出，新修编的西安市城市总体规划对城市建设用地将执行历版规划中最为严格的管控措施。因此，确定更为科学和精准的城市建设用地规模，以适应城市的未来发展将是一切管控工作的基础与依据。

在《西安城市总体规划（2008-2020 年）修改》中提出：①人口规模：2020 年，西安市域人口规模为 1070.78 万人，其中市域城镇人口规模为 850.67 万人（含西咸新区 85 万人），中心城区人口规模为 434 万人。②用地规模：2020 年，全市城镇建设用地规模控制在 960km² 以内（含西咸新区 85.1km²），人均城镇建设用地指标为 112.85m² 以内；中心城区城市建设用地规模控制在 490km² 以内，人均城市建设用地指标为 112.85m² 以内[218]。

1）西安市城市建设用地与城市人口增长曲线（图 4-6、图 4-7）

2）西安人均建设用地指标现状

根据现行的《城市用地分类与规划建设用地标准》规定，一般性城市的规划人均城市建设用地面积指标宜在（65.0～115.0）m²/人内确定。国务院发布的《国家新型城镇化规划（2014-2020）》和国土资源部颁布的《关于强化管控落实最严格耕地保护制度的通知》

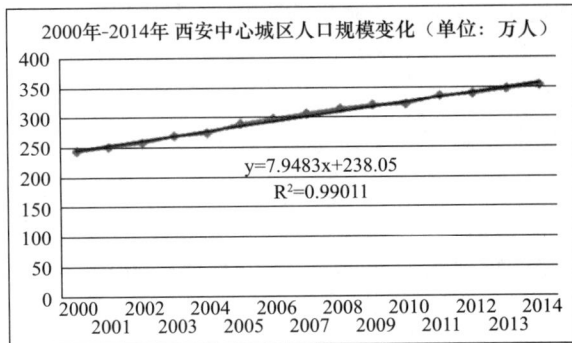

图 4-6　西安中心城区人口规模变化

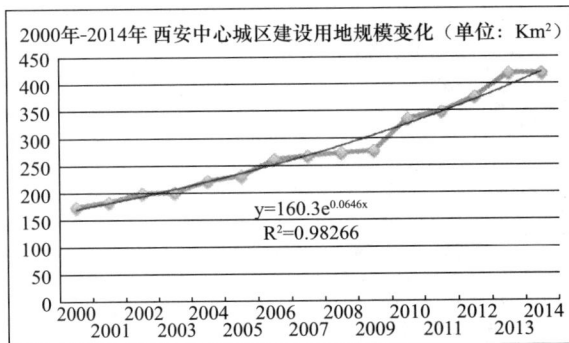

图 4-7　西安中心城区建设用地规模变化

中明确提出"城市发展模式科学合理。密度较高、功能混用和公交导向的集约紧凑型开发模式成为主导，人均城市建设用地严格控制在 100 平方米以内，建成区人口密度逐步提高"。依据《中国城市建设统计年鉴》数据，有学者对全国 621 个设市城市 2006-2013 年的城市人口及建设用地规模数据进行面板数据分析，得到时间跨度 8 年、截面个数为 621个的短面板数据，共 4968 个观测值。图中不但显示出城市建设用地总量与城市人口总量，二者之间基本呈现线性关系，而且显示出大多数的城市其人均用地基本符合国家规范所确定的指标（图 4-8）。

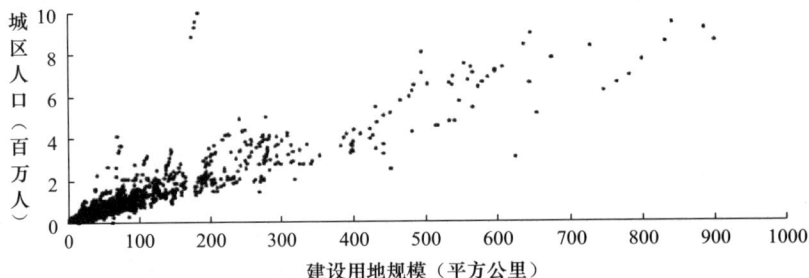

图 4-8　我国城市建设用地规模与人口规模散点关系图[222]

（2）西安城市旅游人次与景区及设施规模分析

1）西安旅游收入与人次增长

西安市凭借独特丰富的旅游资源，大力推进丝绸之路经济带旅游合作，推动中华古都文化国际旅游目的地城市建设，近年来一直保持着旅游接待人数和旅游总收入持续增长。据统计，2015 年西安市接待海内外旅游者 1.36 亿人次，实现旅游业总收入 1073.69 亿元（图 4-9、图 4-10）。

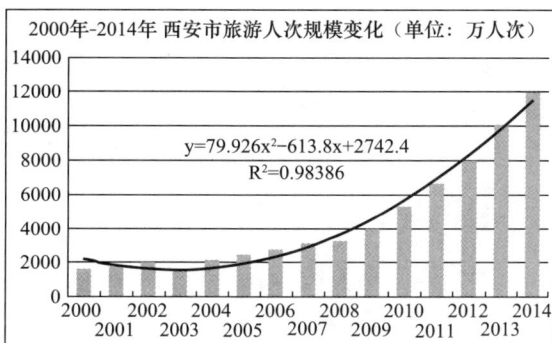

图 4-9　西安旅游人次规模变化

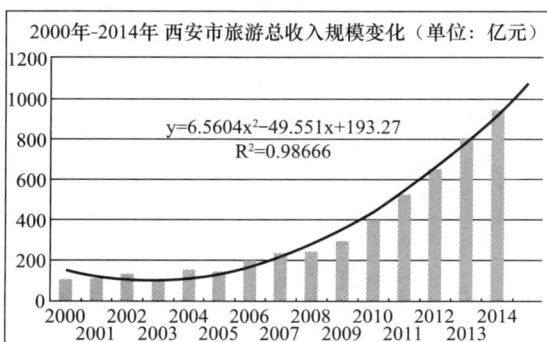

图 4-10　西安旅游总收入规模变化
（数据来源：西安市旅游局官方网站）

2）旅游景区数量与住宿设施现状

通过对西安中心城区旅游资源，进行空间分布、数量类型、等级规模、开发运营等状况的实地调研和全面梳理，其具有数量多、规模大、类型丰富的鲜明特点。根据陕西省统计局发布的西安旅游产业统计监测报告显示，截至 2015 年底，西安市共有国家 A 级标准旅游景区（点）74 家，其中 5A 级 3 家，4A 级 23 家，3A 级 36 家，2A 级 12 家[223]。

旅游饭店业作为旅游业的支柱行业，是西安市加快发展旅游产业和现代服务业涉及的重要组成部分。随着经济的不断发展，西安市饭店业在创新、竞争中得到迅速发展壮大，市场正逐渐走向成熟。目前，西安市共有各类住宿企业 6000 多家左右，床位 21.7 万张，其中星级饭店 117 家（五星级 13 家、四星级 28 家），客房 2.32 万间，床位 4.25 万张。逐步形成了空间布局均衡，档次结构合理，基本能够满足旅游者需求的旅游住宿业发展体系。

4.3.2 城市建设用地、居住人口、旅游人次等指标相关性分析

相关性分析（Correlation Analysis）作为研究相关关系的一种统计方法，可以量化现象之间的相关程度。若现象变量 A 与 B 间是函数关系，则 $r=1$ 或 $r=-1$；若为统计关系，则 $-1<r<1$，其中 $r>0$ 为正相关；$r<0$ 为负相关；$r=0$ 则数据组间无线性相关性。

城市建设用地、居住人口、旅游人次等指标数据组皆为有序变量，研究采用皮尔森相关系数（Pearson Correlation Coefficient）作为衡量数据随机变量之间统计相关程度指标。

其计算公式：
$$r=\frac{\sum(X-\bar{X})(Y-\bar{Y})}{\sqrt{\sum(X-\bar{X})^2\sum(Y-\bar{Y})^2}}$$

通过对 2000-2014 年期间，西安中心城区人口规模、建设用地规模、旅游人次数据组变化曲线的数学模拟，可以看出 3 组数据存在显著的正相关关系（表 4-1）。

西安市统计数据表 表 4-1

年份	中心城区常住人口（万）	中心城区建设用地（km²）	旅游人口规模（万人次）	旅游总收入（亿元）
2000	244.39	175	1567.00	105.00
2001	250.74	184	1752.00	113.00
2002	257.87	200	1984.10	131.00
2003	269.95	202	1647.70	105.70
2004	275.16	222	2149.00	154.40
2005	289.70	231	2423.60	145.20
2006	298.21	261	2738.70	204.30
2007	306.60	268	3118.01	237.20
2008	314.71	273	3232.00	243.52
2009	320.44	277	3929.29	297.40
2010	321.97	336	5285.18	405.18
2011	335.61	349	6653.23	530.15
2012	339.41	376	7978.35	654.39
2013	346.72	420	10130.00	811.44
2014	353.09	420	12000.00	950.00
2015	—	—	13600.80	1073.69
2020 规划目标	434	490	25000.00	—

（数据来源：中国城市统计年鉴，中国统计年鉴，陕西年鉴、西安年鉴）

对序列 1、序列 2 和序列 3 进行采样，得到 3 组数据：

序列 1：X： x_1，x_2，..，x_n（城市人口规模）

序列 2：Y： y_1，y_2，..，y_n（城市用地规模）

序列 3：Z： z_1，z_2，..，z_n（城市旅游人次）

利用 SPSS 软件对三组数据两两进行相关性分析，结果如下：

（1）CORRELATIONS/VARIABLES＝中心城区常住人口（万）/中心城区建设用地（km²）

描述性统计量

	均值	标准差	N
中心城区常住人口（万）	301.6380	35.72312	15
中心城区建设用地（km²）	279.60	82.533	15

相关性

		中心城区常住人口（万）	中心城区建设用地（km²）
中心城区常住人口（万）	Pearson 相关性	1	.956＊＊
	显著性（双侧）		.000
	N	15	15
中心城区建设用地（km²）	Pearson 相关性	.956＊＊	1
	显著性（双侧）	.000	
	N	15	15

＊＊. 在 .01 水平（双侧）上显著相关。

（2）CORRELATIONS/VARIABLES＝中心城区常住人口（万）/旅游人口规模（万人次）

描述性统计量

	均值	标准差	N
中心城区常住人口（万）	301.6380	35.72312	15
旅游人口规模（万人次）	4439.2107	3302.02214	15

相关性

		中心城区常住人口（万）	旅游人口规模（万人次）
中心城区常住人口（万）	Pearson 相关性	1	.864＊＊
	显著性（双侧）		.000
	N	15	15
旅游人口规模（万人次）	Pearson 相关性	.864＊＊	1
	显著性（双侧）	.000	
	N	15	15

＊＊. 在 .01 水平（双侧）上显著相关。

（3）CORRELATIONS/VARIABLES＝中心城区建设用地（km²）/旅游人口规模（万人次）

描述性统计量

	均值	标准差	N
中心城区建设用地（km²）	279.60	82.533	15
旅游人口规模（万人次）	4439.2107	3302.02214	15

相关性

		中心城区建设用地（km²）	旅游人口规模（万人次）
中心城区建设用地（km²）	Pearson 相关性	1	.959＊＊
	显著性（双侧）		.000
	N	15	15
旅游人口规模（万人次）	Pearson 相关性	.959＊＊	1
	显著性（双侧）	.000	
	N	15	15

＊＊. 在 .01 水平（双侧）上显著相关。

Pearson 相关系数 r 值分别为 0.956，0.864，0.959，尤其是城市人口与建设用地以及旅游人口与建设用地间的相关性极强，其计算结果充分表明了城市人口规模、旅游人次规模的增长是推动城市建设用地扩张的重要因素，即人口的城市活动（包括旅游人口）是带动城市建设用地规模增加的重要内生动力之一。

4.3.3 西安城市旅游用地规模测算

为了便于从城市建设用地角度进行测算，本研究将城市旅游用地分为城市旅游景区用地和城市旅游服务用地两类，以及旅游住宿用地、旅游餐饮用地、旅游交通用地、旅游商业用地、旅游服务机构用地、旅游其他用地等次级类型。由于各类型旅游用地在空间分布、规模形态、性质多样、功能复合和影响程度等多方面的差异性较大的原因，研究主要对占地规模较大、等级较高的城市旅游景区、便于统计的旅游住宿用地和旅游餐饮用地进行测算，以表征城市旅游用地规模（图 4-11）。

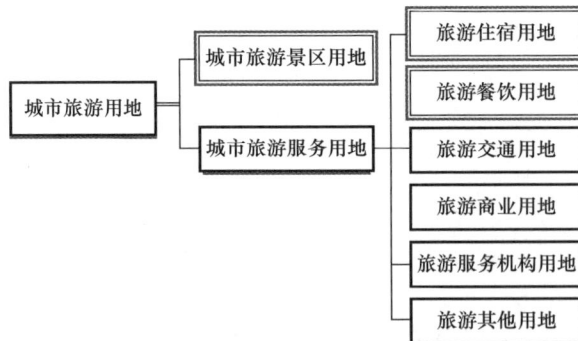

图 4-11　城市旅游用地主要计算类型

（1）西安城市旅游景区占地规模测算（表 4-2）

西安城市建设用地范围内 A 级以上旅游景区占地规模一览表 　　表 4-2

所属区域	旅游景区名称	占地规模（hm²）	景区等级
灞桥区	半坡国际艺术区	3.5	
	西安世博园	418	AAAA
	西安浐灞桃花潭公园	101	AAA
	灞桥生态湿地公园	675	AAAAA
	西安世博园	418	AAAA
	西安半坡博物馆	7.15	AAAA
1622.65hm²			
碑林区	书院门	1.5	AAA
	德福巷	1.2	
	万寿八仙宫	8.4	AAA
	碑林博物馆	3.19	AAAA
14.29hm²			
莲湖区	丰庆公园	26.7	
	化觉巷清真大寺	1.2	AAA
	西安钟鼓楼	2.5	AA
	西安环城公园	59.4	
	莲湖公园	18	AA
	西华门坊上回民街	1.5	
	西安都城隍庙	1.24	
	西安城墙景区	68.7	AAAA
	大唐西市文化景区	33.3	AAAA
	大秦温泉养生苑	40	
	广仁寺	0.4	AAA
	杨虎城将军纪念馆	0.2	
253.14hm²			
未央区	西安城市运动公园	53.4	
	汉长安城遗址公园	3600	
	阿房宫国家考古遗址公园	230	AA
	西安浐灞国家湿地公园	581	AAAA
	未央湖游乐园	57	
	汉城湖公园	193	AAAA
4714.4hm²			
新城区	大明宫国家遗址公园	320	AAAA
	八路军西安办事处纪念馆	1.6	AA
	革命公园	10	
331.6hm²			
雁塔区	西安植物园	20	AAA
	永阳公园	9.4	
	木塔寺生态遗址公园	6.78	
	唐城墙遗址公园	36	

所属区域	旅游景区名称	占地规模（hm²）	景区等级
雁塔区	中国唐苑	130	
	雁鸣湖湿地生态公园	65	
	大慈恩寺大雁塔景区	5.1	AAAAA
	西安博物院（小雁塔）	16.32	AAAA
	大兴善寺	8.7	AAA
	大唐芙蓉园	66.6	AAAAA
	曲江海洋极地公园	6.66	AAAA
	青龙寺遗址公园	14.6	AAA
	陕西自然博物馆	7.3	AA
	陕西历史博物馆	6.5	AAAA
	石羊农庄	6.7	AA
	曲江池遗址公园	100	AAA
	上林苑杜陵文化生态景区	80	AAA
	大雁塔南北广场	66.7	AAA
	652.36hm²		
长安区	清凉山公园	76.8	
	杨虎城将军烈士陵园	17.9	AAA
	84.7hm²		
共计	49 处城市旅游景区	占地约 7683.14hm²	

（注：1. 统计范围限于西安中心城区建设用地范围；2. 不包括部分具有其他城市服务职能的旅游景区，如高校旅游景点、工业旅游景点、城市游憩广场、城市商业游憩街区等；3. 对部分旅游功能较强的非 A 级旅游区也考虑计入统计）

计算方法

$$S = \sum_{i=1}^{n} k_j$$

S-城市旅游景区总占地规模（hm²）；k_j-第 j 个景区占地规模（hm²）

经计算，西安中心城区范围内的城市旅游景区总用地规模约 77km²，占到城市建设用地总规模（420km²）的 18.3% 左右，即城市旅游景区占用率（Occupancy Rate）高达 18.3%。此外，西安市编制完成《西安市"十三五"旅游发展专项规划》、《西安市创建中华古都文化国际旅游目的地行动方案》和《西安市推进全域旅游工作方案》、《西安市国民旅游休闲计划》，建立全市旅游项目储备库，加快一批新项目的策划包装，加快国家高 A 级景区创建步伐，积极推动从景点旅游向全域旅游模式转变。因此，伴随着城市的建设和发展，西安城市旅游景区数量和规模还将不断增加，未来城市旅游用地的占用率仍将进一步提高（图 4-12）。

（2）西安城市旅游住宿设施占地规模测算

1）计算方法

根据我国目前实施的国内旅游接待统计指标评价办法，以住宿过夜人天数为核心基础指标。研究对于旅游住宿设施占地规模，将依据"过夜游客数量"与"平均过夜天数"等指标，以及相关旅馆建筑设计规范、现状宾馆规模统计资料等进行综合测算。

图 4-12 西安中心城区旅游景区空间分布图

2）相关指标确定

① T-过夜游客人数：

陕西省统计局发布的西安旅游产业统计监测报告显示：截至 2015 年底，西安市共接待国内外游客 1.36 亿人次。2014 年抽样调查数据显示，一日游游客数量比例为 52.18%，过夜游客为 47.82%。从旅行目的调查数据看，休闲度假游客比例 33.83%，观光游览 30.60%，探亲访友 11.18%，商务 8.94%，会议 3.19%，宗教朝拜 0.54%，文体科技 5.36%，其他 6.36%。鉴于西安旅游资源的特点，研究主要统计以休闲度假、观光游览为目的游客为标准旅游者进行计算，共计为 64.43%。

② N-平均过夜天数：

2015 年西安过夜游客平均过夜天数 3.38 天。2014 年旅游平均过夜天数 3.57 天，其中旅馆招待所 1.14 天，星级饭店宾馆 1.70 天，亲友家 0.35 天，农家乐 0.22 天，其他 0.16 天。本研究仅关注城市内部的旅游住宿宾馆，因此按照 1.14+1.70=2.84 天计算。

③ D-全年适游天数：

也称为适游期，一般是指旅游目的地一年中可以接纳游客观赏和游览的天数。由于地理气候条件、景观最佳观赏时间、旅游资源保护与管理等因素，一般来说如西藏、青海、海南等旅游目的地的适游期比较短，而西安、北京等以文物古迹为主要旅游资源的旅游城市则适游期较长。考虑到特定景点的旅游季节波动性较大，而旅游城市则波动性较弱的特点以及区域内的平抑效应，参考孙根年、马丽君等对西安旅游气候舒适度与客流量年内变化相关性分析结果，并根据西安入境客流和国内客流的年变化统计，基本确定西安旅游适游期为每年的 2 月～11 月，计算取值为 300 天。

67

④ R-客房平均出租率：

西安市住宿设施的总体客房平均出租率为 54.6%，其中宾馆、酒店、饭店的客房平均出租率 61.6%；快捷商务酒店客房平均出租率为 62.1%；"旅游黄金周"期间对西安住宿业单位抽样调查结果显示中高档宾馆、饭店、酒店客房平均出租率高达 80.3%。研究主要针对城市内部的规模宾馆与酒店，西安中心城区住宿设施平均出租率按照 61.6% 取值❶。

⑤ B-客房平均床位数：

按照住宿业行业规律，城市酒店客房平均床位为 1.2～2 张。据统计截至 2015 年底，西安市共有星级饭店 102 家（其中五星级 17 家、四星级 27 家、三星级 53 家、二星级 5 家），客房 2.31 万间，床位 4.25 万张，餐座 5.24 万个。计算可知每间客房平均床位数 1.83❷。

3）每日旅游标准床位数（C_d）计算

计算公式：$C_d = (T \times N \times B)/(D \times R \times B)$

年住宿过夜需床位：$13600 \times 47.82\% \times 64.43\% \times 2.84 = 11900$ 万床位

平均每天住宿过夜需床位：$11900/300 = 40$ 万床位

平均每天需标准客房数：40 万$/1.83 = 21.86$ 万间标准间

考虑西安宾馆出租率时：21.86 万$/61.6\% = 35.5$ 万间标准间

每日所需要提供的标准床位数为：$35.5 \times 1.83 = 65$ 万个床位

（注：依据旅游统计数据，该计算结果仅代表面向旅游者提供的住宿设施）

4）计算方法校核

对 2016 年西安市各星级宾馆进行抽样统计分析，西安中心城区范围内共拥有约 6419 座宾馆，其中 5 星级及豪华酒店 54 座，占 0.84%；4 星级及高档酒店 163 座，占 2.54%，3 星级及舒适宾馆 483 座，占 7.52%，2 星级及经济宾馆 5719 座，占 89.1%（表 4-3、表 4-4）。

西安中心城区不同区域，不同等级宾馆分布一览（数据来源：携程网） 表 4-3

城区	宾馆数量	5 星级	4 星级	3 星级	2 星级及以下
碑林	885	8	28	109	740
雁塔	1610	22	49	111	1428
莲湖	848	5	33	95	715
新城	559	9	20	58	472
未央	1345	5	26	79	1235
长安	800	2	4	15	779
灞桥	372	3	3	16	350
总计	6419	54	163	483	5719

---

❶ 客房平均出租率的数据来源：陕西省统计局、西安市旅游局、迈点旅游研究院；西安地区星级酒店经营数据分析、西安市国民经济与社会发展统计公报等相关资料，经作者整理。

❷ 客房平均床位数的数据来源：2015 年西安旅游产业统计监测报告，2016/9/7，陕西统计局。

西安中心城区不同等级宾馆客户数与建筑平均层数抽样调查数据　　　表 4-4

五星级及豪华酒店	平均客房数量	平均层数	四星级及高档酒店	平均客房数量	平均层数	三星级及舒适宾馆	平均客房数量	平均层数	二星级及经济宾馆	平均客房数量	平均层数
样本 A1	200	10	样本 B1	95	4	样本 C1	90	3	样本 D1	90	4
样本 A2	275	26	样本 B2	178	5	样本 C2	170	5	样本 D2	170	8
样本 A3	428	26	样本 B3	120	9	样本 C3	100	5	样本 D3	103	4
...	...	...	...	...	...	...	...	...	...	...	...
						样本 C100	85	4	样本 D100	30	7
平均值	359	20	平均值	154	11	平均值	116	5	平均值	99	5

（数据来源：携程网 2016 年宾馆预订系统数据，详表见附录 1）

按照抽样调查统计计算，西安中心城区内不同类型等级的 100 座宾馆可以提供 $0.84\times359+2.54\times154+7.52\times116+89.1\times99=10386$ 张床位，即每座宾馆平均提供 104 张床位。目前西安每天需要向外来游客提供 65 万间客房，则需要宾馆数量为：65 万/104＝6250 座宾馆，按比例分配给不同星级宾馆。即 5 星级宾馆 6250×0.84％＝52.2 座；4 星级 159 座；3 星级 470 座；2 星级及以下 5569 座。

通过以上的计算，得到了旅游人次与宾馆数量的对应关系，并与现实情况进行比对校核，计算公式、过程与结果科学合理，并有效可行，总结为：

计算公式：

$$C_d = \frac{T\times N\times B}{D\times R\times B}$$

其中：C_d 为每日标准床位数量；T 为过夜旅游人数；N 为平均过夜天数；D 为全年适游期天数；R 为客房平均出租率；B 为客房平均床位数。

5）转换为用地指标

① 住宿设施总建筑面积（表 4-5、表 4-6）

我国旅馆建筑客房面积指标（来源：《旅馆建筑设计规范》JGJ 62—2014）　　表 4-5

旅馆建筑等级	一级	二级	三级	四级	五级	旅馆建筑等级	一级	二级	三级	四级	五级
单人床间	...	8	9	10	12	净面积（m²）	2.3	3.0	3.0	1.0	5.0
双床或双人房间	12	12	11	18	20	占客房总数百分比（%）		30	100	100	100
多床间（按每床计）	每床不小于 1	...	...			卫生器具（件）		2		3	

注：客房净面积是指除客户阳台、卫生间和门内出入口小走道（门廊）以外的房间内面积（公寓式旅馆建筑的客户除外）。

2 件指大使器、洗面盆、3 件指大便器、洗面盆、浴盆或淋浴间（开放式卫生间除外）。

我国旅馆四级分等面积配比参考指标（来源：《建筑设计资料集 4》第二版）　　表 4-6

旅馆等级	一级 m²/间	二级 m²/间	三级 m²/间	四级 m²/间
综合面积	86	78	70	54

参考住建部颁布的《旅馆建筑设计规范》JGJ 62-2014[225]，国家旅游局颁布的《旅游饭店星级的划分与评定》GB/T 14308—2010[226]等规范资料，规定不同等级宾馆的最小客房面积控制指标为：五星级宾馆客房面积≥25m²，4 星级≥20m²，3 星级≥17m²，2 星

级$\geqslant15m^2$，一星级$\geqslant14.5m^2$（注：按照双人标准间计算）。考虑到宾馆辅助功能配置和非星级宾馆等原因，结合《建筑设计资料集 4》的数据[227]，宾馆标准间综合建筑面积（包括客房部分、公共部分、餐饮部分、行政部分以及辅助），值域范围为 54-86m²，本次研究取 54m² 为宜。

通过前面的计算已测算出外来旅游者需占用 65 万个床位，按宾馆标准间综合建筑面积 54m² 计算，需要住宿设施总建筑面积为 3510 万 m²。

② 住宿设施容积率取值（表 4-7）

西安市各类建设用地容积率控制指标表 表 4-7

区位	居住建筑 （3000-10000 人）	居住建筑 （10000-30000 人）	居住建筑 （30000-50000 人）	行政办公 建筑类	商业 建筑类	教育科研 建筑类	工业 建筑类
城市更新 改造区	$\geqslant2.0,\leqslant6$	$\geqslant1.7,\leqslant5$	$\geqslant1.5,\leqslant4$	$\geqslant1.5,\leqslant3$	$\geqslant1.5,\leqslant6$	$\geqslant0.8,\leqslant3.5$	$\geqslant1$
城市新区	$\geqslant2.5,\leqslant5$	$\geqslant2.0,\leqslant4$	$\geqslant1.7,\leqslant3.5$	$\geqslant1.0,\leqslant2.5$	$\geqslant2.0,\leqslant5$	$\geqslant0.7,\leqslant3$	$\geqslant1$

按照《陕西省城市规划管理技术规定》、《西安市城乡规划管理技术规定》，旅馆用地 B14 作为商业服务业设施用地类型，其容积率上限为多层 3.5、高层 5.5（注：公共建筑及综合性建筑总高度超过 24m 者为高层）。参考《建筑设计资料集 4》，我国多层旅馆容积率为 2～3，高层旅馆容积率为 4～10，招待所容积率为 1.5～2.2 左右。综合以上资料并结合西安城市宾馆建设现状，研究采用多层容积率 2.5 和高层容积率 5 进行计算。

③ 住宿设施多层与高层比例（表 4-8）

根据抽样 250 座宾馆调查统计，目前西安市多层宾馆数量与高层数量的比例约为 71.6：28.4。

西安市住宿设施多层高层比例 表 4-8

宾馆样本	多层<24m	高层≥24m
五星 20 座	0	20
四星 30 座	10	20
三星 100 座	83	17
二星及以下 100 座	86	14
共计 250 座	179 座（71.6%）	71 座（28.4%）

根据前文计算，西安市面向旅游者应提供 6250 座宾馆（其中多层 4475 座，高层 1775 座），总建筑面积 3510 万 m²（其中多层占 2513 万 m²，高层占 997 万 m²）。

经计算可得，旅游住宿设施净占地面积：

$S_a=2513/2.5+997/5=1005.2+199.4=1204.6$ 公顷。

④ 住宿设施建筑密度取值（表 4-9）

西安市各类建设用地建筑密度控制指标表 表 4-9

区位	住宅建筑类			办公建筑类		商业建筑类		教育科研建筑类	工业建筑类
	多层	中高层	高层	多层	高层	多层	高层	—	—
城市更新改造区	$\leqslant28\%$	$\leqslant25\%$	$\leqslant20\%$	$\leqslant50\%$	$\leqslant40\%$	$\leqslant60\%$	$\leqslant55\%$	$\geqslant20\%,\leqslant45\%$	$\geqslant30\%,\leqslant50\%$
城市新区	$\leqslant28\%$	$\leqslant25\%$	$\leqslant20\%$	$\leqslant40\%$	$\leqslant35\%$	$\leqslant50\%$	$\leqslant45\%$	$\geqslant20\%,\leqslant40\%$	$\geqslant30\%,\leqslant50\%$

鉴于现实情况住宿设施不可能全部集中集约布局,大量的宾馆酒店等一定是分散布局于城市内部,通过总建筑面积除以容积率,得到的地块面积并不能符合宾馆分散布局的实际情况。因此,若采用最集约的计算,则应该再除以建筑密度更为符合现实情况,即包含一定的道路交通、绿地广场、相关设施等必要的配套用地。

旅游住宿设施总用地规模 $S_b = 1005.2/55\% + 199.4/50\% = 2226 hm^2$。(按照西安城市规划技术管理规定商业建筑类型的建筑密度,研究区域包括新旧城区,取多层建筑密度 55%,高层建筑密度 50%计算)

计算结果显示:为满足 2015 年所统计的 1.36 亿游客的住宿需求,西安市有接近 2226 hm^2 的城市建设用地专门用于提供旅游住宿服务。随着未来旅游人次规模的持续增长,城市旅游住宿用地将进一步扩大。但相对于西安城市建设用地规模而言,旅游住宿用地对于西安这类综合性城市的影响暂时还并不大,但对于城市规模较小且旅游人次规模较大的旅游城市造成的影响将会较大。

比如:日本国土交通省,决定将新建宾馆等住宿设施时规定总建筑面积与占地面积比率的"容积率"上限放宽至现行的 1.5 倍。依据《建筑基准法》等,在商业用地上建设宾馆的容积率为 2~13,并已通告各地方政府。层高和建筑面积的增加有助于确保更多的客房。为实现到举办东京奥运会和残奥会的 2020 年使全年访日外国游客增至 4000 万人次的目标,此举旨在消除三大都市圈以外的地方城市宾馆等客房不足的问题[228]。

我国类似三亚、丽江、平遥、黄山、张家界等著名旅游城市,具有以下某些特点:如城市规模较小,旅游业为支柱产业,外来旅游者众多且适游期较短,旅游波动性强烈,因而长期面临旅游住宿设施建设用地不足的问题。借鉴日本的具体做法,面对大量外来游客到访城市所提供的住宿用地,未来的确可以通过提高容积率的办法处理,从而进一步降低旅游住宿对城市建设用地的影响,在一定程度上缓解旅游用地增长对城市建设用地分配上的压力。

(3)其他类型旅游服务设施占地规模测算(表 4-10)

其他类型旅游设施用地规模测算表　　　　表 4-10

项目	日均床位数	商业饮食设施	文化娱乐设施	管理与医疗设施
标准值	65 万	0.4-0.6m²/床	0.1-0.2m²/床	0.2m²/床
计算值	取中间值计算	0.5m²/床	0.15m²/床	0.2m²/床
总建筑面积	共 55.25 万 m²	32.5 万 m²	9.75 万 m²	13 万 m²
用地面积	按照70%多层,30%高层	【(55.25×70%/2.5/55%)+(55.25×30%/5/50%)】=44.7+6.63=51.33hm²		

(注:在城市内部不考虑为旅游者服务的体育设施用地)

依据《旅游规划通则》GB/T 18971-2003,附录 A "旅游规划指标选取指南"提供了"商业、饮食服务设施的建筑面积:0.4~0.6m²/床;文娱设施 0.1~0.2m²/床;体育设施:5~8m²/床;管理与医疗设施:0.2m²/床"[229]。

从规范可以推算出相关旅游设施建筑规模,并依据商业用地等类型在《西安市城市规划管理办法》中规定的"容积率取值多层 2.5,高层 5;建筑密度取值多层 55%,高层 50%"[230],得到相关旅游设施的净占地规模。考虑到旅游服务设施的分散布局及相关道路、绿化、工程设施用地的配置，则总用地面积应除以商业建筑平均建筑密度更符合现实情况。

结论：若按照城市综合容积率计算（城市总建筑面积/建成区面积，一般为 0.8～1.2 之间），取值为 1 时[231]，总用地规模为 55.25hm²。分类型精确计算结果为 51.33hm²。两种计算方法相互印证后，结果基本一致，说明相关的计算公式、过程和相关参数的选取科学合理，基本符合现实情况。

从以上测算可以看出，对于研究所涉及的其他类型旅游用地，包括旅行社及其服务网点、旅游交通设施、旅游餐饮、旅游娱乐与购物、管理与医疗设施，以及旅游服务基地与中心等等，由于占地规模较小，不足以对城市建设用地规模造成显著影响。但需要注意的是，按照《西安市旅游发展总体规划（2008-2020）2016 修改》中所预测的旅游人次年均增长率 13%，至 2020 年将达到 2.5 亿人次左右，届时旅游相关用地也将会增长到相应的规模水平。

4.4　城市旅游用地的建设用地占用率及预测

（1）2015 年建设用地占用率综合测算（表 4-11）

2015 年西安中心城区城市旅游用地规模及占用率　　表 4-11

城市旅游用地	2015 年	km²	城市建设用地	占用率
99.6km²	旅游景区用地	76.83	2014 年中心城区建设用地规模 420km²	23.7%
	旅游住宿用地	22.26		
	其他旅游设施用地	0.51		

依据 2015 年相关统计数据，西安市中心城区中，城市旅游用地规模约为 99.6km²；占城市建设用地比例为 23.7%，即占用率（Occupancy Rate）为 23.7%。

（2）2020 年建设用地占用率综合预测（表 4-12）

2020 年西安中心城区城市旅游用地规模　　表 4-12

城市旅游用地	2020 年	km²	城市建设用地	用地比例
118.01km²	旅游景区用地	76.83	2020 年中心城区建设用地规模 490km²	24.08%
	旅游住宿用地	40.55		
	其他旅游设施用地	0.63		

（注：假设条件为到 2020 年，西安市的城市旅游景区规模、平均过夜天数、客房平均出租率等相关参数基本保持稳定的情况）

若按照《西安市旅游发展总体规划（2008-2020）2016 修改》所预测的西安市旅游人次年均增长率 13%，至 2020 年将达到 2.5 亿人次左右。则城市旅游用地将占城市建设用地比例高达 24.08%。

采用上文同等计算公式：$C_d = \dfrac{T \times N \times B}{D \times R \times B}$

（3）测算结果与结论（表 4-13、表 4-14）

规划建设用地结构（原规范）　　　　　　　表 4-13

类别名称	占城市建设用地的比例（%）
居住用地	25.0 ～ 40.0
公共管理与公共服务设施用地	5.0 ～ 8.0
工业用地	15.0 ～ 30.0
道路与交通设施用地	10.0 ～ 30.0
绿地与广场用地	10.0 ～ 15.0

规划建设用地结构（对比）　　　　　　　表 4-14

类别名称	占城市建设用地的比例（%）
居住用地	25.0 ～ 40.0
公共管理与公共服务设施用地	5.0 ～ 8.0
工业用地	15.0 ～ 30.0
道路与交通设施用地	10.0 ～ 30.0
绿地与广场用地	10.0 ～ 15.0
城市旅游用地	20.0～ 25.0

（注：城市旅游用地部分包含在原有规范表中的各项用地类型中，但仍有部分并未计入这 5 类主要用地类型，现通过按照用地功能性重新进行梳理，其占数值比较高，充分说明了在现有城市建设用地中发挥旅游职能的用地日益增加，城市旅游用地在城市建设用地中的重要性不容忽视。）

从以上两个测算表格中的城市旅游用地占城市建设用地比例，对比《城市用地分类与规划建设用地标准》中规定的主要用地类型结构比例，明显得出一个结论："城市旅游用地在当下及可预见的未来，将会是城市用地结构中最为重要的用地组成类型之一"。

需要特别指出的是，以上计算出的城市旅游用地仅包括旅游景区用地、旅游住宿用地、旅游餐饮用地及部分其他类型旅游服务设施用地，而广义上城市旅游用地还包括旅游商业用地、旅游交通用地、旅游服务机构用地等类型，其用地规模更为庞大。此外，城市旅游用地并非新增的城市建设用地，它们仍分布在已有建设用地类型中，即表 4-14 所表达的占城市建设用地 20%～25% 城市旅游用地仅表达出在城市建设用地中发挥旅游功能的用地比例而已，并非城市需要增加的新用地规模。

1）2015 年和 2020 年，西安城市旅游用地的比例保持基本稳定的原因，一是城市旅游景区规模按照保持现有景区数量与规模不变，主要增加面向游客人次增长的旅游住宿及其他旅游服务用地；二是随着城市用地的同步扩展，该比例将保持一定的稳定性，符合现实发展情况，即处于合理的用地比例范围。

2）同时研究表明，城市旅游产业的发展与城市旅游用地的供给关系密切。占城市建设用地 23.7% 的城市旅游用地，保障了西安市接待海内外旅游者 1.36 亿人次，实现旅游业总收入 1073.69 亿元，相当于全市 GDP18.5% 的经济发展目标。此外，城市旅游用地不但具有产业用地属性，同时也具有社会公益属性，在促进城市经济活动、文化遗产保护、休闲游憩发展、城市文化品质提升等方面发挥出重要的作用与影响，其在城市用地结构中的比例构成也充分证实了这一结论。

4.5　关于占用影响强弱的拓展性讨论

我国幅员辽阔，城市众多，社会经济发展阶段各异。从城市旅游景区、住宿设施、餐饮设施等旅游用地的计算公式可以看出，对于不同规模城市和不同旅游产业发展阶段及特征的差异，将导致城市旅游用地对城市建设用地的影响是截然不同的。可以按照城市规模、旅游人次、波动性三个主要因素将众多旅游城市分为 8 种类型，其强度的差异是较为明显的（表 4-15）。

我国不同类型旅游城市旅游用地影响强度等级　　　　　　　　　　　　　表 4-15

类型	旅游城市	建城区面积（km²）		年旅游人次（万人次）	季节波动性	旅游用地影响强度
A	三亚	37.78	+	1496	++++	+++++	+++++
	张家界	29.86	+	5050	+++++	+++++	
B	咸阳	85.94	++	4800	+++++	+++	++++
	晋城	149	++	3245	++++		
C	兰州	220	++	3700	++++	++++	+++
	青岛	490.7	++	7300	+++++	++++	
D	北京	1386	+++++	26150	+++++	+	+++
	上海	1563	+++++	27600	+++++	+	
	西安	395	++++	13600	+++++	++	
E	吐鲁番	13	+	469	+	+++++	++
	锡林浩特	37.5	+	400	+	+++++	
F	韩城	15	+	600	++	++	++
	商丘	63	++	1077	+++	++	
G	伊春	167.4	+++	715.2	++	++++	+
	包头	180	+++	934.7	++	++++	
H	淮南	106	+++	1818.8	+++	++	+
	阜阳	112	+++	1839.3	+++	++	

A）旅游人次多，城市规模较小，波动性强的城市，影响强度＋＋＋＋＋

B）旅游人次多，城市规模较小，波动性弱的城市，影响强度＋＋＋＋

C）旅游人次多，城市规模较大，波动性强的城市，影响强度＋＋＋

D）旅游人次多，城市规模较大，波动性弱的城市，影响强度＋＋＋

E）旅游人次少，城市规模较小，波动性强的城市，影响强度＋＋

F）旅游人次少，城市规模较小，波动性弱的城市，影响强度＋＋

G）旅游人次少，城市规模较大，波动性强的城市，影响强度＋

H）旅游人次少，城市规模较大，波动性弱的城市，影响强度＋

按照上述 8 种类型选取旅游城市样本：（1）旅游人次较多的旅游城市从"2016 年中国旅游城市吸引力排行"中进行选取；（2）旅游人次较少的旅游城市从"全国优秀旅游城市名录"中进行选取。

通过案例分析，可以看到不同的旅游城市，由于涉及其城市旅游产业地位不同，旅游产业发展阶段不同，城市建设规模不同等等因素和条件，因此，城市旅游用地对其建设用地的影响千差万别，这些旅游城市的规划与建设需要根据现实和未来发展作出因地制宜的分析和研究，有针对性地制定发展策略。

4.6　本章小结

本章分析阐述了西安案例选取的典型性，并对西安中心城区的城市建设用地、人口规模、旅游人次进行了相关性分析，结果表明城市人口、旅游人次的不断增长是推动城市建设用地增长的重要内生动力之一。研究采用"占用率"指标量化城市旅游用地占城市建设用地的比例，为了保证测算过程与结果的准确性，对相关计算指标如旅游人次数量、过夜游客人数、平均过夜天数、适游期天数、客房平均出租率、平均床位数，以及宾馆数量、等级、规模等基本采用政府机构公开发布的统计数据，以及国家相关技术规范与管理技术规定等。计算结果充分表明"城市旅游用地在当下及可预见的未来，将会是城市用地结构中最为重要的用地组成类型之一"。

5 城市旅游景区对周边用地开发强度量化影响

世界上任何资源的获得为人类带来正外部性影响的同时，也将会伴随带来负外部性，作为一种特殊空间资源的城市旅游用地也是如此。它们在丰富城市功能、美化城市环境、推动城市进步的同时，也对周边城市用地带来一定的限制性影响。美国学者爱德华·格莱泽（Edward Glaeser）在《城市的胜利》一书中指出："限制高度的确增加了阳光，保护建筑的确延续了历史，然而，我们不应该假定得到这些好处是不用付出某种代价的。"本章将采用GIS数理模型的定量化方法揭示城市旅游用地（主要针对城市旅游景区用地）对周边用地开发强度所造成的影响及其程度，为下一步制定科学合理的城市建设用地统筹安排提供科学依据。

5.1 城市旅游景区对周边用地综合影响分析

前文将城市旅游用地分为旅游景区用地、旅游住宿用地、旅游餐饮用地、旅游交通用地、旅游商业用地、旅游服务机构用地、其他旅游用地等多种类型。但鉴于城市旅游用地中的旅游景区用地对毗邻用地影响较大，而其他类型则相对影响较弱。因此，本章研究主要针对城市旅游景区用地的外部影响进行量化测算。

5.1.1 对毗邻用地性质的影响

土地使用一直都是城市规划的核心内容，其中涉及用地性质和开发强度两个方面。市场经济条件下，现代城市用地的混合使用、复合利用以及城市用地性质的调整成为普遍现象。因此，城市用地分类标准界定了各类型地块的"性质"，使得"城市用地相容性与兼容性"成为城市建设用地管控所关注的重点，即不同性质的城市土地在使用过程中的相互关系，以及特定用地类型与周边用地环境之间的关系，或者是特定地块条件可以同时容纳的多种土地使用功能的程度。因此，对于城市旅游景区用地这一特殊的用地类型，其自身和毗邻用地使用的"相容性"和"兼容性"的问题自然成为研究的重点。

（1）旅游景区用地"兼容性"程度降低

用地性质是依据城市规划的统筹安排，规定某宗具体用地的用途。而城市旅游用地大多是文物古迹、风景名胜、绿地广场等属性，或为应予以保护的城市文化遗产用地，或为保障城市公共利益的公益用地，其用地类型基本上受到严格保护和控制，一般不得轻易进行变更，其用地兼容其他用地类型也较为严苛。因此，城市旅游用地"兼容性"其宽容度和灵活性水平相比于其他城市用地而言，下降效应较为明显。比如：西安曲江新区和大明宫区域分布的旅游景区用地，在可预见的规划期内，基本只能延续城市旅游用地功能与属性，一般情况下不大可能变更或调整其用地性质。从某种角度上说，一块城市用地定性为公共绿地或旅游景区，则未来性质变更的可能性将大大下降。

（2）其毗邻用地"相容性"水平降低

对用地性质的管控方面，在城市控制性详细规划中，为了使详细规划既有严肃的"刚性"控制作用，又不失去应对现实发展情况的"弹性"调整空间，规定了地块性质的"相容性"。在城市中多种用地性质的地块混合布置，以适应城市发展的需要，但有些使用性质可以混合，而有些则不适宜混合布置，不同性质用地相容性的"包容性"程度是不同的。对处于旅游景区周边的城市用地，其必然受到更大程度的使用类型和方式限制，即相对于一般性用地，旅游景区对周边用地类型的限制性是不断提高的。如：在西安的曲江、大雁塔、大明宫、明城墙等旅游景区用地周边，基本布局居住和商业两类用地，零星也分布教育科研、行政办公、文化设施等其他类型，但如工业、仓储、市政等用地类型基本被限制布局，以维护城市旅游景区及其周边特色的空间环境和氛围。

5.1.2 对周边用地开发强度的影响

城市旅游景区在城市用地类型方面的特殊性，导致其对周边用地的建筑密度、容积率、建筑高度、绿地率产生不同程度的影响。仅从城市用地开发强度的角度出发，旅游景区的存在或布局必将带来周边土地开发强度上降低效应，即负外部性。不可否认的是，土地低强度的开发利用，同时会带来正面的收益，如更优美宜人的城市环境等，使得城市区域的日照、通风、绿化、防灾、教育、游憩等功能得到更好的发挥。但旅游景区降低了城市土地利用效率，这一点是毋庸置疑的客观存在。

具体到城市控制性详细规划编制中，对于用地开发强度的 4 个控制指标而言，其中建筑密度反映了用地的二维平面开发规模或利用强度的大小；建筑高度则反映了用地的立体空间开发程度的高低，是两个极为重要的强度表征指标。同时建筑密度与建筑高度也共同决定了一宗地块的综合容积率大小。因此，本质上单位用地总建筑面积是衡量一块用地开发强度的核心，若将土地资源视为一个三维空间来考量，容积率则直接表征了用地开发强度。另一方面，容积率作为一个综合性指标，其值域确定受到多种因素影响，如地块面积、用地性质、道路红线宽度、建筑高度、绿地率、空地率等，从节约城市建设用地的角度考虑，提高用地开发效率和强度是城市集约增长的方向和趋势，但从保障公共利益、文化利益和社会效益的角度出发，对于特殊的城市旅游景区而言，出于文物遗址保护、景观风貌协调、生态环境维护等多种因素考量，景区及其毗邻用地则应进行严格的建设强度控制，开发思路是要降低土地开发强度，即建筑密度和建筑高度都应适度下降。进一步思考，城市旅游用地及周边的开发强度下降，建筑密度和建筑高度两个指标应该区别对待，对于使用者而言，旅游者更为关注在旅游景区及其周边的游览体验，由于游客视线高度的限制，人们对旅游景区周边城市地域的建筑高度更为敏感，而对周边建筑密度感知较低。因此，一般而言对于特定地块，规划建设量以何种形式分配在地块上最优，各种组合方案如下：(a) 密度高、高度低，容积率低；(b) 密度高，高度高，容积率高；(c) 密度低，高度高，容积率高；(d) 密度低，高度低，容积率低。可以用绘图来表示，作为旅游景区周边用地开发形式理想的排序是(d)—(a)—(c)—(b)。基于视线与高度控制下的建设强度减低是最佳的情况，否则若只是由于密度下降而导致的容积率减低，仍可能会出现零星高层建筑，破坏天际轮廓线，同样会对旅游景区及其周边环境风貌造成极大影响。因此，对于本研究而言，我们更关注由于建筑高度变化所引起的容积率变化，即在规划建设总量一定的情况下，优先控制建筑高度。

5.1.3 对周边用地经济价值的影响

国内外在城市绿地、景观游憩区、快速轨道交通、商业服务设施、教育配套设施等对其周边用地的外部效应进行了较为丰富的研究，大多采用空间经济学模型，如 Hedonic 模型、特征价格模型、Moran's I 指数等，大量研究表明其外部效应较为显著，其对周边城市用地的经济价值提升作用明显，主要反映在居住用地价格、商业用地价格和住宅价格方面。国外学者如 Luttik、Joke（2000 年）对荷兰湖边住宅的研究显示城市开放空间会给周边房地产价格带来 6%～12%的增长；Jim，C. Y. 对香港地产的调查发现城市公园可以为周边楼价带来 16.8%的升值；在英国的 Cabe Space 实证得出城市公园对周边房产的增值系数约为 7.3%～11.3%。Gao/Xialu 通过日本的研究数据也显示出，城市景观对地价带来 1%～3%的提升。国内学者邱慧等以株洲为例的研究显示，在城市公共景观 1250m 范围内，住宅样本离景观距离每减少 100m，住宅价格约提升 6.5%；夏宾等对北京奥林匹克公园的实证研究，得出公园影响范围 1380m，住宅增值系数约为 10.9%。大量研究集中于特殊用地或设施对周边用地经济价值的正外部影响方面[182][233-236]。

众所周知，城市旅游景区用地不仅改善城市环境、激发城市活力、提升城市品质，同时由于用地的自身特性为居民提供了良好的视线景观与休憩娱乐场所，塑造出更为"优美宜人"的人居环境和生活氛围。因此，城市旅游用地具有重要的城市政府环境公共产品属性，其经济溢出效应对城市空间布局、建设用地利用、城市用地管理等具有重要意义。

5.1.4 对区域社会文化方面的间接影响

（1）城市旅游用地的存在，增强了区域的商业环境、文化氛围、人流和交通流，进一步提升了周边用地的社会活力和文化品质。此外，城市的历史街区和旅游景区通常被认为是一个城市的地标和象征，保护这些区域就是保护城市独特的形象与品质。Vicki Been 研究认为"历史街区不仅能够保留建筑历史，而且能够产生外部性，尤其在吸引外来旅游者和培育城市的艺术文化等方面"[237]。规模大、标志性强、知名度高、人流量大的城市旅游景区逐渐成为现代城市最为重要的空间认知构成元素。因此，相对于一般性城市土地而言，城市旅游用地具有天然的异质性，其拥有的游憩价值、历史价值、文化价值、艺术价值、情感价值、生态价值，对提高周边区域以及城市整体的认知度、归属感等社会文化品质作用显著（图 5-1）。

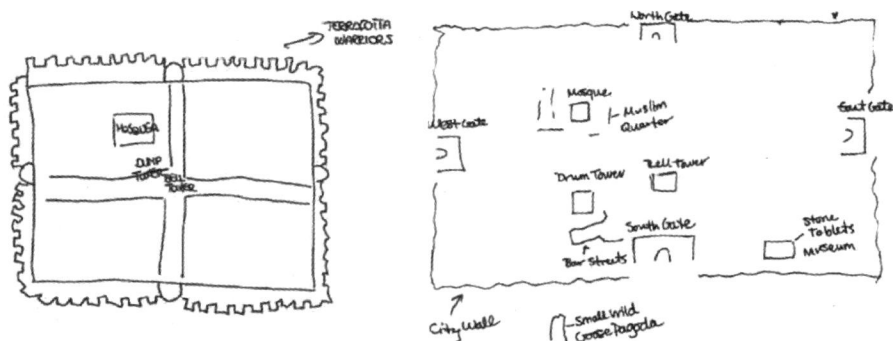

图 5-1　城市旅游景区对城市形象认知的模式图——以西安为例
（图片来源：华商网，老外手绘西安地图：对城墙印象最深，2015-05-04 07：26：51）

（2）城市旅游景区也会引发负面的空间不平等现象。如旅游景区优越的环境品质常常导致其周边城市用地经济价值的增长，尤其是景区周边居住区的贵族化或绅士化。从城市用地开发强度的角度看，严格规定土地利用密度的上限，降低土地利用效率，形成环境愈佳，富裕阶层越聚居，进一步加剧城市社会阶级分层，通常将低收入者排除在该区域之外[238]。

在西安曲江新区这一现象表现得较为明显。众多周知，曲江无疑是西安城区中高端住宅最集中的区域，布局低密度的多层住宅、花园洋房、拼贴 HOUSE、联排别墅、湖滨别墅等，平均容积率仅 1.0 左右，绿地率 35％以上。从相关数据看，西安市曲江、浐灞、长安三个区域的别墅销量领先其他区域，特别是曲江区域的别墅销售额遥遥领先。曲江豪宅以南湖为核心，是西安豪宅的主要聚集地之一，价格也相对较高，大面积洋房及大平层（200㎡以上）产品多在数百万元/套，别墅超过千万甚至 3000 万元以上也有迹可寻。（数据来源：中国指数研究院，数据截至 2016 年 8 月）

在西安，曲江是人尽皆知的"富人区"，不仅是因为这里房价要比周边高，更因为这里有已成规模的风景区和别墅群。曲江的优美环境和高昂的住宅价格，使其成为城市新贵人群的选择区域，较高的门槛客观上阻挡了城市其他社会阶层的进入，加剧了城市社会阶级分层现象，造成了空间资源利用的不公平和不公正。

总之，从社会与文化角度看，许多城市尤其是旅游城市的标志性景观成为人们认知城市空间、代表城市形象、反映城市面貌的窗口。城市旅游景区成为不断丰富城市文化内涵，提升城市品质形象的重要元素与载体，这些城市公共开放空间作为城市文化展示的特殊区域，将会越来越受到城市规划与建设的重视。

5.2 典型性城市片区与旅游景区遴选

本书按照西安九宫格局的城市用地发展框架，基于文化遗址、旅游景区的空间分布特点，以及选取对城市建设用地将产生较大影响的大规模旅游景区等多方面考虑。首先选取 5 个旅游职能较强的城市片区：西安明城片区（钟鼓楼景区、明城墙景区）、曲江片区（大雁塔景区、大唐芙蓉园、曲江池景区等）、大明宫片区（大明宫遗址公园）、汉城片区（汉长城遗址公园）、阿房宫片区（阿房宫遗址公园）。这些拥有高等级、大规模景区的城市片区是构成西安城市特色与文化品质的特殊区域，在城市未来发展中仍将发挥独特作用，对西安城市发展而言意义重大。其次，由于曲江片区中所包含的旅游景区空间分布密集，相互关联密切，影响范围较为复杂，极具研究典型性。研究将其作为首要案例进行深入分析，探索复杂情况下的影响范围和影响强度，对于其他城市片区将依据相关规划和研究方法进行外部影响测算（图 5-2～图 5-4）。

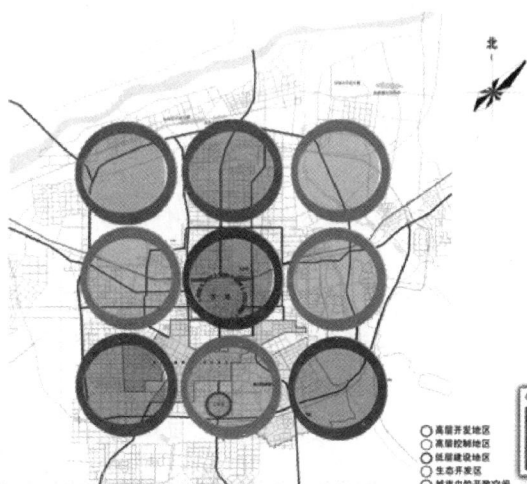

图 5-2 西安城市空间结构
（图片来源：百度图库）

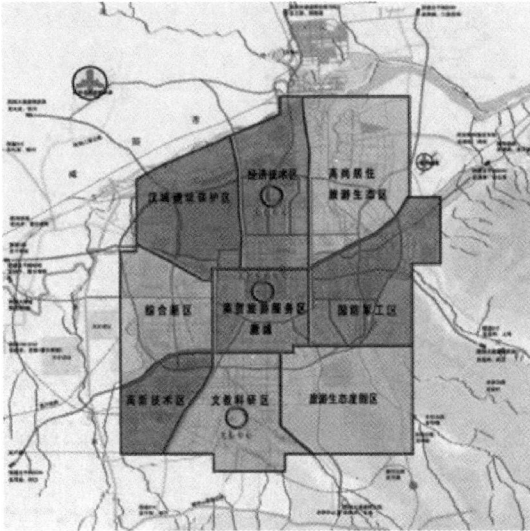

图 5-3   西安城市功能分区
（图片来源：百度图库）

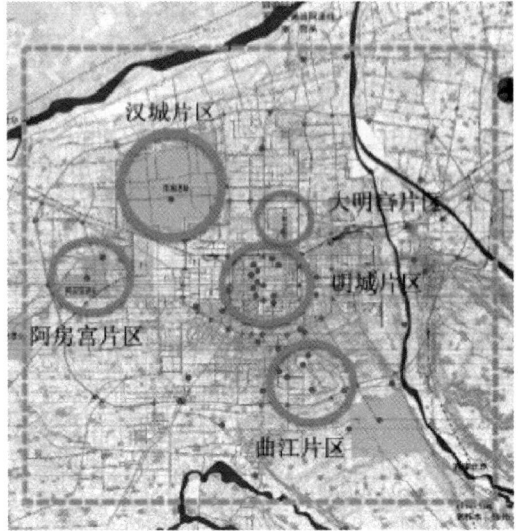

图 5-4   典型性研究区域
（图片来源：自绘）

5.3   用地开发强度影响量化计算模型构建

5.3.1   用地开发强度的本质与研究指标

用地开发强度与总量，从本质上看应该是一个三维空间体量，即"每一个开发地块在被区划法赋予了一定的开发强度之后，就已经从"平面"脱离出来，成为具有一定容积的"空间体量单元"，将"空间体量单元"作为区划法中的最小开发单元"[102]。

城市政府为了优先保障某些利益而限制其他部分利益是一个利益权衡的结果，也是为了保证整体利益最大化的决策。城市规划作为城市公共政策具有城市利益调节和平衡的职责。具体而言，为了保障城市历史环境以及公共文化景观利益和游憩休闲品质，城市旅游景区周边的城市建设用地开发控制必须充分考虑建筑环境、空间形态、景观风貌等因素，以及涉及一定范围内的高度限制、体量限制、建筑密度限制、容积率限制、道路断面形式、土地性质兼容限制，甚至城市公共服务设施配套要求和城市基础设施避让等一系列的影响因素。梳理归纳，这种用地影响的外部性主要集中在周边城市用地的开发建设方式与强度方面，其表征指标可以分为两类：一类是规定性控制指标，包括容积率、建筑密度、绿地率等可精确量化的建设强度指标；另一类主要是引导性控制指标，即用地类型兼容、建筑风格限定与环境风貌约束等不易精确量化的利用方式指标[4]53。

目前对于土地开发强度，一般认为是指建设用地总量占行政区域面积的比例，或是单位地块面积上的建筑规模总面积，主要采用以容积率为核心的开发强度指标进行表征，包括：容积率、建筑密度、建筑高度、绿地率、建筑面积等几项主要指标。因此，从城市规划与管理角度看，开发强度的大小基本等同于容积率的大小；在城市控制性详细规划指标中的建筑密度与建筑高度最终决定了容积率的大小，而影响这两个指标的因素则较多，如：城市建设用地指标、用地道路系统、用地人口规模、环境承载力、公服配套水平、文物保护要求、景观风貌塑造等。但无论从何种角度理解这一关系，容积率主导着城市地块的开发强度这一点不容置疑（图 5-5）。

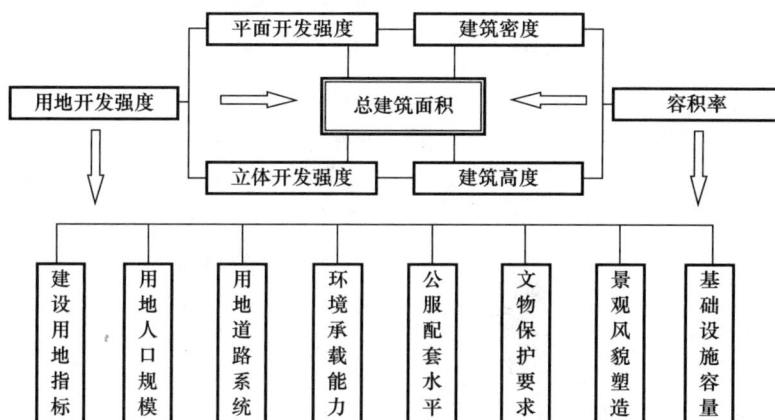

图 5-5　城市用地开发强度影响因素与指标

为了系统和深入地了解城市旅游景区对周边城市用地开发强度的影响，研究对一定影响范围内的地块容积率、建筑密度、建筑高度与绿地率 4 个指标进行统计处理，并与效应场范围以外的未受显著影响的用地进行比对分析，其差异程度将准确地反映出外部影响的强弱与特征。

5.3.2　外部效应测算方法研究

（1）外部影响范围与确定方法

理论上均质基底条件下，外部效应场一般呈现出圈层结构。研究假设城市用地为均质化基底，则城市旅游景区对周边的任何作用都受空间相互作用"距离衰减律"法则的支配，这样必然导致该区域形成以景区为核心的圈层状的空间影响分布结构，即由旅游景区至外围的层级空间，其用地利用方式、用地利用强度都将是从中心向外围呈现圈层扩散特征[4]54（图 5-6、图 5-7）。

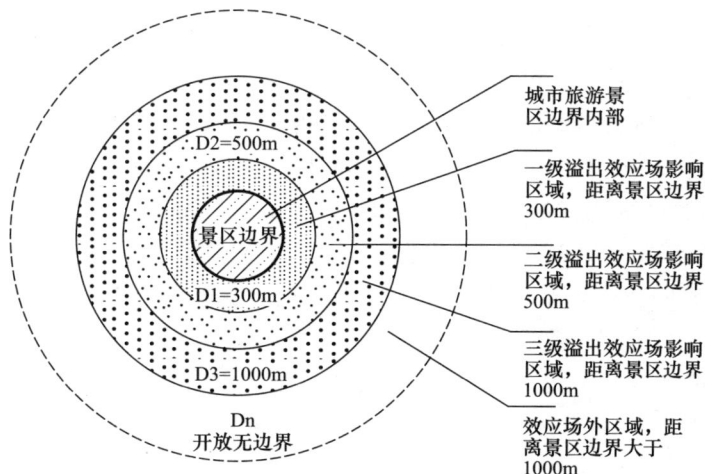

图 5-6　城市旅游景区外部效应场模型

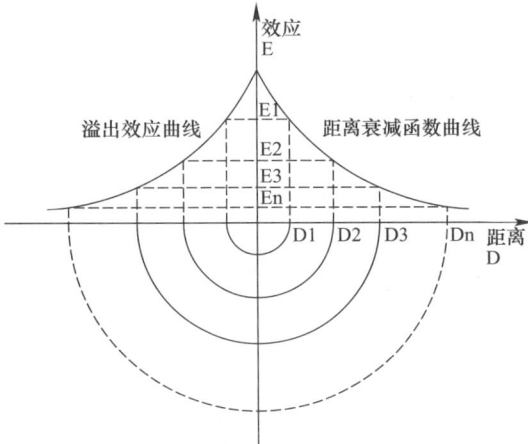

图 5-7　城市旅游景区外部效应衰减扩散模型

但现实情况是较为复杂的，理想的圈层扩散结构形态会受到多方面因素的影响，如文物古迹保护、视域通廊保护、生态环境维护、城市道路格局等因素，加之由于区域中多个旅游景区之间的空间组合关系，导致明显的效应场形态变形，即在城市旅游景区密集的区域可能出现多个效应场叠加的情况，最终形成更为复杂的效应场形态、结构与特征（图 5-8）。

因此，鉴于研究区域内旅游景区数量众多、规模庞大、空间关系复杂，针对不同的现实情况，研究对于城市区域内主要为单核景区影响的情况，如大明宫景区、汉长安城景区等，视为均质化单核影响模型对待；而对于多核景区影响的复杂情况，如曲江区域包含三大景区相互交织的情况，将采用 Arc GIS 空间分析方法和空间自相关 Moran's I 分析方法，得到精确的影响范围与数学量化模型。

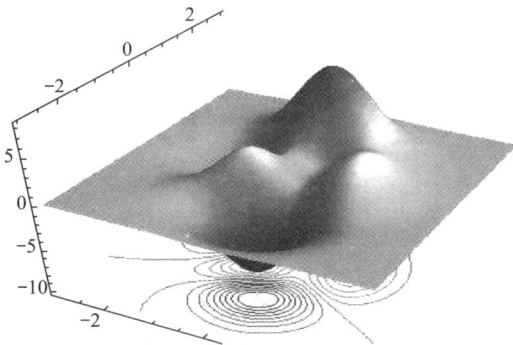

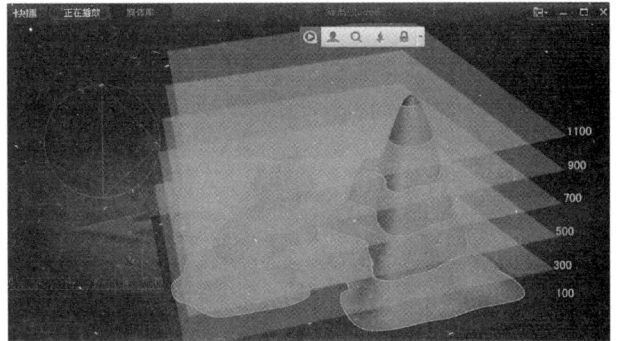

图 5-8　现实中外部效应场形态结构模型示意（图片来源：百度图库）

（2）外部影响指标变化与可视化方法

Arc GIS 作为处理地理空间数据的综合信息技术，具有较强的空间数据分析功能，空间数据分析结果可以进行详细的解释与直观的呈现。将 Arc GIS 技术方法应用到旅游景区周边用地开发强度影响研究，使得城市地理空间属性与其所赋有的数据信息精确匹配，通过对地块各因子相关信息的输入、统计与叠合分析，将得到效应场范围分布以及开发强度分区模型的可视化输出。针对容积率、建筑密度、建筑高度与绿地率 4 个因子反映用地开发强度的不同侧面的特点，研究分别采用 GIS 高度分区模型和 GIS 密度分区模型进行分析。

具体分为三个步骤：①利用 ArcGIS 软件平台输入研究区域各地块（按照控制性详细规划划分）相关强度指标，获取各地块的质心（Centirod）和点集数据；②利用 ArcGIS10.0 软件的密度分析功能（Spatial analysis-density），并以面积属性为修正变量，形成各指标的核密度分布图；③再使用叠合（Overlay）命令，完成各指标密度的叠合分析，输出多指标叠合密度分析图；④最后运用重分类（Reclassify）命令，采用自然间断点（Natural break）分级法，划分空间影响梯度分布结构。

对于多核景区的情况，为了得到若干景区相互影响下更为精确的量化模型。本书采用局部空间自相关 Moran's I 分析方法以及回归分析方法，其目的有以下 5 点：①可以定量化考虑多个景区之间的相互影响，得到更为精确的影响量化数学模型；②精确得到用地开发强度即容积率受到建筑密度和建筑高度影响程度的量化判断；③模型将精确区分任意距离景区空间距离（或不同断裂半径范围内）条件下的各指标变化；④揭示出景区对不同用地类型（居住、商业、非居商）的影响效应模型；⑤通过不同方法的运算，可以相互校核和验证，描绘出更为科学合理的外部效应场影响各级边界与范围（图5-9）。

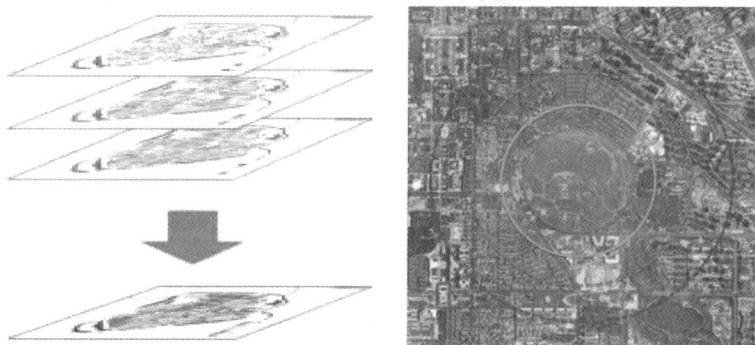

图 5-9　外部效应场边界与范围确定方法示意（图片来源：百度图库）

（3）不同效应场范围的数据比对与可视化分析

通过 ArcGIS 平台的分类统计功能，以及空间自相关分析得到的开发强度与空间距离的数理模型，可以获得任意距离下的容积率数值，将分别对不同影响场范围内外多组数据进行对比计算。并可利用 GIS 高度分区及可视域分析方法将减损程度可视化。显示输出受到影响情境下的建筑高度控制状态，以及模拟未受到影响下的建筑高度分析结果。①可视化整个区域明显的用地开发强度影响及变化状态，并分别显示不同用地类型的受影响强度；②通过全方位、多视角评估，科学判定目前的建筑限高及范围、方向是否科学合理，能否实现理想化的视线廊道、天际轮廓线等历史风貌、景观环境控制的要求；③模拟假若未受到旅游景区影响，恢复效应场内建筑高度，并与周边类似地段保持相一致或相近的建设强度逻辑，计算其建筑空间减损总量（图5-10）。

图 5-10　GIS平台处理的可视化分析结果示意（图片来源：百度图库）

5.4 城市片区实证研究

5.4.1 曲江片区

（1）曲江片区概况

曲江片区位于西安城市东南部，是以文化产业和旅游产业为主导的城市发展新区，其空间格局为"一心、两带、三轴、四个板块"。其中"一心"即以闻名中外的大雁塔景区和曲江皇家园林遗址为核心；"两带"为唐城遗址保护绿带和绕城高速两侧绿化景观带；"三轴"是指雁塔南路旅游商业发展轴线、芙蓉东路生态休闲发展轴线和曲江大道景观轴线；"四个板块"为唐风商业板块、旅游休闲板块、科教文化板块和会展商务板块[239]。

曲江片区内分布有大雁塔-大慈恩寺景区、大唐芙蓉园、唐城墙遗址公园、曲江池遗址公园、曲江海洋世界、唐代艺术博物馆、秦二世陵遗址公园、寒窑遗址公园等众多知名旅游景点。曲江，已经成为面向世界的重要旅游目的地，每年为千万级规模的外来游客提供综合旅游服务。同时，作为容纳数十万城市人口的新建城区，也承担西安市东南区域的居住、商业和文化等基本城市服务职能。因此，基于曲江新区特殊的发展定位（2003年省级旅游度假区、2007年国家级文化产业示范区、2011年AAAAA级旅游区），尤为注重协调文物保护、旅游发展与城市发展的关系，在建设城市各个功能区以及配置城市公共服务设施和城市基础设施的过程中，相比其他普通城市区域而言，受到更多的条件制约和环境约束（图5-11、图5-12）。

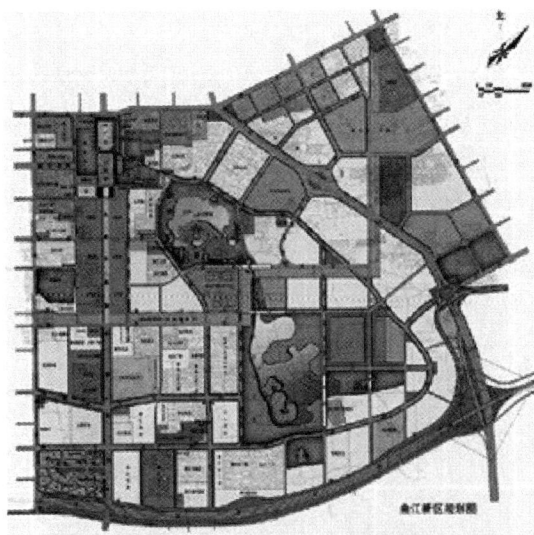

图 5-11　西安市曲江新区总体规划图　　　　图 5-12　曲江局部区域鸟瞰（来源：百度图库）

（2）ArcGIS 方法的效应场测定

1）数据处理与方法（图5-13）

以西安曲江新区为研究对象，通过 ArcGIS 软件平台，对西安市行政区划图、西安市城市总体规划图、曲江新区城市总体规划、曲江新区控制性详细规划、曲江现状调查图等

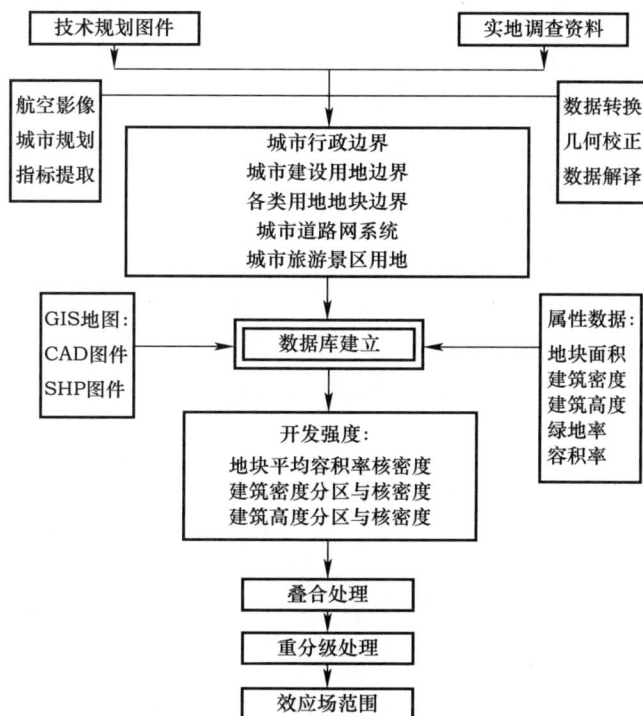

图 5-13 空间数据处理方法与程序

纸质和 CAD 格式技术图纸进行转换，通过资料收集、数据解译、空间信息提取，建立属性数据库。

2）用地空间密度分布（图 5-14～图 5-17）

依据《西安曲江新区控制性详细规划》统计 102 地块的规划控制指标，导入 CAD 道路网与地块边界，并输入所有地块的建筑高度、容积率、建筑密度、绿地率 4 类规划指标值[240]，获得片区城市用地的空间密度分布结果。

3）核密度分析

核密度分析用于计算每个输出栅格像元周围的点要素的密度。概念上，每个点上方均覆盖着一个平滑曲面。在点所在位置处表面值最高，随着与点的距离的增大表面值逐渐减

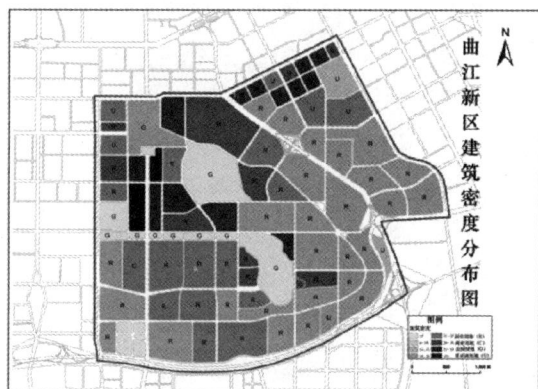

图 5-14 建筑密度分布图

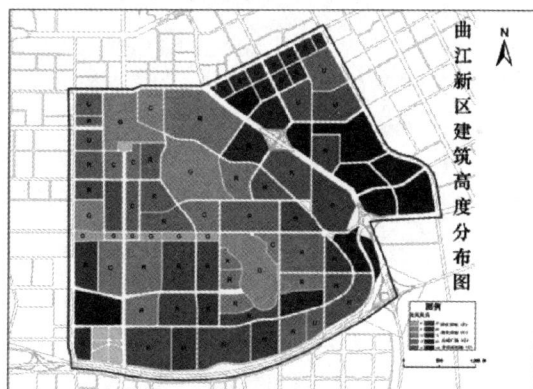

图 5-15 建筑高度分布图

图 5-16　绿地率分布图

图 5-17　容积率分布图

小，在与点的距离等于搜索半径的位置处表面值为零。仅允许使用圆形邻域。曲面与下方的平面所围成的空间的体积等于此点的 Population 字段值，如果将此字段值指定为 NONE 则体积为 1。每个输出栅格像元的密度均为叠加在栅格像元中心的所有核表面的值之和。通过密度分析，可以用测量来的点或者线生成连续表面，从而可以找出哪些地方点或者线比较集中。也就是说，密度分析是根据输入要素数据计算整个区域的数据聚集状况[241]。

核密度方法的计算方程可以表示为 $f(s)=\sum_{i=1}^{n}\frac{1}{h^2}k\left(\frac{s-c_i}{h}\right)$。式中，$f(s)$ 为空间位置 S 处的核密度计算函数；h 为距离衰减阈值；n 为与位置 S 的距离小于或等于 h 的要素点数；k 则表示空间权重函数。这一方程的几何意义为密度值在每个核心要素 c_i 处最大，并且在远离 c_i 过程中不断降低，直至与核心 c_i 的距离达到阈值 h 时核密度值降为 $0^{[242]}$。

ArcGIS 的空间分析工具箱中提供了核密度分析的工具（图 5-18）。可进一步得到曲江片区所有地块的建筑高度、容积率、建筑密度、绿地率 4 类指标的核密度空间分布结果（图 5-19～图 5-22）。

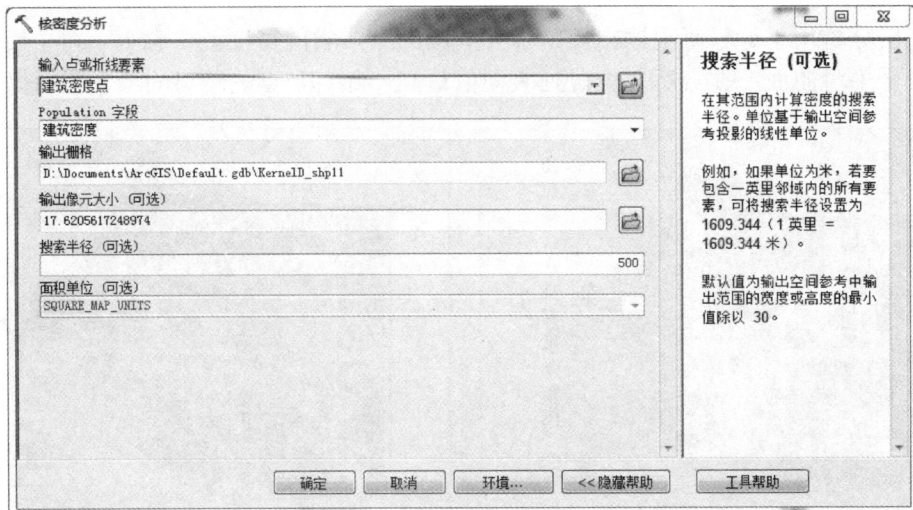

图 5-18　核密度分析过程图（一）

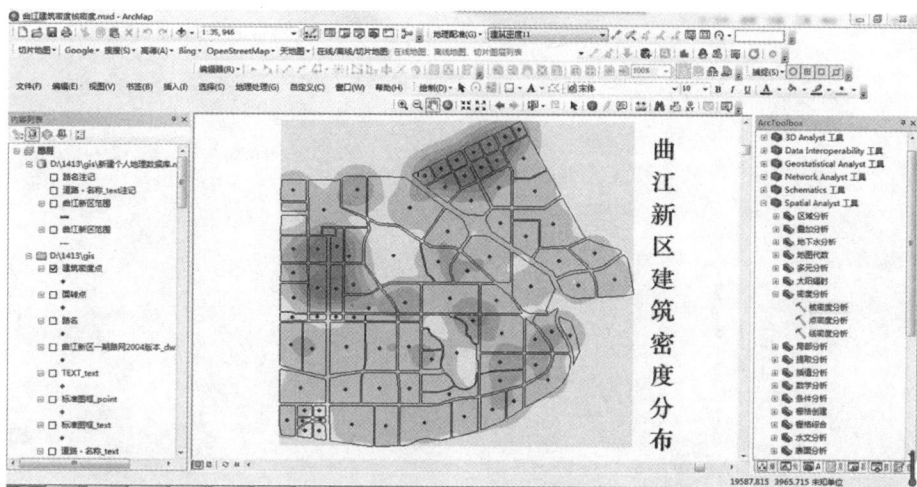

图 5-18 核密度分析过程图（二）

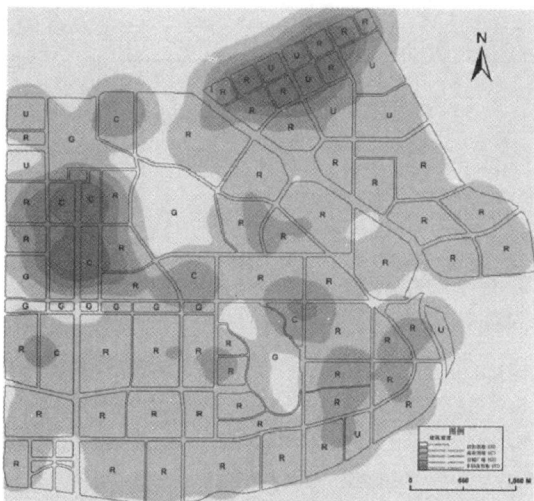

图 5-19 建筑密度核密度分布图

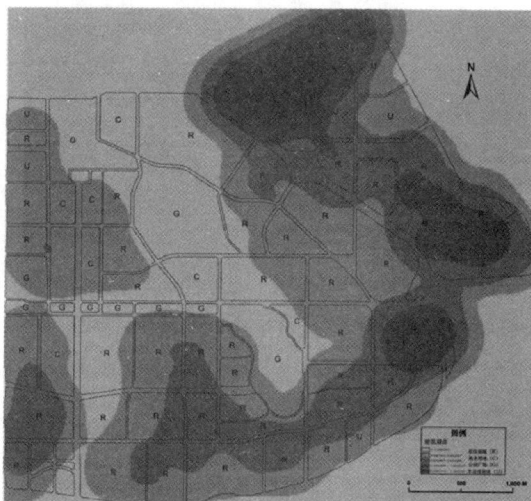

图 5-20 建筑高度核密度分布图

4）核密度叠加分析

空间叠加是 GIS 中一项重要的空间分析功能，可以将多组图层重叠，集合运算生成新的图形单元及相关属性。在实际情况中，地理数据往往具有不确定性的一面（模糊性）。因此，模糊叠加在叠加分析中也具有重要的作用。

"模糊叠加"分析以集合论为基础。集合论是一门将某现象的成员关系量化到具体集合的数学学科。在"模糊叠加"分析中，集合通常与类对应。"模糊叠加"分析基本上遵循上述常规叠加分析步骤，但在重分类值的含义以及通过合并多个条件得到的结果上均有所不同，"模糊叠加"分析中的"合并"这一分析步骤将量化每个位置从属于各输入栅格中指定集合的可能性。

模糊叠加经常使用在适宜性分析模型中，而在本书中，将容积率、建筑密度、建筑高度三者的核密度分布图进行模糊叠加，根据得到的结果，来分析景区对于周边地块的影响程度。

具体方法如下（图 5-23～图 5-25）：

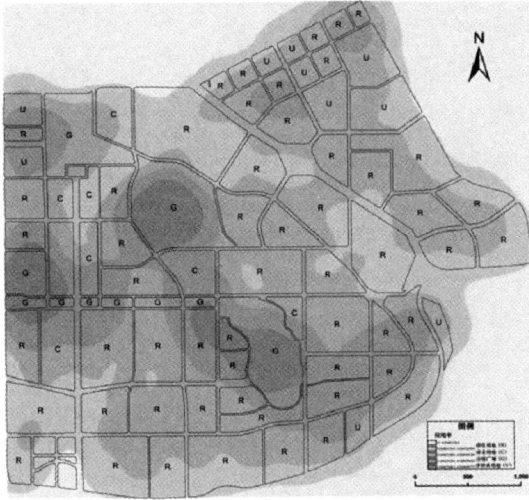

图 5-21　绿地率核密度分布图

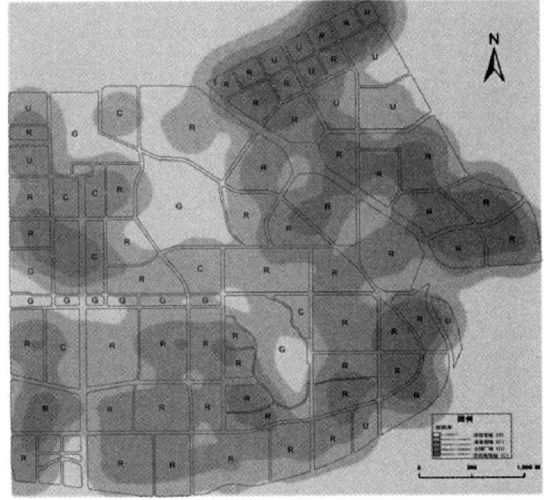

图 5-22　容积率核密度分布图

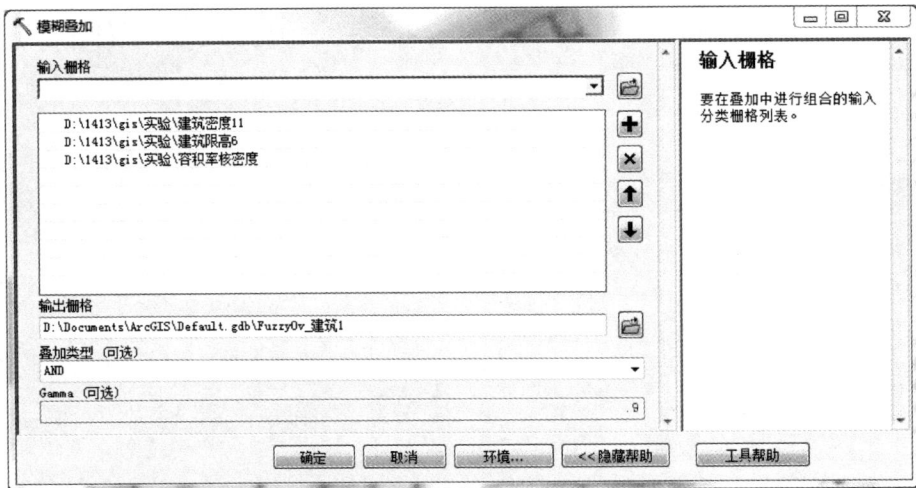

图 5-23　核密度叠加分析图

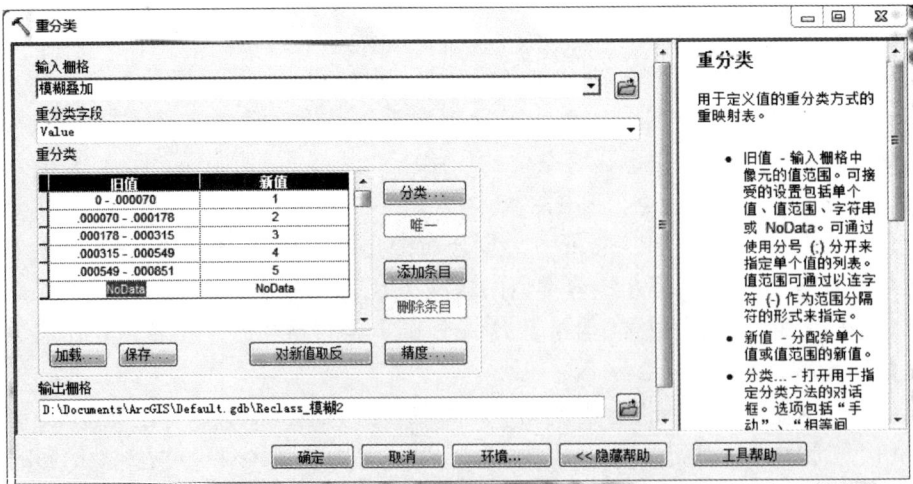

图 5-24　外部效应影响强度分级分析图（一）

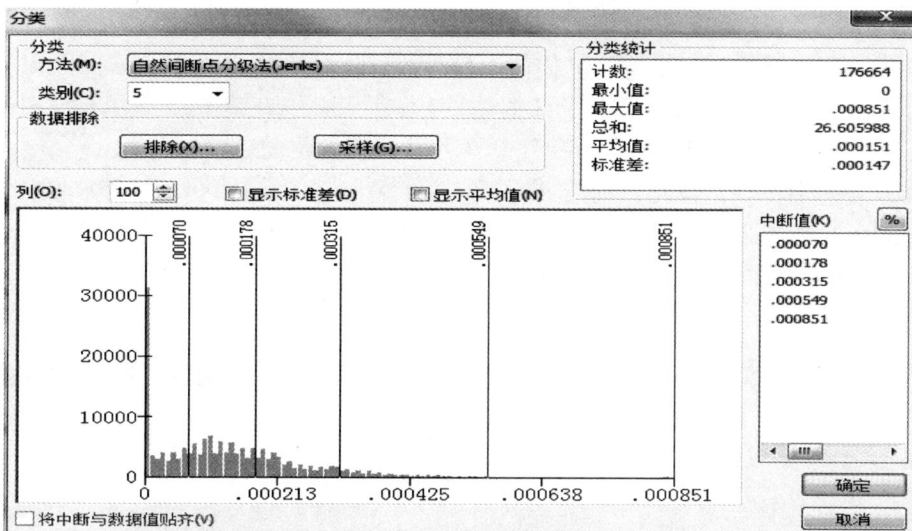

图 5-24　外部效应影响强度分级分析图（二）

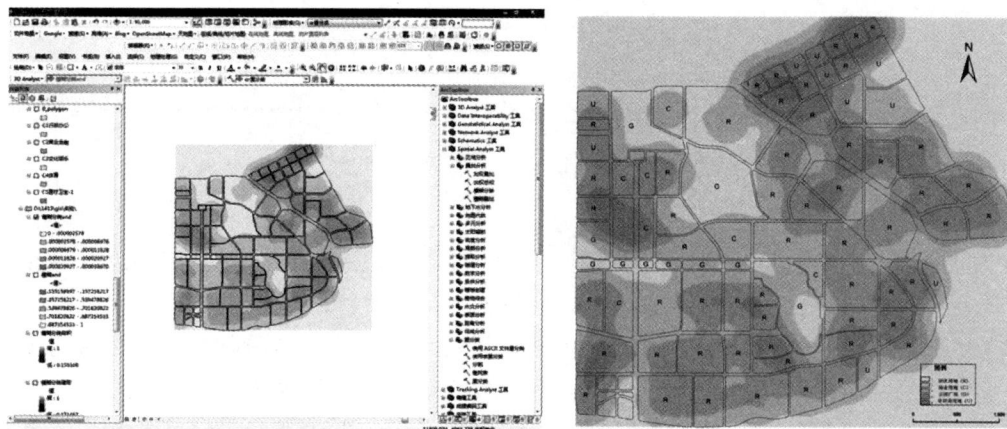

图 5-25　指标叠合核密度五级影响空间结构图

运用重分类（Reclassify）方法，划分空间影响梯度分布结构。研究将影响范围分为五类，景区算是一类，影响值为零。

关于分类方法，ArcGIS 提供有多种分类方法，分别是：手动、相等间隔、定义的间隔、分位数、几何间隔、标准差、自然断点分级法。其中自然断点分类通过计算每类的方差，再计算方差之和进行比较分类。另外结合数据分布情况，可以比较明显地发现断裂之处，这些断裂之处和自然断点分类方法算出来也是一致的。因而这种分类法很"自然"。经过综合比较分析，本书采用自然断点（Natural break）分类法可以取得比较好的效果。

（3）Moran's I 方法的效应场测定

1）数据与方法

① 空间插值原理与过程

开发强度指标为离散的点状数据分布，为了得出曲江新区的开发强度的空间分异规律，需要通过空间插值来得出开发强度指标的空间分布格局。应用较多的有反距离权重法（IDW）、临近法、趋势面法、克里金法、样条函数法等。IDW 是一种常用的空间插值方法，基于两个物体相似性随着它们之间的距离增大而减少的基本假设。将插值点与样本点间的距离作为权重进行加权平均，离插值点越近的样本赋予的权重越大，在已知点分布均匀并且存在大量样本点数据的情况下插值精度较高[243]。因此研究借助 ArcGIS10.2 的空间分析方法，采用 IDW 来量化分析曲江新区开发强度的空间分异格局。

具体分为两个步骤：首先，利用 ArcGIS 软件平台输入研究区域各地块（按照控制性详细规划划分）相关强度指标，获取各地块的质心（Centirod）和点集数据；其次，利用 ArcGIS10.2 软件的 IDW 插值功能（Spatial analysis-插值分析），形成各指标的空间分布图（图 5-26）。

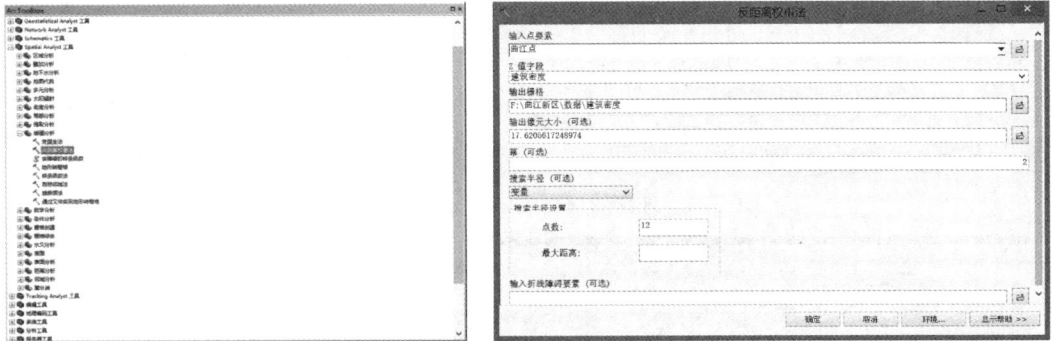

图 5-26　IDW 权重下的质心数据处理

② 空间自相关

空间自相关反映的是一个区域单元上的某种地理现象或某一属性值与邻近区域单元上同一现象或属性值的相关程度，是一种检测与量化从多个标定点中取样值变异的空间依赖性的空间统计方法。空间自相关分析包括全局空间自相关分析与局域空间自相关分析。全局空间自相关分析是对变量的观测值在整个区域的空间特征的描述，检验空间现象在整个区域上是否具有聚集效应。计算全局空间自相关的指标和方法很多，但最常用的还是 Moran's I[243]。

其计算公式如下：

$$I = \frac{n \sum_{i=1}^{n} \sum_{j=1}^{n} w_{ij} z_i z_j}{\left(\sum_{i=1}^{n} \sum_{j=1}^{n} w_{ij}\right) \sum_{i=1}^{n} z_i^2}$$

式中 z_i、z_j 为要素 x_i、x_j 与要素均值 x 的差值，w_{ij} 为空间权重；n 为所有要素的数量。

Moran's I 指数取值一般存在于 -1 与 1 之间，在显著水平下，当 Moran's I<0 时，表示存在空间负相关关系；而 Moran's I>0，表示存在空间正相关关系，开发强度指标在区域内是集中分布的；Moran's I=0，空间呈随机性[243]。为了精确得出开发强度在研究区内的聚集或者分散分布的格局，还需引入局域空间自相关分析，可以更为准确把握空间要素异质性特征。研究采用空间联系区域指标（Local Indicators of Spatial Association），即 Local Moran's I 来衡量局域空间自相关性。其公式为：

$$I = \frac{n \sum_{i=1}^{n} \sum_{j=1}^{n} w_{ij} z_i z_j}{z_i^2}$$

式中 z_i、z_j 为要素 x_i、x_j 与要素均值 x 的差值，w_{ij} 为空间权重；n 为所有要素的数量。

2）实验结果与分析

① 开发强度空间格局分析

以下为空间插值结果—各指标等级分布图（图 5-27～图 5-30）。

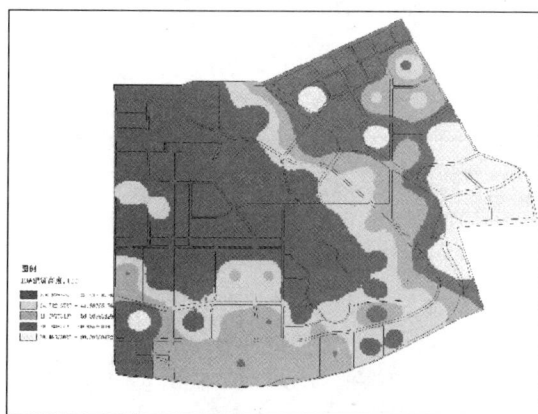

图 5-27 建筑高度等级分布图

图 5-28 建筑密度等级分布图

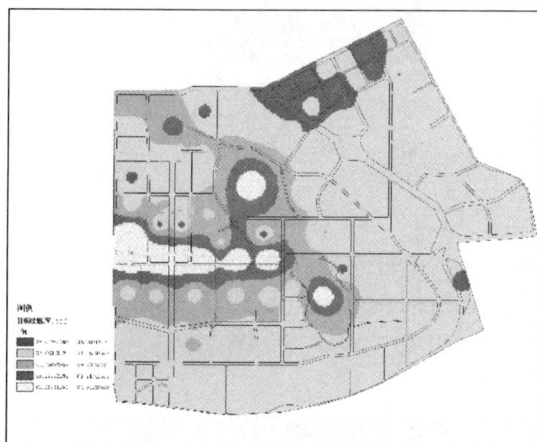

图 5-29 绿地率等级分布图

图 5-30 容积率等级分布图

从建筑高度、建筑密度和容积率三个指标来看，呈现围绕大雁塔、大唐芙蓉园、曲江池景观建筑群向周围递增的趋势。到一定距离后，特别是东北角的部分出现了异常，是因为建筑密度、建筑高度以及容积率三个指标受到城市规划的控制，出现降低的趋势。而从绿地率来看，整体趋势围绕大雁塔、大唐芙蓉园、曲江池以及左下角的公园广场向两侧递减。综合以上空间分异规律来看，也验证了前面部分的猜想。即在城市规划中，建筑密度、建筑高度、绿地率以及容积率等开发强度指标受到城市旅游景区的强烈影响（图 5-31）。

② 空间自相关结果与分析

从全局空间自相关分析来看，利用 ArcGIS 10.2 对曲江新区地块 4 个开发强度指标进行全局空间自相关分析，其中建筑高度 Moran's I 值为 0.60，Z 得分为 8.75，P 值为小于 0.001；建筑密度 Moran's I 值为 0.17，Z 得分为 2.665349，P 值为小于 0.0076；绿地

91

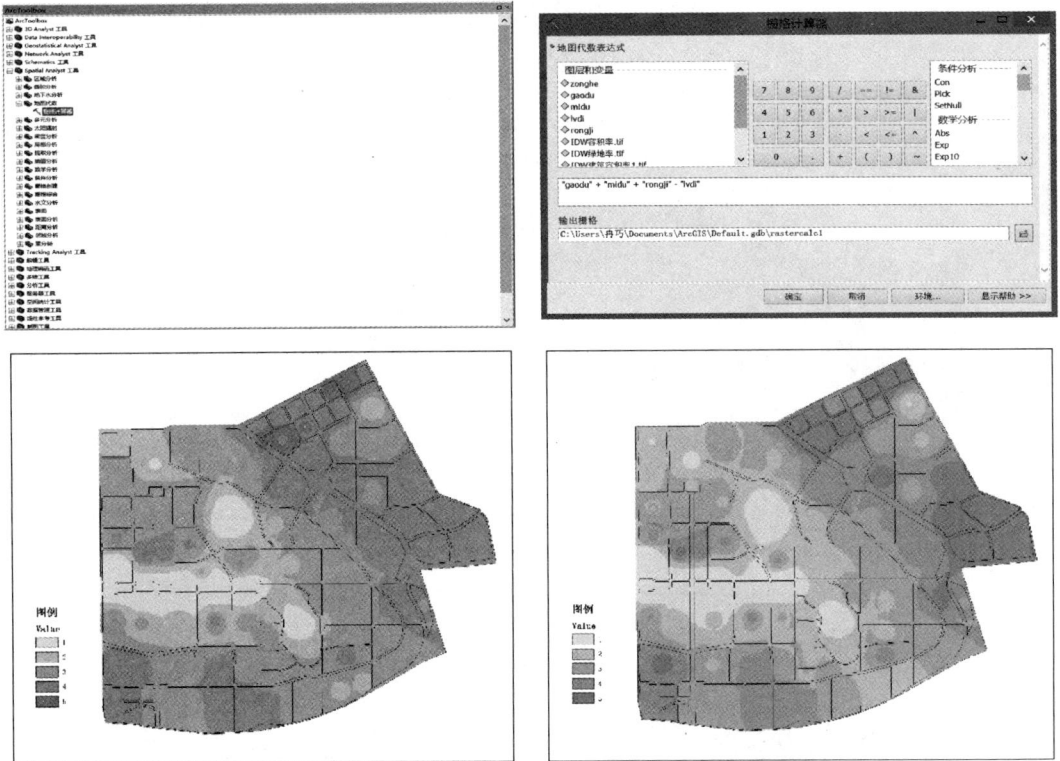

图 5-31　开发强度指标综合等级分布图（左图为按等间隔，右图为按自然间断法）

率的 Moran's I 值 为 0.3245，Z 得分为 4.9386，P 值为 小于 0.001；容积率的 Moran's I 值 为 0.2963，Z 得分为 4.4419，P 值为 小于 0.001。表明 4 个开发强度指标在空间分布上都是属于集聚的。从而验证了最初的猜想，即 4 个指标在空间上受到城市旅游景区的影响，且影响程度大小与距离旅游景区位置的远近密切相关（图 5-32～图 5-36）。

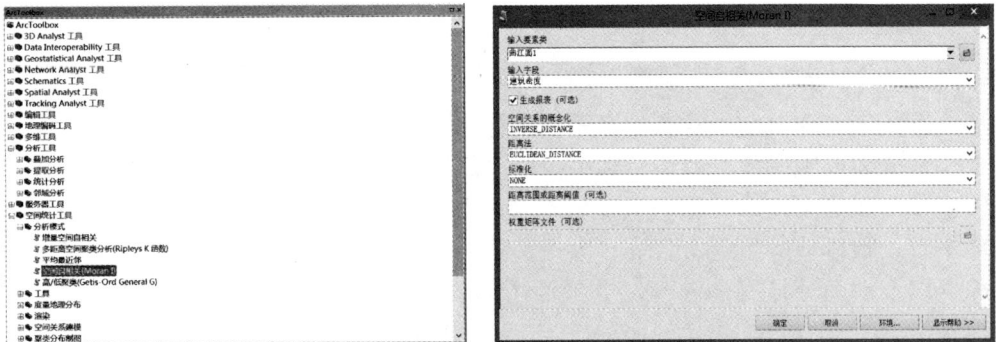

图 5-32　全局空间自相关分析过程图

③ 局域空间自相关分析

再次利用 ArcGIS 10.2 进行局域空间自相关分析（图 5-37），局域空间自相关的分析结果如图 5-38～图 5-41。

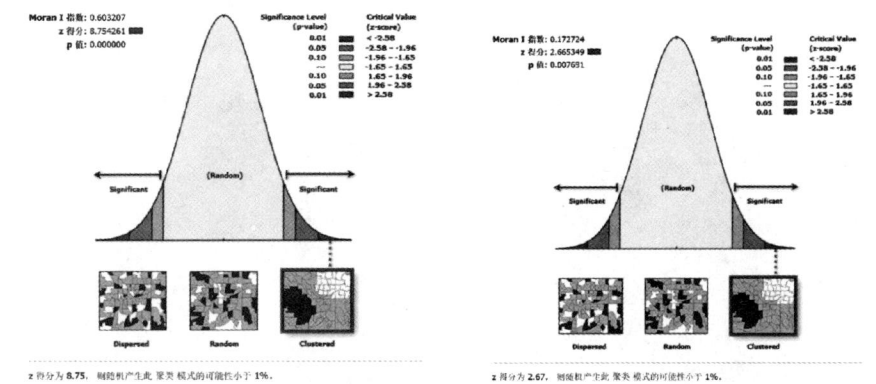

图 5-33 建筑高度自相关分析

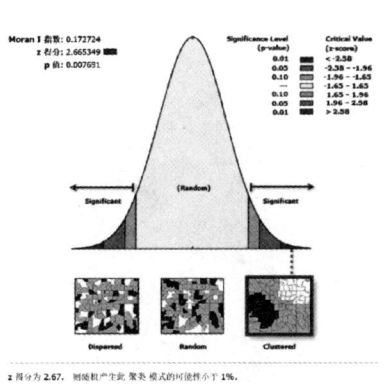

图 5-34 建筑密度自相关分析

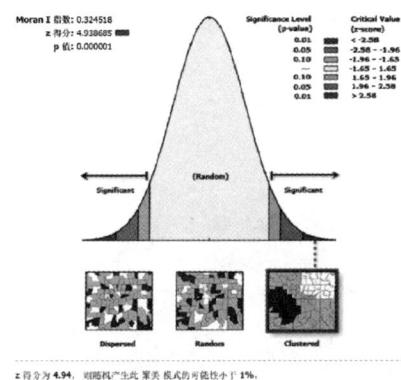

图 5-35 绿地率自相关分析

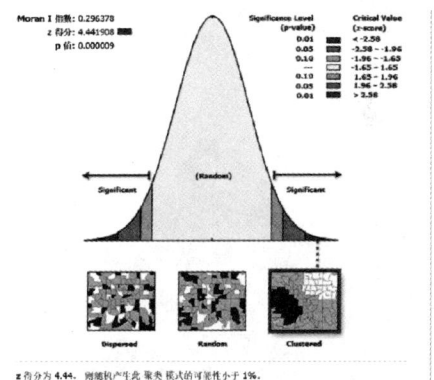

图 5-36 容积率自相关分析

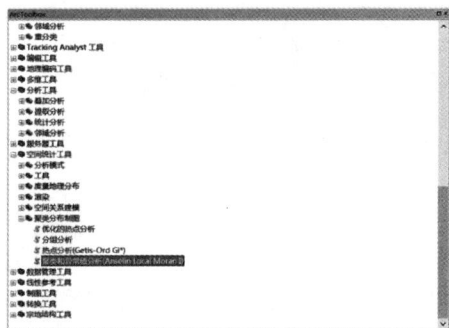

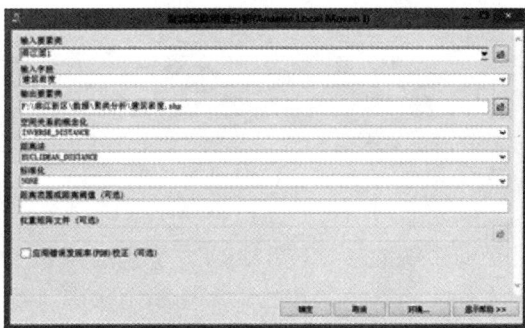

图 5-37 局域空间自相关分析过程图

从局域空间自相关分析的角度来看：建筑高度指标，在大雁塔、大唐芙蓉园以及曲江池景观群附近出现了低低聚集区，在东北角和西南角出现了高高聚集区。这是因为在景观群附近，由于受到景区整体风貌控制的影响，周围都是公园广场等低开发强度用地，因此呈现低低集聚区。而东北角和西南角由于受到景观的影响较小，且多为居住用地，所以呈现出中间高周围也高的集聚区。从建筑密度来看，在大唐芙蓉园与曲江池附近出现高低聚集区和低高聚集区，是因为在大唐芙蓉园与曲江池中间地段分布了部分商业用地而周围是低密度高端住宅区。而大雁塔旁的高高聚集区是因为中心和周围多为商业用地，即大唐不夜城等商业综合体，建筑密度都比较高。而东北角的高高聚集区是因为，东北角多为居住

图 5-38　建筑高度聚集异常分析

图 5-39　建筑密度聚集异常分析

图 5-40　绿地率聚集异常分析

图 5-41　容积率聚集异常分析

用地且受到景观的影响较小，所以呈现高高聚集区。从绿地率来看，主要高高聚集区分布在集中连片的西安植物园、唐城墙遗址公园等绿地与广场处，且高端住宅区的绿地率都较高。而曲江池及周围是低高聚集区，因为中心处的曲江池为景观用地绿地率较高，而周围的居住用地和部分商用地的绿地率较小。在东北处的低低聚集区主要是因为该区域主要为普通居住用地，绿地率较低。从容积率来看，主要的低低聚集区出现在大雁塔及南北广场区域。高高聚集区主要聚集在东部西南角的居住用地，因多为普通居住用地，所以容积率都较高。从整体趋势和反映出的细节来看，自相关分析揭示出不同区段更为细致的开发强度特征及多种组合状态，可以更精确地呈现旅游景区外部影响的多种表现。

（4）效应场范围的确定

ArcGIS核密度方法与空间自相关两种方法是不一样的，前者将属性相似的点（即指标近似）按照400m半径基准进行汇聚形成核密度分布，并依据密度不同划分为5个等级，仅按照密度数值划分而与距离并无关系。后者的方法是采用内插法，构建出更为平顺和精细的数学模型，形成地块指标与景区距离变化的数学表达。两种空间分析方法所形成的空间分布图像也直观地表达出影响范围与程度，但最终结果所形成的空间分布图像仍需导入AUTOCAD软件平台绘制出效应场范围，并依据地块受到最近距离景区影响的原则，确定影响范围及分级半径。

两种数学方法虽然不同，但都精细化地描绘出景区对周边用地的开发强度影响，呈现出随距离扩散的规律。受到景观廊道、用地建设现状、道路交通格局等多因素的影响，并没有出现完全均质的理想圈层。但经过模糊叠加处理后，理论上可以得到多级影响半径与范围（图 5-42、图 5-43）。

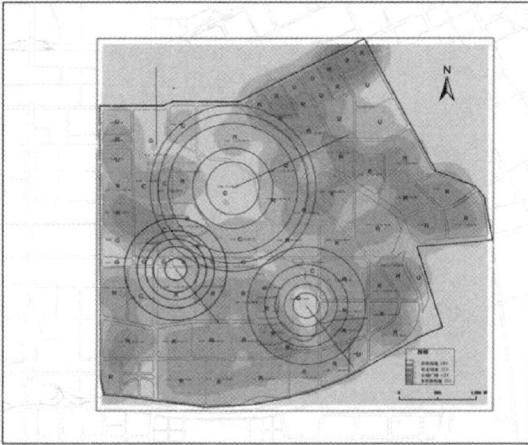

图 5-42　ArcGIS 分析方法下的核密度影响范围　　图 5-43　Moran's I 空间自相关分析影响范围

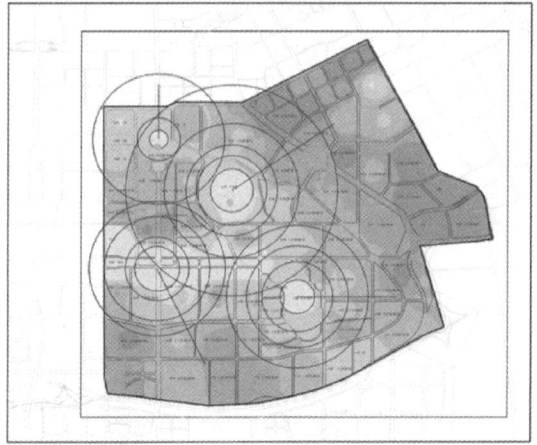

经过两种空间分析方法结果的对比，可以明显看出城市旅游景区对周边用地开发强度所造成的外部影响效应，基本呈现出相似的圈层辐射结构，影响范围在 130～1100m 的值域范围内。尽管由于城市旅游景区周边用地规模、空间形态及其内部景观建筑与视线通廊的要求各异，加之周边道路及用地类型的不同，细微空间尺度下呈现出参差不同的效应场形态。但整体分析结果进一步明确了效应场符合随距离衰减的规律特征。

综合分析，依据城市用地与景区边界的空间距离，将整个效应场划分为 4 级：一级效应场（直接影响区）；二级效应场（辐射影响区）；三级效应场（扩散影响区）；四级效应场（末梢影响区）（表 5-1）。

外部效应影响半径一览表（单位：m）　　　　　　　　　表 5-1

旅游景区	分析方法	一级	二级	三级	四级
大唐芙蓉园	G	181.5	503.2	633.7	741.4
	M	182.3	321.5	604.0	1099.7
大雁塔景区	G	158.6	—	606.5	
	M	159.1	—	—	745.3
曲江池景区	G	—	235.6	373.9	603.1
	M	—	238.7	441.3	707.4
唐城墙景区	G	156.7	254.3	363.8	526.5
	M	130.9	—	401.5	608.3

注：G 为 ArcGIS 分析方法，M 为 Moran's I 分析方法

（5）多核景区高度影响研究

基于对 ArcGIS 基础数据平台的技术支持，Esri CityEngine 软件利用二维数据快速生成三维场景模型，在对曲江新区的地块进行三维场景构建时，所利用的数据就是二维 Shape 格式的数据。在三维场景创建过程中，把 shape 格式的地块拉伸到相应的高度所用的命令为：extrude（18）拉伸；将升起的建筑按照高度进行切分用 split（z）{ 2 : r（0, 0, 0）center（xyz）X } 切分。因为要将上半部分设置成透明状，还对模型的不透明度、反射率等进行了设置。具体建模语言如下：

```
cLOT-->
    extrude(1000)
    split(y){60:ee|940:ff}
ee-->
    color("#33FF33")
ff-->
    color("#FFFFFF")
    set(material.opacity,0.1)
        set(material.specular.r,1)
        set(material.specular.g,1)
        set(material.specular.b,1)
        set(material.shininess,50)
        set(material.reflectivity,0.3)
dLOT-->
    extrude(1000)
    split(y){90:gg|910:hh}
gg-->
    color("#33FF33")
hh-->
    color("#FFFFFF")
    set(material.opacity,0.1)
        set(material.specular.r,1)
        set(material.specular.g,1)
        set(material.specular.b,1)
        set(material.shininess,50)
        set(material.reflectivity,0.3)

ddLOT-->
    extrude(1000)
    split(y){90:ggg|910:hhh}
ggg-->
    color("#FF6633")
```

```
hhh—>
    color("♯FFFFFF")
    set(material.opacity,0.1)
        set(material.specular.r,1)
        set(material.specular.g,1)
        set(material.specular.b,1)
        set(material.shininess,50)
        set(material.reflectivity,0.3)
mLOT—>
    extrude(640)
    split(y){640:yy}
yy—>
    color("♯66FF33")

    nLOT—>
    extrude(390)
    split(y){640:zz}
zz—>
    color("♯66FF33")

oLOT—>
    extrude(240)
    split(y){240:zzz}
zzz—>
    color("♯66FF33")
```

建模中为了将不同地块区别显示，将居住用地标记为黄色（♯FFFF00），商业用地标记为红色（♯FF6633），其他类型用地标记为绿色（♯33FF33）（图 5-44、图 5-45）。

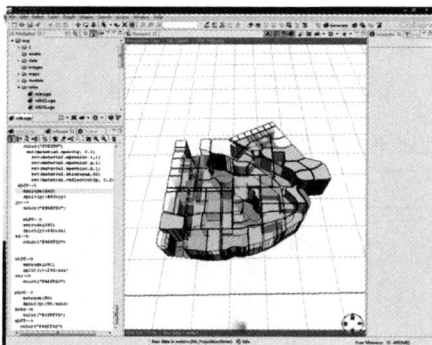

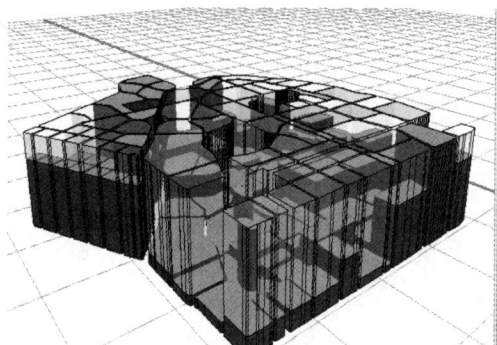

图 5-44　CityEngine 软件处理后的空间模型

图 5-45　CityEngine 软件处理与实际空间效果对比图

（6）外部影响效应的空间分异与变化特征分析（表 5-2、图 5-46、图 5-47）

不同尺度效应场范围内规划指标变化　　　　　　　　　　　表 5-2

指标	景区内部	一级	二级	三级	四级
效应范围/平均值	景区内部	0～300m 范围	300～500m 范围	500～1000m 范围	景区边界外 1000m 范围外
容积率	＜0.2	1.5	2.0	2.5	3.5
建筑密度	＜15	30	25	25	20
绿地率	75	38	38	38	38
建筑限高	9	18	45	60	100

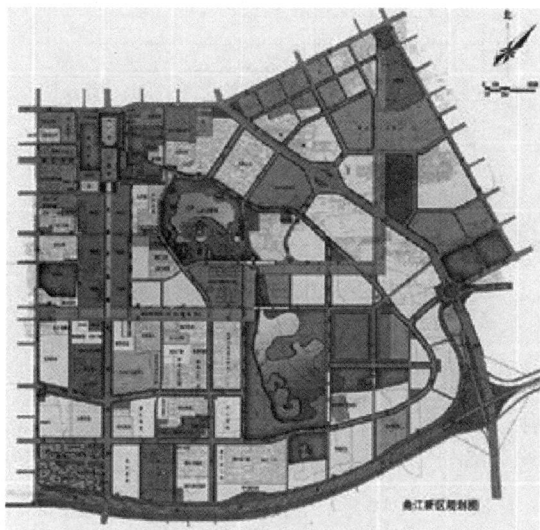

图 5-46　曲江新区规划总平面图

图 5-47　大雁塔区域空间高度分布图

　　首先按照不同的效应场范围对片区所有地块进行筛选、修正和指标统计（注：完整地块被效应场边界线分隔，则按照面积比例大小归入相应效应场内）（表 5-3）。

曲江地块开发强度数据样表（全表数据见附录 2）　　　表 5-3

序号	地块编号	效应场等级	用地性质	用地面积净 S(hm²)	建筑密度 M(%)	容积率 R	绿地率 G(%)	建筑限高 H(m)	建筑面积 (m²)
1		一级	居住						
2			商业						
3		二级							

　　按照前文所明确的效应场范围，对曲江片区旅游景区周边（100～1500m）城市用地开发强度进行统计分析，控制性详细规划的 4 个指标变化情况，呈现出一定的变化规律。理论上认为随着距离景区的距离增加，表征强度的相关指标，如容积率、建筑密度、建筑高度等将会加大，绿地率指标将降低。但现实情况并非理论想象，各项指标并不存在一致性的变化。在 150～800m 范围内，地块容积率（净地块）和建筑限高（平均）两指标随距离出现明显的增加趋势；而建筑密度和绿地率指标则基本保持稳定的数值，与距离景区边界 800m 范围以远的城市用地的指标基本相同，即并不受到旅游景区的直接影响（图 5-48）。

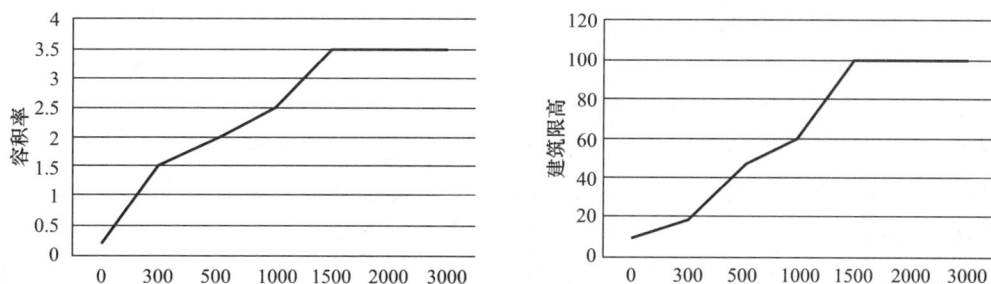

图 5-48　城市用地开发强度指标空间变化特征（一）

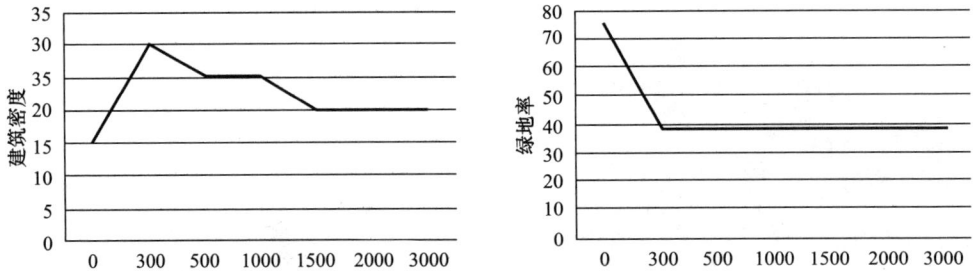

图 5-48　城市用地开发强度指标空间变化特征（二）

其重要原因是曲江片区的建设严格按照陕西省城市规划技术管理规定："城市各类建筑的建筑密度、容积率上限按表5的控制。居住区绿地率不小于30％。商业、金融、交通枢纽、市政公用设施等单位，绿地率不小于20％。机关团体、文化娱乐、体育、医疗卫生、教育、科研设计、部队等单位，绿地率不小于35％"。房地产开发商按照规划设计条件，满足相关日照间距、绿地率、停车位等的要求，建筑密度保持在20％左右。因此，现实情况是周边地块仅容积率与建筑高度两个指标出现随距离增加而增大的变化特征（表5-4）。

各类建筑密度、容积率上限指标（来源：陕西省城市规划技术管理规定）　　表 5-4

建设类型		建筑密度（%）						容积率					
		新区			旧区			新区			旧区		
		Ⅰ类气候区	Ⅱ类气候区	Ⅲ类气候区	Ⅰ类气候区	Ⅱ类气候区	Ⅲ类气候区	Ⅰ类气候区	Ⅱ类气候区	Ⅲ类气候区	Ⅰ类气候区	Ⅱ类气候区	Ⅲ类气候区
住宅建筑	低层	31	33	35	33	35	40	0.9	1.0	1.1	1.0	1.1	1.2
	多层	24	26	28	26	28	30	1.5	1.6	1.7	1.6	1.7	1.8
	中高层	23	24	25	24	25	28	1.8	1.9	2.0	1.9	2.0	2.2
	高层	20	20	20	20	20	20	3.5	3.5	3.5	3.5	3.5	3.5
办公建筑类	多层	40			50			2.5			3.0		
	高层	35			40			5.0			6.0		
商业建筑类	多层	50			60			3.5			4.0		
	高层	50			55			5.5			6.5		

Ⅰ类气候区：榆林市北部；
Ⅱ类气候区：西安、宝鸡、咸阳、铜川、渭南、杨凌、延安、榆林市南部；
Ⅲ类气候区：汉中、安康、商洛。

假设地块内所有建筑的层数相同，且对单个建筑来说各层建筑面积相等时，容积率（R）、建筑密度（C）与层数（H）之间的关系可表示为：容积率 $R = C \cdot H$，此种情况下，建筑层数与容积率成正比例关系。通过曲江实例，充分表明容积率（或建筑面积）的下降主要是由建筑限高所导致，而与建筑密度关联性不强。在保持地块建筑密度和绿地率一定的前提下，距离景区越近的地块，出于文物保护和环境风貌的考虑，规划对其容积率和建筑高度的限制越强烈，每公顷建设用地的建筑面积下降幅度随距离而减少，与效应场以外的城市用地利用强度相比，其开发强度（建设开发量）下降十分显著[4]55。

鉴于城市总体规划与控制性详细规划主要控制二维城市形态，因此即使严格遵循现行规划实施，曲江城市景区周边仍出现了许多令人遗憾的高层建筑，损害了区域整体环境风貌特色。作为二维平面规划的重要补充，城市设计作为控制性详细规划的辅助控制手段，将真正实现对城市空间的三维控制。也就是说，从环境风貌、景观视线保护的角度看，控制性详细规划中的容积率与建筑密度是无法精确塑造和维护城市三维空间形态的。因此，对于曲江片区而言，只有建筑高度才是控制开发强度的最主要因素，在建筑密度和绿地率一定的情况下，高度是影响容积率变化的最主要因素。基于景观环境保护、通视走廊、视线视域分析所确定的建筑限高导致了相关地块容积率及建筑总量的下降，造成周边开发强度降低的外部影响。

（7）用地开发强度影响程度综合测算

通过曲江案例的研究，我们更为明确，城市用地是一个三维空间，其开发利用强度的核心是单位用地上的总建筑面积，而建筑密度、建筑高度、绿地率等只是在平面和空间上的不同利用方式或形式，出于采光、卫生、景观、间距等对舒适度、合理性的考虑，采取多样的空间建设形态。因此，通过曲江案例的研究表明了建筑密度、建筑高度和绿地率共同形成了容积率指标，容积率是表征用地开发强度的最直接的指标，其他只是空间形态的表象，再考虑到省市城市规划技术标准对用地的建筑密度和绿地率的要求基本一致，则决定地块容积率最为重要的指标只剩下建筑高度这一个指标。

曲江片区内旅游景区周边用地，基本是居住用地（R）和商业服务业设施用地（B）两种类型，虽有部分教育科研用地、市政设施用地，但数量和规模都较小，考虑到此类用地的开发强度主要受到自身特性的约束，旅游景区对其影响较小，故研究剔除这类特殊用地，而主要针对居住用地和商业服务业设施用地进行影响测算（表5-5）。

城市旅游景区外部效应导致的减损用地规模 表5-5

影响用地类型	涉及的用地面积（hm²）	地块平均容积率（FAR）	规范允许最大容积率	现状实施总建筑面积（万m²）	规范可建总建筑面积（万m²）	折合减损用地面积（hm²）
居住用地R	890.51	2.01	3.5	1793.83	3116.78	378.00
商服用地B	122.80	1.85	5.5	226.61	675.40	81.60

注：曲江片区采用《陕西省城市规划技术管理规定》中的Ⅱ类气候区与新区相关指标

① 以曲江新区的居住用地为例，统计1000m效应场范围内地块面积约890.51公顷，所实施的总建筑面积为1793.8346万m²，其净地块平均容积率为2.01。若这些用地未受到旅游景区的影响，即与1000m效应场以外未受影响用地的开发强度相比，其总建筑面积的差值（890.51×3.5＝3116.78万m²），影响前后两个总建筑面积指标减少了1322.9454万m²，减少的城市立体空间量若折算为标准城市用地指标（（3.5－2.01）×890.51＝1322.9454/3.5＝378），则折合减少建设用地约378hm²。

② 对曲江片区1000m效应场范围内的商业地块进行统计，受到影响的用地规模约122.8hm²，总建筑面积226.61万m²，受到9～72m不同限高制约，净地块平均容积率约1.85。而效应场外的商业服务业设施用地平均容积率为5.5，可建设的总建筑面积为122.8×5.5＝675.4万m²。经过对比计算，目前减少了约448.8万m²商业建筑面积，折合约81.6hm²商业服务业设施用地（简称商服用地）。

③ 在1000m效应场范围内还有科研教育用地、市政设施用地、特殊用地等，其开发强度较低，主要是由于自身技术规范要求进行限高导致的，而并非受到旅游景区的影响所

致，因而本研究不予考虑。

从上表可以看出：居住用地（R）的现实容积率与允许容积率（即地块受到影响的容积率与未受影响的容积率）的比值为 2.01/3.5＝0.574，现实容积率的实效性仅为规范允许容积率的 57.4%；商服用地（B）则表现得更为强烈，现实容积率的实效性仅为（1.85/5.5＝0.336)33.6%，计算结果客观反映出城市旅游景区外部效应对周边城市用地开发强度所产生的强烈抑制作用[4]56（图 5-49）。

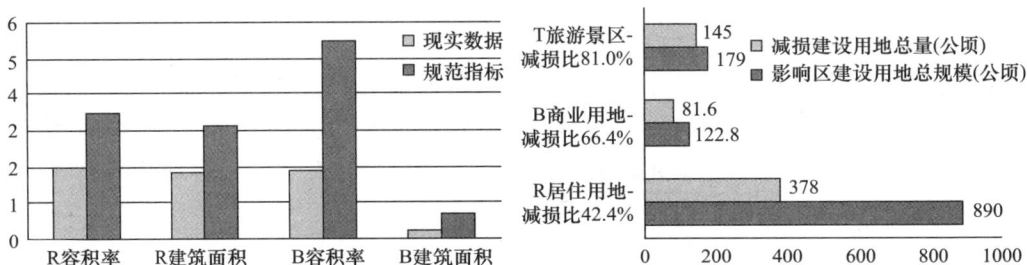

图 5-49　外部效应下的容积率和建筑面积实效比与用地规模减损程度

研究为了直观表达影响程度，创造了若干指数来准确表征减损情况：

① 现实容积率与允许容积率之间的关系可以用"容积率实效指数"表征，其计算公式如下：

$$R_s = R_r/R_p$$

其中 R_s 代表容积率实效指数，R_r 代表现实容积率，R_p 代表允许容积率

② 总建筑面积实效指数

$$M_s = M_r/M_p$$

其中 M_s 代表总建筑面积实效指数，M_r 代表现实建筑面积，M_p 代表允许建筑面积

③ 影响效应导致城市建设用地亦可使用"用地减损比指数"表达，其计算公式为：

$$S_s = L_r/L_p \times 100\%$$

其中 S_s 代表用地减损指数，L_r 代表折减的建设用地规模，L_p 代表受影响效应场用地规模

5.4.2　明城片区

（1）明城片区概况（图 5-50）

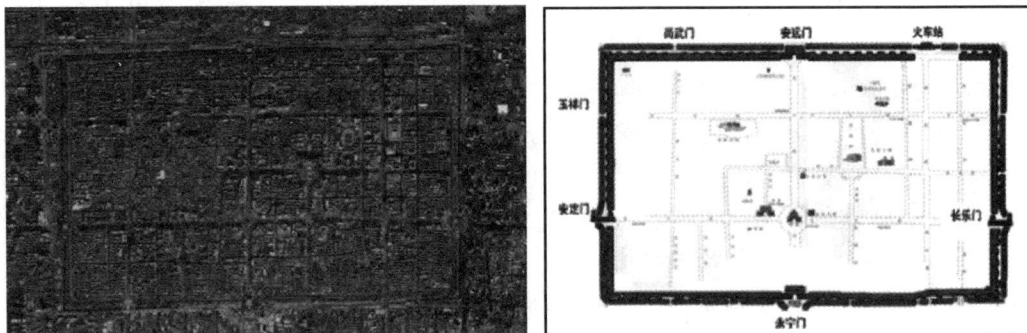

图 5-50　西安明城区卫星影像与城墙轮廓图（图片来源：百度图库）

西安市是我国首批国家级历史名城，明城墙位于城市中心区，是中国现存规模最大、保存最完整的古代城垣，国家 AAAA 级旅游景区。明城墙现状墙高 18m，顶宽12～14m，底宽15～18m，轮廓呈封闭的长方形，周长 13.74km。城墙内的古城区，面积 11.32km²。古城区内分布着众多著名旅游景点，如明城墙遗址公园、西安钟鼓楼、碑林博物馆、西安事变纪念馆、都城隍庙、回民街、德福巷、书院门、关中书院、化觉巷清真寺、董仲舒墓、革命公园等。西安市极为重视保持城墙以及古城区的历史风貌和独特景观，比较完整地维护了古城的中轴线、棋盘式道路格局，以及部分重要的历史古迹，基本保持了严整的古都风貌。尤其是在多年的城市发展和建设过程中，在明城墙的保护和古城区内建筑高度控制方面取得了一定的成就，有效控制了对历史城市空间形态的破坏。但由于处于城市快速发展的时代背景下，加之受到保护技术与方法的局限，城市规划管理水平的不足等多方面原因，导致古城区内的建筑限高和风貌控制规划屡有突破，造成了目前在重要的视线廊道上形成了众多短期内难以消除的风貌破坏现象。

（2）明城区建筑限高

西安在多年的城市规划与建设过程中，一直将历史文化名城保护作为重要任务看待，尤其是针对古城区内部的建设强度、建筑高度的控制作为保护工作的重中之重。

① 在1953-1972 年的城市规划与建设中，已把文物古迹作为城市结构重要的组成部分，继承古城传统格局，突出古城风貌特色。在《西安市城市总体规划（1980-2000）》中历史文化名城专项规划中，坚持保护与建设相结合的方针，提出"保护名城完整格局，凸显唐城宏大规模，保护周秦汉唐重大遗址"的基本原则，明确明城"一环四门，两片三线，十八点"的保护格局，这些规划措施对保护明城区整体建筑和环境风貌起到重要的作用。此版城市总体规划首次对明城区内建筑高度进行控制规划，确定了古建筑周边区域新建建筑高度不得超过古建高度的基本原则，并划定了控制区域范围和限高标准（表 5-6）。

《西安市城市总体规划 1980-2000》明城区限高规划　　　　　　　　　表 5-6

控制范围	建筑限高（m）
城墙以内 100m	≤12
东西南北四座城门内沿线	≤9
主要历史建筑周边	≤9
钟楼周边	≤36
城内其他区域	≤36
局部城市广场	布局少量塔式高层

② 在随后1986 年颁布的《西安市控制市区建筑高度的规定》中，进一步提出要充分考虑文物古迹的通视走廊与建控地带的观念，古城区内建筑高度控制采取分区梯级式的布局，且建筑物的布局、体量、高度、造型、风格必须与古城风貌及环境相协调。具体划分为从明城墙向市中心依次为平房、9m、12m、15m、18m、21m、24m、28m、36m 等 9 个级次，整体控制高度以钟楼宝顶 36m 为限（表 5-7）。

《西安市控制市区建筑高度的规定》明城区限高规划　　　　　　　　　　　表 5-7

控制范围	建筑限高（m）
钟楼东北、西南方向周边区域	≤24
钟楼东南方向周边区域	≤18
钟楼西北方向至鼓楼区域	绿地广场
鼓楼等文物点周边 70m 范围	≤9
碑林、关中书院、化觉巷清真寺、书院门、德福巷、竹笆市、湘子庙街、安居巷等沿街	≤9
革命公园、莲湖公园、儿童公园周边	从 9m 依次递升
其他保持传统风貌的区域	≤12
散点高层≤36m	少量塔式高层≤60
东大街、北大街通视走廊宽度 50m	廊道内部≤9，廊道外侧 20 米内≤12
西大街通视走廊宽度 100m	廊道内部≤9
南大街通视走廊宽度 60m	廊道内部≤9

③ 到 1995 年编制第三轮《西安市城市总体规划（1995-2020）》时，更为注重历史文化名城的保护，于 2002 年颁布了《西安历史文化名城保护规划条例》，以法律形式严格控制明城建筑高度。进一步提出"保护古城，降低密度"，具体规定：城墙内侧 20m 建筑拆除，建设绿地，100m 以内建筑高度≤9m，100m 以外应当以梯级形式过渡；城墙外侧建设环城林带，建筑高度≤6m，环城路以外的建筑高度，以 60m 距离为过渡区，从 24m、36m、50m 逐渐升高（图 5-51）。

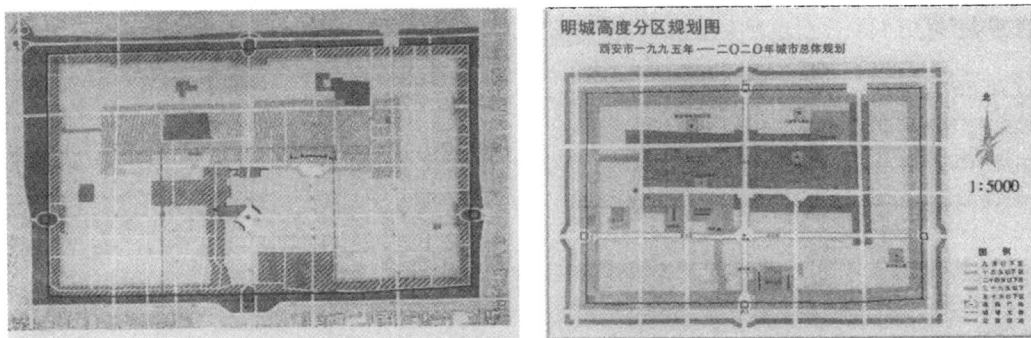

图 5-51　西安市第二轮与第三轮城市总体规划所制定的明城高度分区图

④《西安市城市总体规划（2004-2020）》中历史文化名城保护专项规划，在"九宫格局"城市空间布局模式的基础上，进一步提出在明清西安城范围内，保持原有街巷院的肌理、走向、宽度、尺度和名称，城市建设应考虑历史街巷格局的延续和发展。同时确定了"钟楼、鼓楼、城墙、城门、碑林、大清真寺、城隍庙等重要文物建筑"为明清西安城市历史文化地标，必须保证在城市主要空间可以看到，并控制周边建筑性质、体量和高度等要素，保持历史文化地标持续发挥作用。

⑤《西安市城市总体规划（2008-2020）》中提出：以历史文化名城整体保护为核心，加快明城功能的调整，明城内将以商贸业和旅游业为主导产业，行政办公单位逐步外迁。进一步疏解明城建筑密度、人口密度，逐步恢复古城风貌。在 2005 年西安市政府提出皇城复兴计划，编制的《西安唐皇城复兴规划》以及 2016 年的《西安市城市总体规划（2008-2020）修改》中，又对明城重要区域提出更为严格和准确的高度控制规划（图 5-52）。

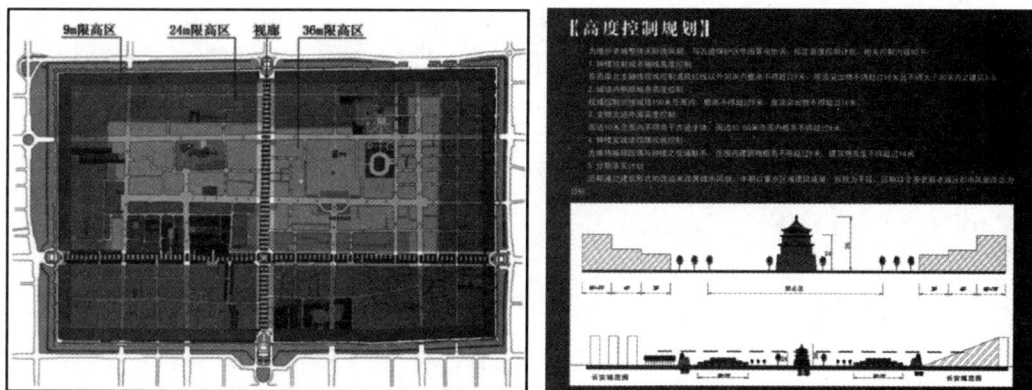

图 5-52　西安市第四轮总体规划及相关规划所制定的明城高度控制要求

　　总而言之，西安城市发展对于明城区的保护基本形成了"点（历史建筑）-线（街巷）-面（街区）"；从"平面（格局）到立体（高度）"；从"内（古城区内部）到外（古城周边环境）"的全方位保护体系。其中对于古城内的建筑控高，一直试图达到在古城内部以钟楼为区域制高点，基本保持四条视线通廊的贯穿；而从环城路上观赏古城，基本看不到现代高层建筑的景观风貌控制目标。

　　（3）影响范围与建筑高度分区

　　综合上述法律法规和相关规划内容，划分出现有的明城区建筑高度分区[244-247]（图 5-53）。

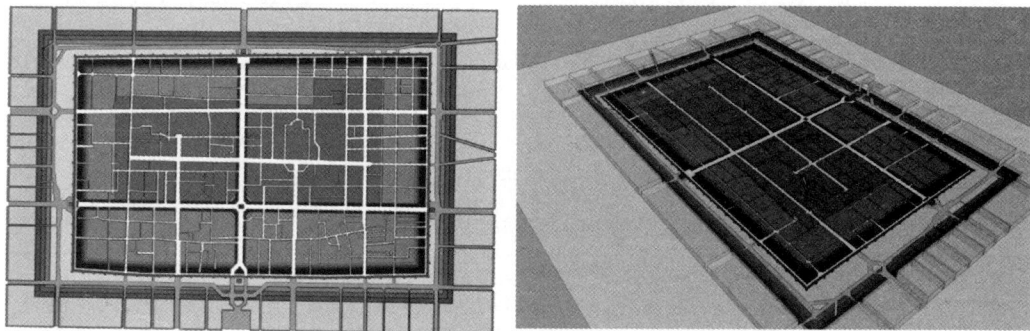

图 5-53　明城区高度分区图及三维视图

　　（4）测算与结果

　　依据《陕西省城市规划技术管理条例》（陕建发［2008］73 号）进行计算❶。

　　［见表 6.4 注：①低层建筑：指建筑高度 10m 以下（含 10m）的建筑；低层住宅建筑为一层至三层的住宅建筑；②多层建筑：指建筑高度超过 10m 以上、24m 以下（含 24m）的建筑；多层住宅建筑为四层至六层的住宅建筑；③中高层住宅建筑：为七层至九层的住宅建筑；④高层建筑：指建筑高度超过 24m 以上的建筑；高层住宅建筑为十层以上（含十层）的住宅建筑。］

　　❶　注：因为省标 2008 是下发执行多年全省统一，而市标 2015 年仅为试行，尚不具有法律效力及缺乏与其他城市比较的适用性，因此采用省标较适用。鉴于上一案例曲江片区采用的也是省标进行规划建设，其测算也使用省标，因此为了统一研究标准，采用省标为宜。

依照相关规划资料计算，整体影响范围约为 2043.37hm² 用地，其中包括明城墙及其护城河、钟鼓楼等内部景区约 331.13hm²（限高6m以下区域），因此实际影响的地块规模为 1712.24hm²，各限高区域面积相应指标如表5-8～表5-10。

旅游景区周边建筑限高影响下的开发建设总规模　　　表5-8

限高标准 BHR（m）	影响区规模 （hm²）	建筑层数（层）	用地类型	规范建筑 密度 BD	建筑面积Ⅱ （受限）（万 m²）
≤50	55	≤16	R 62%	20%	109.12
			B 19%	55%	91.96
≤36	610	≤12	R 62%	20%	907.68
			B19%	55%	764.94
≤24	682	≤8	R 62%	25%	845.68
			B 19%	60%	621.98
≤21	28.51	≤7	R 62%	25%	30.93
			B 19%	60%	22.75
≤18	28.78	≤6	R 62%	28%	29.98
			B 19%	60%	19.69
≤15	29.08	≤5	R 62%	28%	25.24
			B 19%	60%	16.58
≤12	75.46	≤4	R 62%	28%	52.40
			B 19%	60%	34.41
≤9	203.41	≤3	R 62%	35%	132.42
			B 19%	60%	69.57

注　①计算考虑居住用地R与商业服务业设施B两类主要受影响用地，其他用地包括道路广场、行政办公、工业用地、仓储等众多用地类型影响较小，此处不予纳入测算。
　　②BHR：建筑限高（Building Height restrictions）；BD：是建筑密度（Building density）；FAR：容积率。
　　③参考《西安明城区城市肌理初探，郑伟》、《西安明城区居住建筑尺度研究，冯真华》和《西安市城市总体规划 2008》现状统计，明城片区居住用地约占62%，商服用地约19%。

城市用地未受到旅游景区外部影响下的开发建设总规模　　　表5-9

影响区规模 （hm²）	用地类型	规范建筑 密度 BD	规范容积 率 FAR	建筑面积Ⅰ （允许上限）	建筑面积 Ⅲ（允许上限）
1712.24	R 62%	20%	3.5	3715.56	7006.49
	B 19%	55%	6.5	2114.62	5904.66

注　①指标选取《陕西省城市规划技术管理规定》中的Ⅱ类气候区与旧区类型；
　　②居住用地（R）与商业服务业设施用地（B）建筑密度采用陕西省城市规划技术管理规定计算；
　　③考虑到目前西安住宅楼大多数为高层住宅；而公共建筑及综合性建筑总高度超过24m者为高层。

城市用地外部影响前后的开发建设规模变化　　　表5-10

用地类型	用地规模 （hm²）	允许建筑面积 上限Ⅰ（万 m²）	限制建筑面积 上限Ⅱ（万 m²）	减损规划建筑 面积（万 m²）	减损用地 规模（hm²）
居住用地 R	1061.59	3715.56	2133.45	1582.11	452.03
商服用地 B	325.33	2114.62	1641.88	472.74	72.73
总用地	1712.24	7782.13	5052.66	2729.47	524.76

注：居住用地减损建筑面积按照容积率上限3.5折算用地规模；商服用地减损建筑面积按照容积率上限6.5折算用地规模。明城区为城市旧区与曲江新区 FAR 值5.5不同。

依据（Ⅰ）和（Ⅲ）两种计算方法，是未考虑旅游景区影响下的普通用地开发强度值，应取较低的值作为最大允许的建筑面积；（Ⅱ）方法为考虑旅游景区影响而执行特殊限高后的开发建设总量：

（Ⅰ）建筑面积＝用地面积×容积率上限（规范容积率）

（Ⅱ）建筑面积＝用地面积×建筑密度上限×平均层数上限（规划限高）

（Ⅲ）建筑面积＝用地面积×建筑密度上限×33层（规范100m限高）

西安明城区的特殊之处在于：历史古都、遗址丰富、旅游景区众多等，必须采用"全域控制"和"建筑限高"的规划政策。具体到明城区，首先对整个明城区地域高度控制全覆盖；第二，城区中心区域所有建筑高度不得超过钟楼36m；第三，城墙两侧区域内所有建筑不得超过城墙高度18m；第四，保持所有视线通廊的宽度和高度限制；第四，维护古城城市街巷的尺度与肌理；第五，明城墙建筑物风格的严格控制。其中与城市建设用地强度直接相关的包括前4条，对于维护古都风貌，达到较为理想的状态发挥重要作用。

若按照理想规划目标，即疏解明城区居住人口，降低地块开发强度，形成文化旅游功能区。其容积率限制在1.5以内，以旧城低层35％的建筑密度测算，35％×H≤1.5，则H≤4层左右，将可能真正形成以钟鼓楼36m制高点的传统古城风貌。与明清传统建筑高度基本一致，局部可以按照限高控制，对于超过6层的建筑则必须为仿古建筑风格，才能保持古城区整体风貌的一致与协调。

5.4.3　大明宫片区

（1）大明宫片区概况

大明宫遗址公园地处西安城北部的龙首原，是唐长安城"三大内"（太极宫、大明宫、兴庆宫）宫殿建筑群遗址，宫墙遗址周长为7.6km，占地规模约3.2km²。大明宫遗址是首批国家重点文物保护单位，国际古遗址理事会确定的具有世界意义的重大遗址保护工程，是"丝绸之路：长安—天山廊道的路网"世界文化遗产的重要组成部分（图5-54）。

图5-54　西安唐大明宫遗址现状（图片来源：百度图库）

（2）影响范围与建筑高度分区

大明宫国家遗址公园3.2km²，周边划定的建设控制地带为：东以太华南路以东两个街区的城市规划道路中心线为界，南以环城北路中心线为界，北以玄武路中心线为界，西以建强路外扩一个街区的城市规划道路中心线为界。整体影响区域面积约574.57hm²，受到影响的周边城市用地254.57hm²。同时将缓冲区划分为12m、24m、36m、45m高度控制片区，对遗址公园周边区域进行整体高度的控制。经过初步调查，遗址景区周边地块的用地性质75％为居住用地，14％为商服用地，11％为其他用地类型（图5-55、表5-11）。

图 5-55　大明宫区域高度控制三维视图

大明宫区域地块性质、规模与限高一览表　　　　　　　　　表 5-11

用地规模（hm²）	遗址景区（hm²）	周边道路（灰色）	12m 限高区（黄色）	24m 限高区（灰蓝）	36m 限高区（紫色）	45m 限高区（深蓝）
574.57	320	44.57	2.43	132.4	72.8	2.37
R/B/T	—	T	T	75%/14%/11%		T

（3）测算与结果（表 5-12～表 5-14）

旅游景区周边建筑限高影响下的开发建设总规模　　　　　表 5-12

限高标准 BHR（m）	影响区规模（hm²）	建筑层数（层）	用地类型	规范建筑密度 BD	建筑面积Ⅱ（受限）（万 m²）
≤36	72.80	≤12	R75%	20%	131.04
			B14%	55%	67.27
≤24	132.40	≤8	R75%	25%	198.60
			B14%	55%	81.56

城市用地未受到旅游景区外部影响下的开发建设总规模　　　表 5-13

影响区规模（hm²）	用地类型	规范建筑密度	规范容积率 FAR	建筑面积Ⅰ（允许上限）（万 m²）	建筑面积Ⅲ（允许上限）（万 m²）
205.20	R75%	20%	3.5	538.65	1015.74
	B14%	55%	6.5	186.73	521.41

城市用地外部影响前后的开发建设规模变化　　　　　　　表 5-14

用地类型	用地规模（hm²）	允许建筑面积上限Ⅰ（万 m²）	限制建筑面积上限Ⅱ（万 m²）	减损规划建筑面积（万 m²）	减损用地规模（hm²）
居住用地	153.90	538.65	329.64	209.01	59.72
商服用地	28.73	186.73	148.83	37.90	5.83
总用地	182.63	725.38	478.47	246.91	65.55

　　注：居住用地减损建筑面积按照容积率上限 3.5 折算用地规模；商服用地减损建筑面积按照容积率上限 6.5 折算用地规模。

108

5.4.4 汉城片区

（1）汉城片区概况

汉长安城遗址是我国目前保存较为完整、规模最大的古代都城遗址，其城垣内面积 36km²，加上建章宫等遗址，遗址保护区面积达到 65km²，是国家重点文物保护单位，是"丝绸之路：长安—天山廊道的路网"世界文化遗产的重要组成部分（图 5-56）。

图 5-56 西安汉长安城遗址现状（图片来源：百度图库）

（2）影响范围与建筑高度分区

根据国家文物局、陕西省政府批准的《汉长安城遗址保护总体规划（2009-2025）》、《汉长安城遗址环城景观带建设规划》，除遗址核心保护区以外，在遗址外围建设包括民俗文化展示区、文化遗址展示区、旅游接待服务区等综合功能的环城景观旅游带。

依据相关规划划定的建设控制区域（缓冲区）范围为：（1）西界：北起西三环路西缘，向西转至丰产路北缘，至建章路西缘向南转折，沿建章宫北、西、南三面的宫墙外扩 100m 边界向东至建章路，再由建章路西缘向南至三桥路南缘；（2）南界：西沿三桥路南缘向东至与阿房路的交点，再向东延伸，沿礼制建筑区遗存的西、南、东边界外扩 100m，向北延伸至大兴路南缘，再折向东与西二环东缘相接；（3）东界：南西二环东缘向北延伸至朱宏路，沿朱宏路东缘向北与 G5 京昆高速路（绕城高速）相接；（4）北界：G5 京昆高速路（绕城高速）北缘。

缓冲区高度控制分区：（1）一类地块内，建筑最高点不得超过地面 6～12m（用地边缘为 6m，用地中心为 12m），面积 625hm²；（2）二类地块内已有建筑不允许扩建和改建，该地块内建筑到达使用期限后予以拆除，面积为 1242.1hm²；（3）三类地块为限制建设区，共包括 4 处地块，地块编号为 HCⅢ-1～HCⅢ-4；按照《保护总规》第 45 条管理规定，建筑物的最高点不得超过地面 12m，面积 881.3hm²；（4）四类地块为限制建设区，包括 6 处地块，地块编号为 HCⅣ-1～HCⅣ-6。其中，与三类地块紧邻的 HCⅣ-1、HCⅣ-2 和 HCⅣ-3 地块建筑物最高点不得超过地面 24m，面积 160.9hm²；HCⅣ-2 南侧的 HCⅣ-5 地块建筑物最高点不得超过地面 36m，面积 49.3hm²；HCⅣ-1 西侧的 HCⅣ-4 地块和 HCⅣ-5 南侧的 HCⅣ-6 地块建筑物最高点不得超过地面 60m，面积 63.7hm²（图 5-57）。

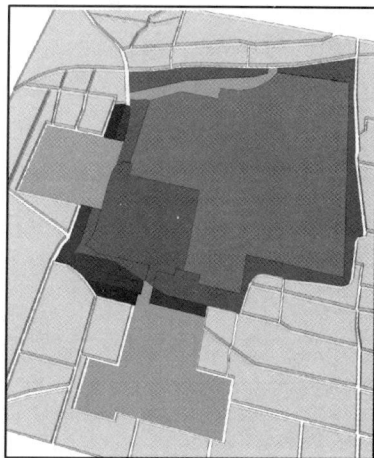

图 5-57 汉长安城区域高度控制三维视图

（3）测算与结果（表5-15～表5-17）

旅游景区周边建筑限高影响下的开发建设总规模 表5-15

限高标准BHR（m）	影响区规模（hm²）	建筑层数（层）	用地类型	规范建筑密度（BD）	建筑面积Ⅱ（受限）（万m²）
≤60	63.7	20	R	20%	254.80
≤36	49.3	12	R	20%	118.32
≤24	160.9	8	R	25%	321.80
≤12	881.3	4	R	28%	987.06

注：一类和二类地块为未央宫、建章宫及礼制建筑遗址。

城市用地未受到旅游景区外部影响下的开发建设总规模 表5-16

影响区规模（hm²）	用地类型	规范建筑密度BD	规范容积率FAR	建筑面积Ⅰ（允许上限）（万m²）	建筑面积Ⅲ（允许上限）（万m²）
1155.20	R	20%	3.5	4043.20	7624.32

城市用地外部影响前后的开发建设规模变化 表5-17

用地类型	用地规模	允许建筑面积上限Ⅰ（万m²）	限制建筑面积上限Ⅱ（万m²）	减损规划建筑面积（万m²）	减损用地规模（hm²）
居住用地	1155.20	4043.20	1681.98	2361.22	674.63

注：居住用地减损建筑面积按照容积率上限3.5折算用地规模。

5.4.5 阿房宫片区

（1）阿房宫片区概况

阿房宫遗址是国家首批重点文物保护单位，与西周丰镐遗址、汉长安城遗址、唐大明宫遗址并称古都西安的四大遗址，是构成西安历史文化名城不可或缺的重要组成部分和文化地标。阿房宫国家遗址公园规划面积约2.3km²，是以阿房宫遗址为核心，呈现秦文化主题的国家级遗址公园。

2012年，国务院公布的《阿房宫遗址保护规划》，以阿房宫前殿遗址为核心，包括上林苑遗址及其周边环境，遗址保护范围为：东以西三环路为界，西以西安绕城高速路为界，南以昆明路南侧10m为界，北以九道渠为界，总面积约1514.33hm²。其中文物保护范围228.65hm²，建设控制地带分为2个层次，一类建设控制地带，面积283.9hm²，二类建设控制地带323.08hm²，总计606.98hm²，环境协调区面积约678.7hm²（表5-18）。

阿房宫区域建筑控制区域与标准一览表 表5-18

保护区划	建设控制目标	范围面积（hm²）	建筑限高（m）	容积率限制
文物遗址保护	遗址本体保护	228.65	0	0
一类建设控制地带	保护历史环境	283.9	8	1.5
二类建设控制地带		323.08	18	1.5
环境协调区	周边风貌协调	678.7	无	2.0～2.5

保护规划对各级保护区划的城市建设提出相应的要求，明确规定一类建设控制地带内的建筑高度控制在8m以内，二类建设控制地带内建筑高度控制在18m以内，并对建筑物的造型、体量、风格、色彩等提出要求，强调与遗址历史环境风貌的协调。

（2）影响范围与建筑高度分区（图5-58）

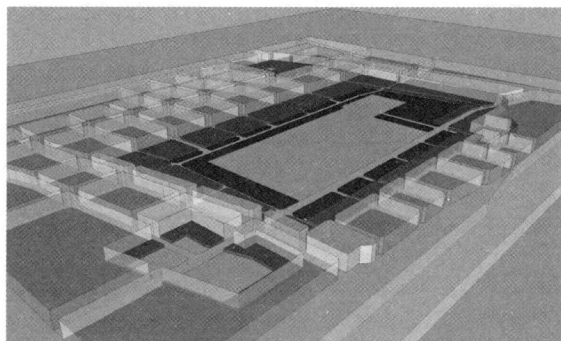

图5-58　阿房宫区域高度控制分区三维视图

（3）测算与结果（表5-19～表5-21）

旅游景区周边建筑限高影响下的开发建设总规模　　表5-19

限高标准 BHR（m）	影响区规模 （hm²）	建筑层数（层）	用地类型	规范建筑密度（BD）	建筑面积Ⅱ（受限）（万 m²）
≤18	323.08	6	R	28%	542.77
≤8	283.90	2	R	35%	198.73

城市用地未受到旅游景区外部影响下的开发建设总规模　　表5-20

影响区规模 （hm²）	用地类型	规范建筑密度 BD	规范容积率 FAR	建筑面积Ⅰ（允许上限）（万 m²）	建筑面积Ⅲ（允许上限）（万 m²）
606.98	R	20%	3.5	2124.43	4006.07

城市用地外部影响前后的开发建设规模变化　　表5-21

用地类型	用地规模 （hm²）	允许建筑面积上限Ⅰ（万 m²）	限制建筑面积上限Ⅱ（万 m²）	减损规划建筑面积（万 m²）	减损用地规模（hm²）
居住用地	606.98	2124.43	741.50	1382.93	395.12

注：居住用地减损建筑面积按照容积率上限3.5折算用地规模。

5.5　基于西安案例的用地综合影响测算

结合以上内容，利用求和公式，计算出城市建设用地范围内所有旅游景区用地面积，旅游服务设施用地面积再加上所有景区的外部效应所致的减损面积，换算成为建设用地指标，可以较为客观和准确地表达建设用地指标的影响状况。计算公式如下：

$$F = \sum_{i=1}^{n} k_j + \sum_{i=1}^{n} m_j + \sum_{i=1}^{n} p_j$$

F 为城市建设用地综合影响程度，单位公顷；k_j 为第 j 个城市旅游景区用地面积；m_j 为第 j 个城市旅游服务设施用地面积；p_j 为第 j 个旅游景区外部效应导致的减损面积。

（1）西安中心城区内旅游景区用地总面积（k_j）：

城市旅游景区占地面积为 7683hm²

（2）西安中心城区内旅游服务用地总面积（m_j）：

城市旅游服务用地为 2277hm²

（3）西安中心城区内重要旅游景区周边用地开发减损用地面积（p_j）（见表 5-22）。

西安中心城区减损建设用地总规模 　　　　　　　　　　　　　表 5-22

城市片区	减损建设用地规模（hm²）
曲江片区	459.60
明城片区	524.76
大明宫片区	65.55
汉城片区	674.63
阿房宫片区	395.12
总规模	2119.66

注：①上表折损计算仅针对居住和商业两种用地类型，并未计入其他多种用地类型，若考虑计入则理论上该减损数值将会更大；②上表折损计算仅针对西安中心城区内规模较大的旅游景区，并未包括所有旅游景区，若考虑车内则理论上该减损数值将会更大。

通过对 k_j、m_j、p_j 三项数值的叠加计算显示，西安市中心城区为城市旅游产业发展所付出的城市建设用地约 121 平方公里，占西安市 2014 年中心城区建设用地规模（420km²）的 28.8％；占 2020 年中心城区规划建设用地（490km²）的 24.7％（表 5-23）。其比例之高，影响之大，显而易见。西安作为重要的旅游城市，担负着面向城市以外旅游者提供相应服务的重要职能，反映在建设用地规模上，即城市提供了超出自身居民游憩需求的大量建设用地指标。换言之，旅游城市建设用地所具有的外向服务职能特征远远超过一般普通城市，一方面导致了城市土地资源较为紧张，需要进一步扩张；另一方面对现有的建设用地存量必须提高利用效率或开发强度，以满足城市内向型和外向型职能的正常发挥。因此，为了保持科学合理的居民与游客的生活与旅游需求，保持城市自身运行的有序平衡，有必要对城市旅游用地在城市规划用地规划层面进行更为科学合理的安排统筹与管理制度建设。

西安城市旅游用地规模占比关系 　　　　　　　　　　　　　表 5-23

城市旅游用地类型	占建设用地比重（按 420km²）
城市旅游景区用地 7683hm²	18.29％
城市旅游服务用地 2277hm²	5.42％
外部性减损用地规划 2120hm²	5.05％
总计 121km²	28.76％

5.6　本章小结

本章基于外部性理论，运用"ArcGIS"与"Moran's I"空间分析方法，构建用地开发强度影响模型，选择典型样本进一步研究城市旅游用地对建设用地开发强度的外部性影响，对西安市内重要的 5 个城市片区：曲江片区、明城片区、大明宫片区、汉城片区、阿房宫片区等进行了细致深入的量化测算。结果表明：①城市旅游景区对周边建设用地的影响效应场呈圈层结构特征；②对景区周边用地建筑高度的控制是影响用地开发强度最核心的因素；③西安城市旅游景区用地所形成的外部影响，折合为建设用地约 $21.2km^2$，占中心城区现状建设用地总规模的5%左右。

综上所述，充分考虑城市旅游景区占用面积、旅游服务设施占地规模，以及景区周边建设减损量三方面，则西安为旅游产业发展提供了约 $121km^2$ 的建设用地指标。研究的重要结论：①城市旅游用地已成为现代城市用地结构中重要的组成部分；②城市旅游景区对周边用地利用开发强度影响较大，不容忽视。测算的结果对于合理确定城市建设用地规模与人均指标提供了较为精确的科学依据。

6 城市旅游景区外部性发生机理与空间模式研究

6.1 城市旅游景区空间外部性的产生

客观世界中的事物都是相互联系、相互影响的，没有任何一种事物能够脱离环境而孤立存在，正是由于事物之间的普遍联系，产生了所谓外部性（Externality），即个人或群体的行动和决策使他人利益受损或受益的情况。研究借用经济学领域的"外部性理论"，针对城市旅游景区空间外部性问题而言，可以更为清晰地揭示问题的关键，即"任何一块城市用地的开发强度不仅取决于自身的一系列建设需求与要求，而且还取决于周边相毗邻用地的相关特性与影响"[248]。

"地理学第一定律：任何东西与别的东西之间都是相关的，但近处的东西比远处的东西相关性更强"（Tobler，1970）。从空间相关性的角度看，任何一块城市土地均位于一定的地理单元内，其存在的特定现象与周围其他现象存在某种联系，并随距离的不同而产生或强或弱的相互影响。因此，城市用地是一种外部性较为典型的资源，尤其是城市中的特殊用地，如城市景区、文物古迹、公园绿地、教育医疗等，具有更为明显的外部性。城市旅游景区地处城市内部，并且与其周边一定区域内的环境在空间、交通、设施，以及历史、文化、社会等方面存在千丝万缕的联系，也就必将产生一定的外部影响。这种空间外部性根据受损和受益的不同情况，分为正外部性（Positive Externality）和负外部性（Negative Externality）两类。正外部性，如：对周边居民带来更多的公共福利、环境品质的提升、额外的房地产升值、商业经营活动繁荣等正面影响。而负外部性则是由于土地利用类型与方式导致相邻地块土地权益受限，造成土地利用效率的下降。如：导致周边土地不合理分隔或形态的不规整，或对毗邻用地在利用性质、利用方式与形态、开发强度、建设投入成本、运营业态选择等方面有一定程度的限制与制约等[176-177][249-250]。

具体到本书所研究的城市旅游景区，城市旅游景区所产生的空间外部性会对周边城市土地资源配置产生正负空间外部性影响：①正外部性，通常会使周边用地的经济活跃度、土地资产价值、生态与景观环境、服务设施配套等发展水平高于其他一般性用地；②负外部性，通常会使周边城市用地的开发方式、强度等受到一定的限制和制约，对区域城市建设用地资源的利用效率和总量平衡带来一定程度的负面影响。但若仅从城市用地开发总量的角度看，旅游景区其特殊用途则直接导致了对周边城市区域用地的开发建设强度的抑制影响。因此，基于城市土地利用效率的价值评判，这种影响应视作一种典型的空间外部负效应。正外部性对城市发展来说是一个双赢的情况，但负外部性则带来土地资源利用上的不经济，应制定相应的规划政策进行利益调节与平衡，以减少或消除相关利益受损的情况发生。

通过以上对城市旅游景区正负外部性的分析，可以看出城市旅游景区所产生的外部性导致两种相反的影响：一方面，由于旅游景区是城市中重要的公共空间，历史文化氛围浓郁，环境优美，服务设施完善，因此表现为距离旅游景区越近，城市用地开发强度越高，或者说高强度开发的意愿越强烈；但另一方面，城市旅游景区由于自身文物保护和环境维护的特殊要求，使得距离景区越近的城市土地开发越受到强烈的开发抑制。最终在相吸又相斥的综合作用力下，逐渐形成一个各利益攸关方都认可的影响范围边界，达到现实层面的平衡状态（图6-1）。

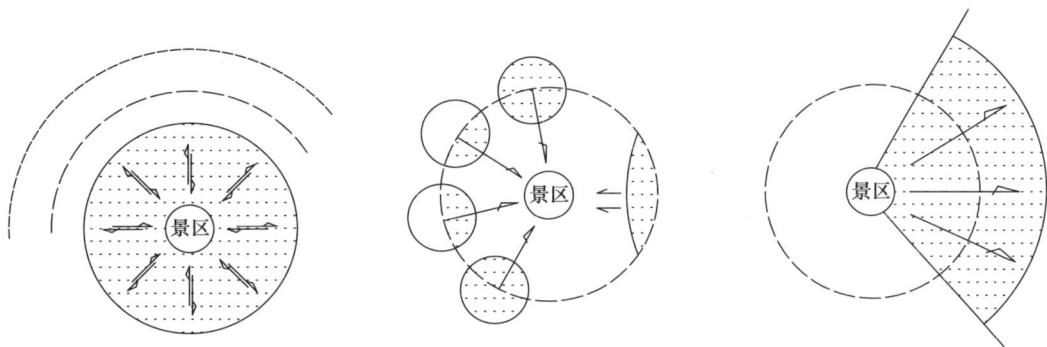

图 6-1　相斥和相吸作用力所形成的平衡态示意

6.2　用地开发强度视角下外部性影响因素分析

城市旅游景区作为城市特色空间建设的重要内容，不但是城市的绿色开敞空间、公共游憩空间、文化传承空间，也是城市形象和城市精神传承的物质空间载体，同城市其他建设用地类型相比，具有极高的文化属性和异质性特征。西安案例的研究结果，充分说明了城市旅游景区空间外部效应现象的客观存在，必然对城市用地规划布局与建设用地开发造成一定的影响。因此，进一步从城市用地强度的角度去探究，城市旅游景区其外部空间效应的主要影响因素有哪些？

6.2.1　影响用地开发强度的因素

第5章西安中心城区多个旅游景点区域的GIS视域分析与计算表明，城市旅游景区影响周边区域建设强度是较为明显的。理论上，影响一个地段开发强度的因素是非常多样和复杂的（图6-2），其城市控制性详细规划所制定的相关控规指标，需要考虑周边城市区域的"用地与人口因素"、"道路容量因素"、"城市公共服务配套因素"、"生态环境保护因素"等多种因素。

6.2.2　核心因素分析

从西安的案例，结合北京、桂林、丽江等旅游城市的建设规划实践，研究认为城市景区对周边用地开发强度所产生的负外部性影响，主要是基于历史文化保护与景观环境风貌两个方面的考量导致的，并且其因素构成较为刚性和稳定，一般不易随着城市发展及社会经济状况的变化而产生较大的变化。

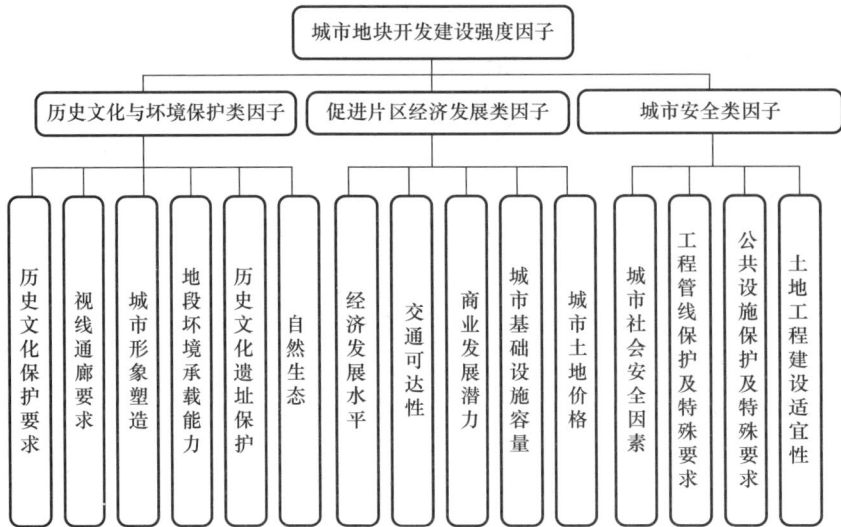

图 6-2　城市用地开发强度影响因素[251]

　　现行的城市总体规划、详细规划是否可以有效管控城市旅游景区周边用地的开发方式与强度呢？首先，《城市规划基本术语标准》GB/T 50280—98 中对城市总体规划（Master Plan，Comprehensive Planning）的定义为"对一定时期内城市性质、发展目标、发展规模、土地利用、空间布局以及各项建设和综合部署和实施措施"。其次，控制性详细规划（Regulatory Plan）的阐述是"以城市总体规划或分区规划为依据，确定建设地区的土地使用性质和使用强度的控制指标、道路和工程管线控制性位置以及空间环境控制的规划要求"。2006 年公布的《城市规划编制办法》第四十二条，控制性详细规划确定的各地块的主要用途、建筑密度、建筑高度、容积率、绿地率、基础设施和公共服务设施配套规定应当作为强制性内容。修建性详细规划则是"以城市总体规划、分区规划或控制性详细规划为依据，制定用以指导各项建筑和工程设施的设计和施工的规划设计"[252]。而城市设计（Urban Design）在《城市规划基本术语标准》中解释为"对城市体形和空间环境所作的整体构思和安排，贯穿于城市规划的全过程"。条文说明中进一步明确"城市设计所涉及的城市体形和空间环境，是城市设计要考虑的基本要素，即由建筑物、道路、自然地形等构成的基本物质要素，以及由基本物质要素所组成的相互联系的、有序的城市空间和城市整体形象，如从小尺度的亲切的庭院空间、宏伟的城市广场，直到整个城市存在于自然空间的形象。城市设计的目的，在于提高城市的环境质量、城市景观和城市整体形象的艺术水平，创造和谐宜人的生活环境"[11]。

　　通过对城市规划基本术语的解读，可以看出城市总体规划和控制详细规划是以土地利用为核心，主要从城市的宏观和中观尺度去控制城市土地规模与利用方式，并对城市建设提出相应的规划设计条件和规划管理要求，两者更注重人口、用地、设施等要素之间的科学合理配置，保证城市有序顺畅地运行。而修建性详细规划和城市设计作为营造空间环境的重要技术手段，从微观层面完善和深化了总规和控规在这一尺度上的控制。"结合城市设计注重对历史文化的传承、场所精神的营造、城市特色的保持等的特点，需要将城市设计与控制性详细规划结合起来，在控制性详细规划中融入城市设计的微观环境塑造，将空间环境塑造与开发强度控制相结合"[253]。

总之，鉴于城市总体规划主要控制二维城市形态，控制性详细规划对城市二维空间和三维空间都具有一定的控制力，但控规中的容积率与建筑密度并不能完全控制、塑造和维护城市三维空间形态。从城市景区外部性的主要原因出发，即维护环境风貌，保护景观廊道的角度看，城市设计其核心目标是追求城市空间形态和谐。通过修建性详细规划与城市设计，从平面和立体两个空间维度上控制建筑布局、协调景观风貌，具体对整体风格、空间意向、街道空间、开放空间、建筑等要素提出控制要求，涉及的指标包括建筑高度、天际轮廓线、建筑风貌、建筑体量、建筑风格、建设色彩、街巷尺度，以及建筑退线率、建筑主立面方向、机动车出入口位置、建筑首层通透度、建筑墙体广告和牌匾、街区开放度、城市照明等。

（1）开发强度核心因素——容积率（图6-3）

"在一般规划体系中，开发强度代表的是一个综合的指标体系，一般包括容积率、建筑密度、建筑高度等内容，其中容积率指标对城市开发控制的影响最为直接。容积率从诞生到发展至今都紧随着土地开发控制的脚步，而且从国内外目前对开发强度的研究重点来看，主要也是以容积率研究为主"[254]。鉴于本研究主要针对城市用地开发强度，因此提取旅游景区外部性的主要因素应考虑控规指标和城市设计指标的交叉，即建筑高度控制下的容积率，换言之，主要是由于建筑高度控制所导致的用地开发强度。

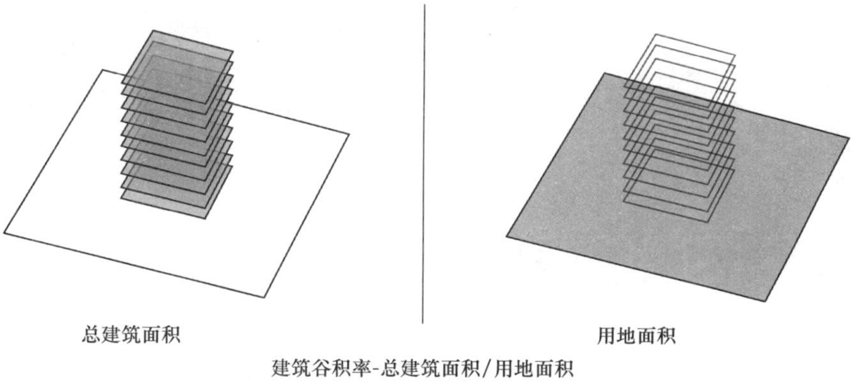

总建筑面积　　　　　　　　　　用地面积

建筑容积率=总建筑面积/用地面积

图6-3　建筑容积率示意图

"容积率是一个空间容积指标，如果打一个比喻，空间与容积率的关系可被比拟为水与容器，无论水在自然状态时怎样'大象无形'与'变化无常'，一旦经过容器装载，水的体量便被限定出来，因而容积率可被进一步理解为'限定体量的空间'，应具有与空间相同的属性"[102]。Robert Ellickson 和 Vicki Been 认为：任何一个建筑物的长、宽、高三维指标都有一个最大的开发潜力限制，因而容积率的数值本质上是表征城市地块及其上空域部分整体的空间开发潜力[255]。换言之，正如 Michael Kruse 所指出的，"容积率是用于限制一个地区潜在开发权的数值"[256]。对于城市旅游景区周边用地的开发建设来说，容积率限定所代表的地块开发建设总量阈值只是形态控制一方面，另一方面是这些建设总量如何科学合理的安排在用地上同样重要。

MVRDV 设计小组在其第一本理论著作《Farmax：Excursions on density》中，讨论

了在像荷兰这样拥挤的国家里，如何将土地与空间加以合理运用的问题。书中将容积率FAR定义为总体建筑实体量与场地面积的比值。若场地面积为单位面积时，容积率本质上是地块允许开发的建筑面积总量，其落实到地块上面会形成各种不同的形态，由于建筑密度、建筑高度两者的不同组合而演变出多样的空间形态。

MVRDV 将建筑与城市结构密切联系在一起，重点放在空间本身和空间组织方式上。极限（Extreme）是他们研究的核心，比如通过荷兰城市的街道视线规范来切割城市天际线，以求不破坏传统风貌的最高密度城市形态。MVRDV 试图用一种极端的数据化建造原则来尝试在有限的土地条件下，最大化、最优化地利用土地，从而改善城市内部建筑密度分配不均、建筑用地不合理的状况。MVRDV FARMAX 在其著作中对不同的容积率分布方式进行了细致的分析和有益的探索。

（2）开发强度核心因素——建筑高度

结合 FARMAX 的研究结论，针对西安案例的具体情况，按照《城市规划技术管理规定》，在容积率和建筑密度基本限定的情况下，现在的问题是同样的建筑总量或称为城市空间总量，并不是均值的空间分布，而是采用不同的建筑高度组合。虽然总量上没有突破规定总量，但由于高度的因素，对旅游景区周边环境造成了较大的负面影响。我们一方面要限定城市旅游景区周边用地的建筑总量，另一方面也需要对其容积率空间分布形态，具体就是建筑高度进行精细化限定。否则难以达到城市内部维护旅游环境和历史环境的目标。

总之，对于西安中心城区的旅游景区的外部性而言，只有高度才是控制开发强度的最主要因素，在建筑密度和绿地率一定的情况下，高度是影响容积率变化的最重要的因素。基于景观环境保护、通视走廊、视线视域分析所确定的建筑限高导致了相关地块容积率及建筑总量的下降，造成周边开发强度降低的外部影响。

6.3　国内外实践案例研究的验证

以上论述属于理论层面上的探讨与推演，下面我们深入细致地研究国内国外两个现实案例，从实践层面印证所得出的论点："对于城市旅游景区的外部性而言，建筑高度控制是影响用地开发强度最重要的因素"。

6.3.1　日本京都：历史文化型城市风貌维护及用地强度控制

（1）城市概况

京都位于日本列岛中心的关西地区，面积约为 $610km^2$，人口为 150 万人 。京都从794 年成为日本的首都，名为"平安京"，至今已有 1200 多年的历史。自建城以来，京都就作为日本的经济、文化中心，拥有数百间知名的神社、神阁和古寺名刹。1950 年成为国际文化观光城市，1994 年，"古都京都文化财"中的 17 处被列入世界文化遗产。京都已成为日本具代表性的观光都市和文化都市[257]。

平安京面积约 $20km^2$，仿照长安城建设，城市形态呈长方形，棋盘格局，中轴对称，京都基本完整地保留住了它千余年的历史文化遗产。今天的京都是传统和现代相结合的都市，一方面它是一座现代化的城市，另一方面还努力去保护它的古老风格。在京都城，不但保留了大量的传统的建筑，比如日本木式建筑、精致的宗教建筑和传统的日本花园，而且还利用传统的建筑手法对破损的传统建筑加以修复，这种修复不仅仅是对古建筑的外表的修复，而是更近一步采用传统材料、技艺等从根本上的修复。在京都的规划设计与建设管理中，充分体现了一个现代化城市对传统文化的继承和发扬（图 6-4、图 6-5）。

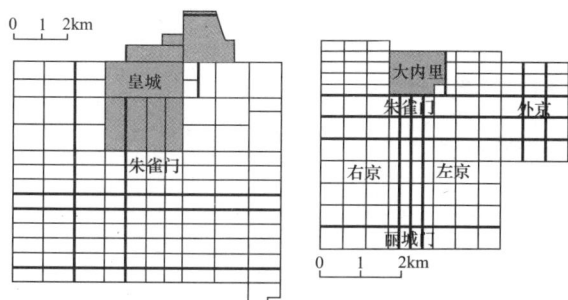

图 6-4　长安与京都相似的城市空间格局
（图片来源：www.city.kyoto.lg.jp）

图 6-5　日本京都城市空间形态与风貌
（图片来源：www.city.kyoto.lg.jp）

京都市有着丰富的观光旅游资源，吸引了众多来自世界各地的游客。旅游业是京都城市服务业的一大支柱产业，旅游业的发展给京都带来了巨大的经济收益，京都市有 10％以上的就业人口都是从事旅游相关产业的工作。

（2）规划政策

依据《京都市景观政策》（2007 年），为了维护千年古都的整体风貌，京都市不断制定、修订和完善相关法规政策，这是从 1930 年就开始的一个漫长的保护工作过程[258]。新景观政策站在 50 年甚至 100 年后的京都未来的角度，对形成城市景观有较大影响的建筑物重新进行了高度控制设置。新景观政策以"保全·再生·创造"为城市营造基础，三大地区（自然和历史景观保全地区、市中心协调再生地区、京都 21 世纪活力创新地区）构成整个城市总体结构，同时在景观保护和形成、居住环境保护和整治、城市机能充实和引导三方面发挥高度控制作用[259]。

景观条例明确制定了历史文化景观保护政策的五个基本方针：①形成以"盆地景观"为依托的与自然共生的景观；②形成兼顾传统文化的传承与创新的景观；③形成具有"京都风格"的个性突出、空间多样的景观；④形成能够带动城市活力的景观；⑤形成由行政机关、市民、专业人员共同参与和创造的景观[260]。

从中我们可以看出，新制定的规划不断在原有基础上扩大景观规制区域，并降低城市建筑控制高度，逐渐形成了完整的古都景观环境保护体系，包括所谓"五大支柱"，即建筑物高度、建筑物设计、眺望景观和借景、户外广告物和历史性城市肌理[261]（图 6-6、图 6-7）。

京都景观政策也认为建筑物高度是形成都市景观和市街地环境的重要因素。因此，同时考虑土地利用和景观要求，大范围内把高度限制较以前的规划控制指标向下压低，并结合地域特征进行细化，早期规划的建筑限高为 10m/15m/20m/31m/45m；新规划则控制为 10m/12m/15m/20m/25m/31m（文化遗址区限高 8m）。城市建筑物的限高不但由 45m 下降到 31m，同时细化分级便于实施（表 6-1、图 6-8）。

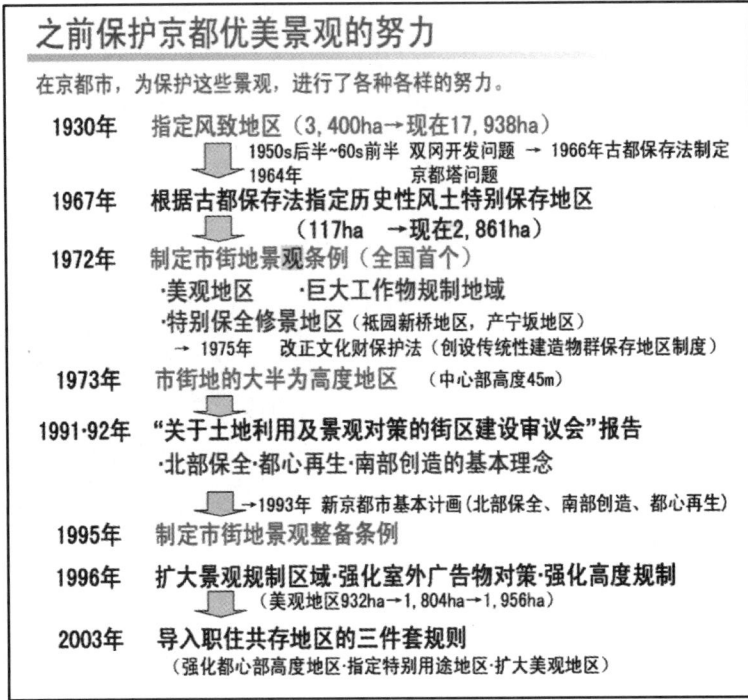

图 6-6 《京都市景观政策》（2007 年）节选（图片来源：www. city. kyoto. lg. jp）

高度地区的规制图

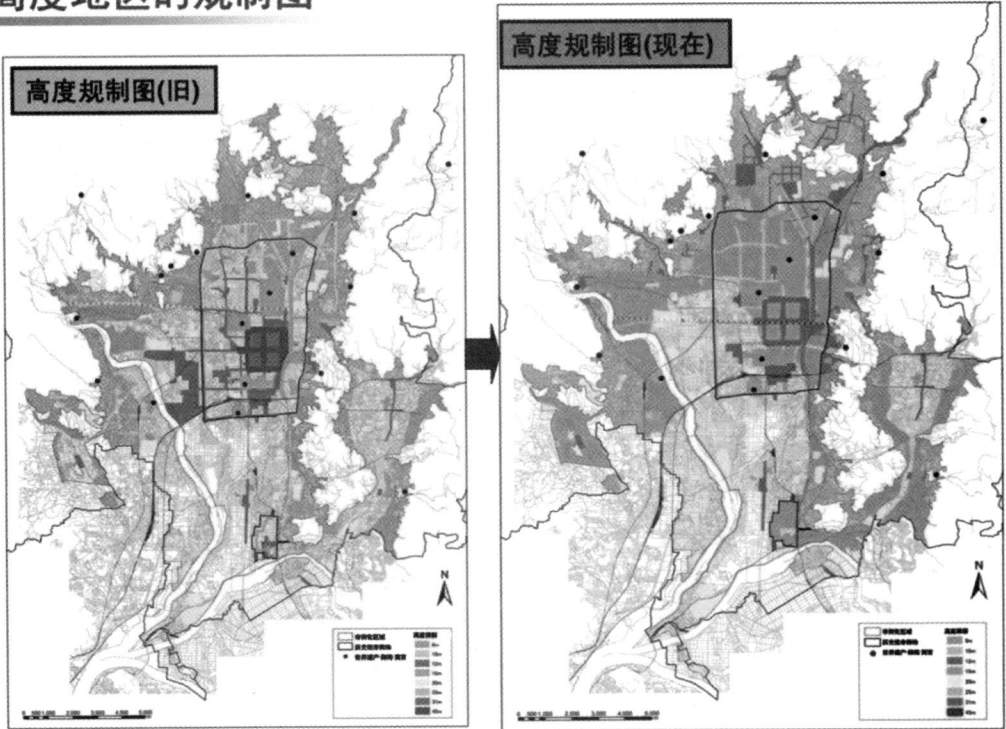

图 6-7 京都区域高度控制新旧规划对比（图片来源：www. city. kyoto. lg. jp）

京都市高度控制主要制度一览表　　　　表 6-1

地区和制度	控高的目的	高度控制内容	面积及比例
高度地区/《城市规划法》）	考虑土地利用及地域特性，保护居住环境，保持与自然及历史环境的协调，形成均衡的城市景观，培育适合京都风土的城市魅力。	分为 10m、12m、15m、20m、25m、31m，共 6 个阶段。	约 14494hm²，占建成区 97%（京都建成区面积约 4987hm²，下同）
风致地区/《城市规划法》）	维护城市良好的自然景观，维护良好的生活环境。	分为 8m、10m、12m、15m 共 4 个阶段，针对拥有优良自然景观的山谷、山麓地区至建成区之间的过渡地区，特别制定适宜的控高。	建成区内的风致地区约 2704hm²，占建成区 18%
街区规划/《城市规划法》）	根据街区规划的具体面细致的要求制定。	根据每个街区规划对建筑物等的规划要求设置。	有实行控高的街区规划（30 处）约 166hm²，占建成区 1.1%
眺望空间保全区域/《京都市眺望景观创生条例》）	为京都创造优良的眺望景观，同时将这些景观传承至后代。	控制从眺望点至眺望对象之间的沿线建筑物不可遮挡视线的高度。	约 842hm²，占建成区 5%
第一种、第二种低层居住专用地区	保护低层住宅的良好居住环境	10m	约 356hm²，占建成 24%

（来源：www.city.kyoto.lg.jp）

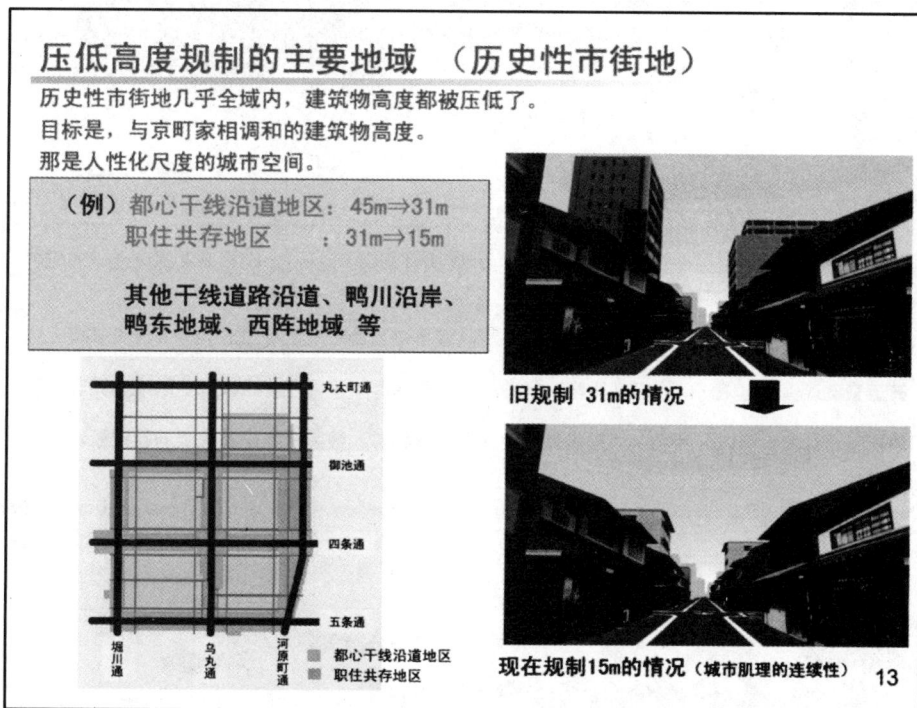

图 6-8　京都历史性街区高度规制（图片来源：www.city.kyoto.lg.jp）

　　尤其对历史性市街区域，类似于西安明城区，实施全域建筑限高，沿街区域从 45m 下降到 31m，职住共存地区即街区内部建筑高度从 31m 下降到 15m，以与京町建筑高度相适宜，形成体量、风格、色彩协调统一的历史古都风貌。

　　同时，京都规划进一步强调视线通廊的重要性，规划控制了 38 处眺望景观和借景，划定"眺望空间保全区域"、"近景设计保全区域"、"远景设计保全区域"三个空间层次，以保证在城市的开放空间、观景廊道等重要节点处维护古都整体形象（图 6-9）。

眺望景观·借景的保全-制定市的法律以守护眺望景观-

在京都，有许多在古老的诗歌里都曾吟咏过的远眺美景，这些不仅仅是京都自己的也是日本的财产。因此，2007年，全国第一个，制定眺望景观创生条例，以图求保全38处优美的眺望景观和借景。

3 眺望景观和借景
⇒ 从文献和市民意见募集中抽出597件
⇒ 包含世界遗产的历史性资产周边和市街地近接，如果没有对于建筑物等的高度和设计的新规制的话，眺望景观和借景就有被损害的可能性
通过审议会抽出38处。
⇒ 眺望景观创生条例
建筑物等的标高规制和设计规制/提案制度

① 境内的眺远　世界遗产14处、京都御苑、修学院离宫、桂离宫
② 通路的眺远　御池通、四条通、五条通、产宁坂等
③ 水边的眺远　濑川·宇治川支流、琵琶湖疏水
④ 从庭园的眺远　圆通寺、涉成园
⑤ 向山峦的眺远　从贺茂川向东山·北山、从桂川左岸向西山
⑥ 向"地标"的眺远　从贺茂川右岸·北山通·船冈山等向五山送火
⑦ 仰望的眺远　从渡月桥下流向岚山一带
⑧ 俯瞰的眺远　从大文字山向市街地

从贺茂川右岸向大文字的眺望 19

指定眺望景观保全地域

为了保全、创出眺望景观把必要的地域指定为"眺望景观保全地域"。眺望景观保全地域对应各种必要的规制内容，分类为以下三种区域。

■ 眺望空间保全区域：使从视点场向视对象的眺望不能被遮挡规定有建筑物等的最高部禁止超出的标高的区域
■ 近景设计保全区域：从视点场用眼睛能确认的建筑物等、使其不能阻害优美的眺望景观对形态、意匠、色彩实行规制的区域
■ 远景设计保全区域：从视点场用眼睛能确认的建筑物等、使其不能阻害优美的眺望景观对外墙、屋顶等的色彩实行规制的区域

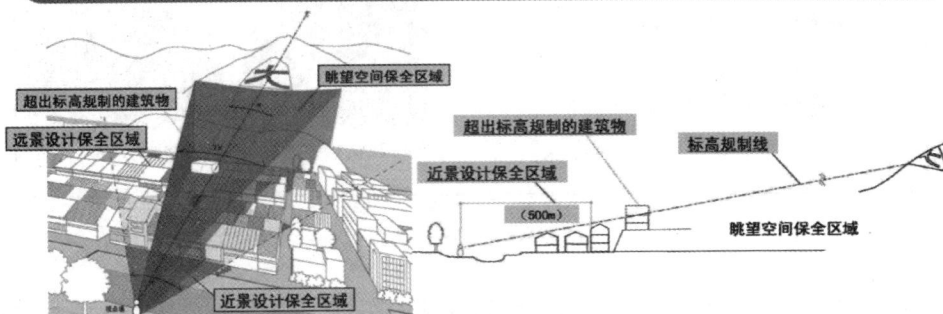

图 6-9　维护京都市风貌的保护区域规制（图片来源：www.city.kyoto.lg.jp）

通过《景观政策》的实施，京都由"单一的分区控制"变为"分区＋视廊"的叠加控制，并与具体街区的详细规划控高要求衔接，形成了完善的高度控制体系。京都市正是通过科学严谨的法规和条例，精心维护着"日本人心中的故乡"的形象（图6-10）。其在古都风貌保护上的经验与启示值得汲取与借鉴。

图6-10 京都市古都风貌（图片来源：www.city.kyoto.lg.jp）

6.3.2 中国桂林：自然景观型城市风貌维护及用地强度控制

桂林，自古享有"桂林山水甲天下"的美誉，是世界著名的旅游城市。其城市内部喀斯特岩溶地貌分布较广，占市区面积的68%以上，形成了独具特色的山水之城。为了维护城市自然山水与人文景观交相辉映的特色风貌，早在1978年召开的"桂林市规划讨论会"上，吴良镛先生就指出："桂林之所以说的甲天下，是以其山水引人入胜的。如果风景失色了，生态遭到破坏了，那就毁掉了它存在的先决条件。说得危言耸听一点，担心终久将作为历史陈迹使人怀念而已"；并提出"必须控制城市规模"、"恰当地估计旅游的容量问题"等相关建议[2]138。

（1）为了维护桂林特有的山水城市格局，其规划建设管理首先依据《桂林市城市规划管理技术规定》（2011年），进行分区控制，将桂林市区划分为三级规划控制区，并采取不同的控制指标进行规划建设与管理[263]（图6-11、图6-12、表6-2）。

（2）在城市宏观尺度上形态与风貌得以全域控制的基础上，对于微观尺度的建筑物明确其退让水体、山体、历史遗迹的空间距离及其规划建设要求。

①建筑基底退让水体控制：建筑基底退让一级水体，如漓江、榕湖、桃花江、小东江、桂湖、相思江、南溪河等，要求控制两岸各50m为非建筑区；郊区段两侧延至300m为自然风貌严格控制区域；建筑基底退让二级水体和三级水体各15m和10m。②建筑基底退让山体控制：一级重点保护山体如叠彩山、独秀峰、伏波山、象山等山体，周围建筑退让山脚线20m以上。并对二级重点保护山体、三级重点保护山体规定退让山脚线10m以上。③建筑物退让文物保护单位控制：划定文物保护单位周围非建筑域，严格控制建设强度，如靖江王府城墙周边16m范围内为非建筑区。

（3）以上的规划控制手段基本是二维平面上的城市空间格局维护。从三维视角出发，桂林市进一步明确了建筑物高度控制和视线廊道控制。

①建筑物高度控制：一级重点保护山体有叠彩山、独秀峰、伏波山、象山等十座，以

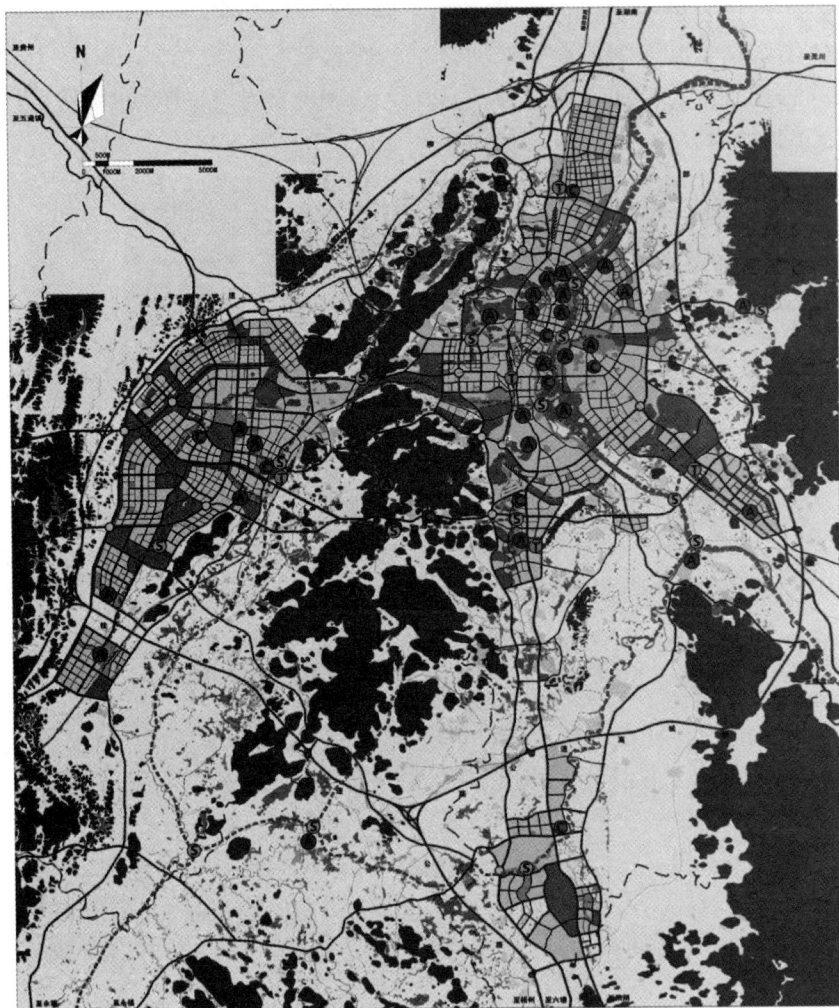

图 6-11　桂林城市总体规划（2010-2020 年）总平面图[262]

各山顶投影点为圆心，半径 300m 范围内的建筑高度由低到高，且不得大于 16m。划定二级和三级重点保护山体半径分别为 250m 和 200m 范围，建筑高度不大于 16m 和 24m。沿漓江首排建筑高度不得大于 18m，沿岸 300m 范围建筑高度不得大于 24m。地块位于视廊范围内的建筑高度不能超过保护山体高度的 1/3。严格控制城市中心区"两江四湖"历史风貌保护区域内的建筑高度不得超过 24m。②城市空间格局与视线廊道控制：历史文化名城的保护体现在历史风貌街区、历史河湖水系、道路及街巷、城市景观线、建筑高度与色彩、古树名木等方面。明确保护多条景观视线廊道，强化城市风貌特色，凸显桂林山、水、城"天人合一"古城格局[263]。

　　简而言之，按照《桂林市城市规划管理技术规定》，针对桂林市城市格局形态与景观空间特征，主要采用分区控制办法，将桂林市区划分为三级规划控制区，以不同的控制指标进行规划建设管理。重点是以叠彩、普陀、穿山、西山及老人山五山的制高点为端点划定中心山水城环境控制区，并在控制区范围内，严格控制建筑的高度、密度，保护历史名城的山水城格局（图 6-13）。

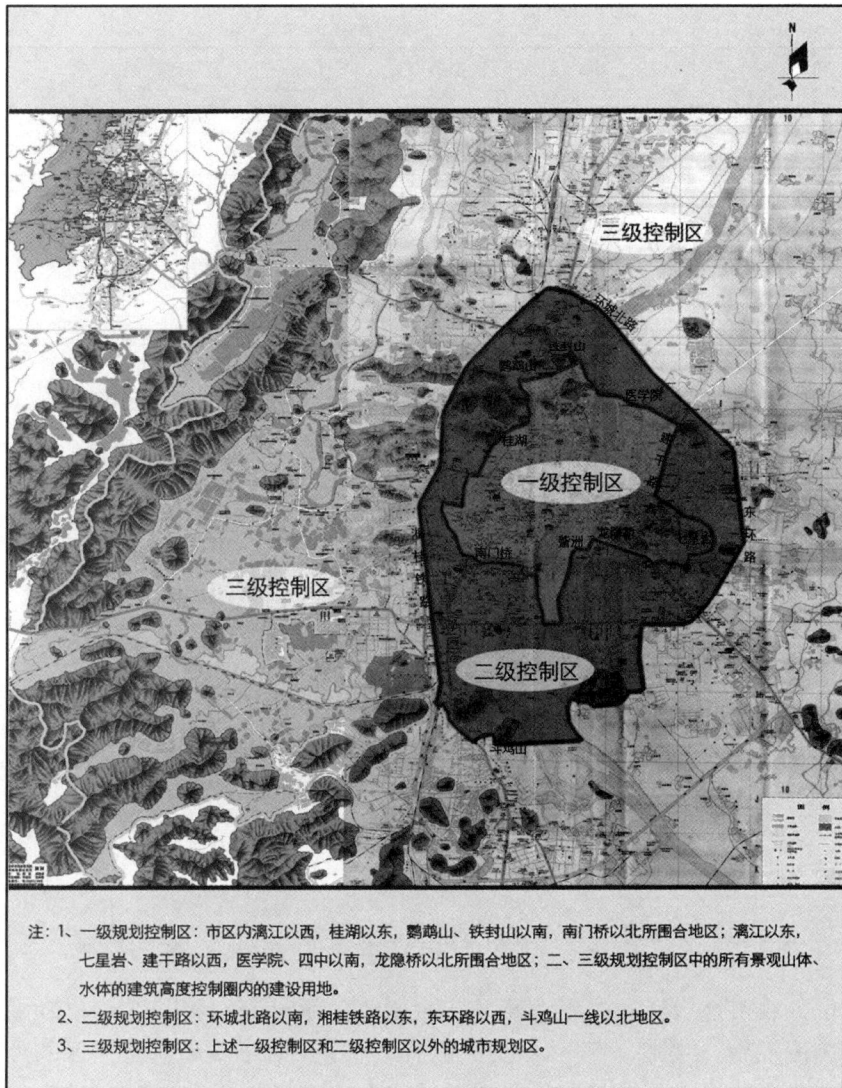

注：1、一级规划控制区：市区内漓江以西，桂湖以东，鹦鹉山、铁封山以南，南门桥以北所围合地区；漓江以东，
七星岩、建干路以西，医学院、四中以南，龙隐桥以北所围合地区；二、三级规划控制区中的所有景观山体、
水体的建筑高度控制圈内的建设用地。
2、二级规划控制区：环城北路以南，湘桂铁路以东，东环路以西，斗鸡山一线以北地区。
3、三级规划控制区：上述一级控制区和二级控制区以外的城市规划区。

图 6-12　桂林市城市规划控制区分级示意图

桂林市城区建筑密度、容积率上限指标　　　　表 6-2

建设类型		规划控制分区						备注
		一级规划控制区		二级规划控制区		三级规划控制区		
		FAR	D%	FAR	D%	FAR	D%	
居住建筑	低层住宅	—	—	0.8	35%	1.0	38%	含商住、酒店式公寓、办公住宅等包含住宅功能的混合建筑
	多层、中高层住宅	1.5	30%	1.8	33%	2.0	35%	
	高层住宅	—	—	2.8	22%	3.0	25%	
办公建筑	多层	2.0	35%	2.5	40%	2.8	40%	含办公、商务等
	高层	—	—	4.0	33%	4.5	35%	
商业建筑	多层	2.2	35%	2.8	40%	3.0	40%	含商业服务、文化娱乐、旅馆等
	高层	—	—	3.5	33%	4.0	35%	

续表

建设类型		规划控制分区						备注
		一级规划控制区		二级规划控制区		三级规划控制区		
		FAR	D%	FAR	D%	FAR	D%	
工业建筑	低层	—	—	1.0	40%	1.2	45%	
	多层	—	—	2.0	35%	2.5	40%	
普通仓库	低层	—	—	1.0	45%	1.2	50%	含物流中心
	多层	—	—	2.0	40%	2.5	45%	

图 6-13　桂林城市中心区空间风貌（图片来源：百度图库）

6.3.3　基于视线的建筑高度控制方法下的城市用地开发强度影响

　　目前国内外城市规划界基本都是采用以下方式控制城市整体风貌，其核心就是"基于视线的建筑高度控制"。京都和桂林的实例也都印证了"对于城市旅游景区的外部性而言，建筑高度控制是影响用地开发强度最重要的因素"。尤其对于历史文化名城、旅游城市而言，通过建筑高度控制开发强度，对保护和提升城市空间环境品质极为有效，但对于土地开发强度而言的负外部性影响非常严重，可是对于更为理想化的风貌控制目标来说，其外部性还可能再强烈。因此在城市规划与管理的过程中，需要协调和平衡这些负外部性，保障城市各要素整体的顺畅运行（表6-3）。

环境风貌主要控制方法相关要素比较[265]　　　　表 6-3

控制方法	适用对象	控制主要内容	控制目的
分区控制法	易于进行分区的城市区域	分区规划、不同分区的不同要求	改善城市局部地区景观风貌
眺望控制法	城市地标、城市制高点	眺望点、眺望角、眺望视野	保留城市重要景观视廊
分区与眺望结合控制法	城市地标、城市制高点	眺望视廊、分区规划	保留城市重要景观视廊
建筑外轮廓保护法	传统历史街道、历史纪念物	建筑高与道路宽度之比	控制道路两厢界面
天际线保护法	城市重要滨水区	天际线的起伏	塑造城市特色景观界面

总之，从城市用地开发强度的角度看，规划设定的建筑密度、容积率和建筑高度是最为主要的影响因素，考虑到一般建筑物必须满足日照间距、绿地率、停车位等技术要求，建筑密度在特定的地域城市基本是一个稳定的数值。因此，直接影响城市用地开发强度最关键的因素是建筑高度。目前的城市控制性详细规划主要控制地块的平均容积率和平均建筑高度，但对于旅游景区而言，则更为关注的是基于视线分析下的单体建设高度控制。因此，旅游城市基于视线和视域分析下，对旅游景区及其周边不同范围建筑高度的科学合理控制是维护城市整体风貌，保持城市特色的关键。

6.4　城市旅游景区外部性不同空间模式下影响范围探讨

前文的研究结论，已经明确了城市旅游景区所产生的外部影响，但分析主要是针对假设在城市均质化空间内的单一旅游景区而进行的，鉴于现实情况的复杂性，本节将对不同规模和空间布局的旅游景区进行分析。

以西安城市为例，研究基于现状建设与发展规划，通过 GIS 核密度分析和空间相关性分析手段，获得了城市旅游景区所影响的效应场范围。但现实情况远比模型计算复杂，一方面，由于城市旅游景区的规模、形态、风景建筑高度、环境风格等差异较大，影响范围与强度并不相同，同时旅游景区在城市空间内也并非均匀分布，加之周边城市用地类型多样，影响情况不一而足；另一方面，各个城市及城市分区的规划控制标准也并非完全一致，甚至其指标取值的科学合理程度也不尽相同。简单定性的判断是：（1）假设城市旅游景区用地总规模相同的情况下，对于城市景区规模超大或极小，且分布不均的城市而言，外部效应影响较小；而对于历史文化名城和优秀旅游城市，其众多的历史遗址和旅游景点遍布城市区域，且规模适中，则外部效应影响较大；（2）城市旅游景区内拥有一定高度的历史建筑，需要景观廊道维护，则外部效应影响范围较大；而景区内无高大建筑物或构筑物，则外部效应影响较小。

参考《城市绿地分类标准》（CJJ/T 85—2002）[266]、《城市公园设计规范》（CJJ 48—92）[267]，统计西安中心城区内主要旅游景区规模后，本书以 50hm² 城市旅游景区为例进行以下分析。

6.4.1　不同规模尺度的城市旅游景区影响范围对比（图 6-14）

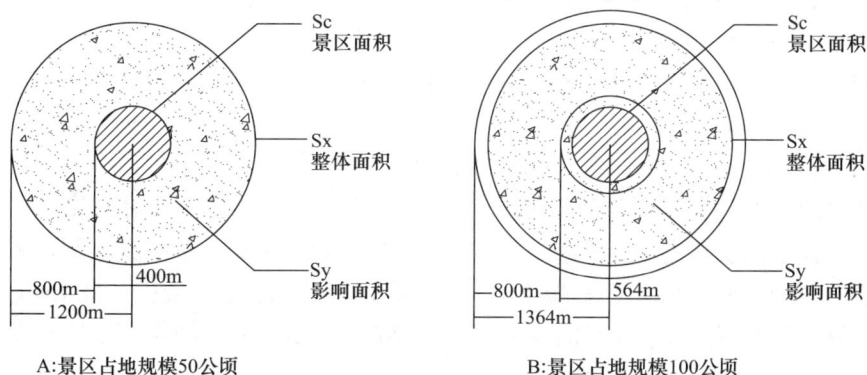

A:景区占地规模50公顷　　　　　　　　B:景区占地规模100公顷

图 6-14　不同规模城市旅游景区的效应场范围对比

（1）城市区域内分布 1 个 A 景区：规则圆形，面积 50hm²，影响半径 800m：

圆形景区面积为 50hm²，$S_c=\pi r^2=500000m^2$，$r=400m$

S_y 为影响面积；S_x 为整体范围；S_c 为景区面积

$S_y=S_x-S_c=\pi(r+800)^2-\pi r^2=4521600-500000m^2=402$（公顷）

（2）区域内分布 1 个 B 景区：规则圆形，面积 100hm²，影响半径 800m

圆形景区面积为 100hm²，$S_c=\pi r^2=1000000m^2$，$r=564m$

S_y 为影响面积；S_x 为整体范围；S_c 为景区面积

$S_y=S_x-S_c=\pi(r+800)^2-\pi r^2=5841957-1000000m^2=484$（公顷）

一个占地规模 50hm² 的旅游景区与一个占地规模 100hm² 的旅游景区，其外部效应影响范围相比较，后者影响面积增加值为 $484-402=82$（hm²）左右。

6.4.2 不同高度类型的城市旅游景区影响范围对比

基于视域控制方法下对比不同高度类型城市旅游景区，分别产生的外部效应影响范围，以西安城墙高度 18m，小雁塔 43.4m，大雁塔 64.5m 为例进行测算。根据《曲江新区空间形态高度控制研究》的分析结论[268]："在该区域进行高度控制时，强调大雁塔的绝对地标作用，严格控制周边区域建筑高度。一般研究认为建筑高度（H）与相邻建筑（D）的关系，当 D/H=1 时，建筑高度与间距之间有某种匀称存在；当 D/H<1 时，两栋建筑开始相互干涉；当 D/H>4 时，相互间的影响相对薄弱"。为了进一步准确对比不同高度景区的影响范围，本书统一取 D/H=4 进行测算（图 6-15）。

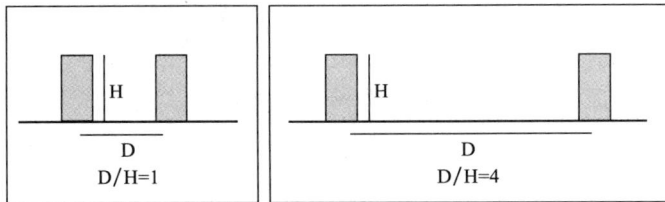

图 6-15　区域高度控制 D/H 尺度关系示意图

（1）西安城墙的影响范围

$D=4H=4\times18=72m$，$S_c=\pi r^2=16278$（m²）$=1.6$（hm²）

（2）小雁塔的影响范围

$D=4H=4\times43.4=173.6m$，$S_c=\pi r^2=94630$（m²）$=9.5$（hm²）

（3）大雁塔的影响范围

$D=4H=4\times64.5=258m$，$S_c=\pi r^2=209011$（m²）$=20.9$（hm²）

此处需要说明的是，以上计算仅是出于对不同高度景区所形成的外部影响范围进行对比分析，并不代表现实中各景区的实际影响范围。如大雁塔周边的控高范围，考虑到从大雁塔向周边的视域控制问题，其影响半径约 1500m 左右。即使不考虑如此大的控制范围，仅从上述计算，可以明显看出不同高度类型的城市旅游景区所形成的影响范围差异非常大。

6.4.3　不同组合关系的城市旅游景区影响范围对比

沿用 6.4.1 的景区模型，根据两个不同假设模型进行测算，两个面积为 A 的景区与一个面积为 2A 的景区，其影响范围相差非常大。按照影响半径 800m，分别计算其影响范围及面积规模：

城市区域内分布 2 个 A 景区：规划圆形，相互隔离，影响半径 800m

圆形景区面积为 50hm², $S_c = πr^2 = 500000m^2$，r = 400m

S_y 为影响面积；S_x 为整体范围；S_c 为景区面积

$S_y = S_x - S_c = π(r+800)^2 - πr^2 = 4521600 - 500000m^2 = 402$（hm²）

影响范围为 $2S_y = 402 \times 2 = 804$（hm²）

通过不同情况下理论模型的计算，可以看出对一个城市而言，即使是相同面积规模的旅游景区用地，由于空间组合关系的不同，其影响范围与强度差异也非常大。如上例，同是 100hm² 规模的旅游景区用地，两处各 50hm² 分离布局的影响范围比一处 100hm² 的景区，其影响范围差距高达 $804 - 484 = 320$（hm²）。

在现实生活中，城市区域内分布多个不同规模的景区，且各个景区的形态和影响范围千差万别，此外，它们之间还存在不同程度的影响区域叠置或相互隔离关系，甚至考虑到景观视线廊道的要求，则情况更为复杂。因此，必须通过 GIS 手段和空间相关性分析，进行影响范围的复杂计算才能确定。

结论：城市中均匀分布大量旅游景区（如桂林），则影响范围较大，程度较深。而城市中仅分布少量大型旅游景区，虽然总旅游用地规模与前者相同，但影响程度较小。此外，对于规模较小的历史名城、风景旅游城市，如平遥、丽江等，为了维护全域城市总体风貌，其影响将是极为巨大的。总之，通过以上对城市旅游景区用地及外部效应的探讨，可以清晰地显示出城市旅游用地对城市规划与建设的影响是深刻和广泛的，这是无法忽视和回避的一个重要问题。

6.5　基于理想状态下的高度控制探讨

研究换一个角度看待城市旅游景区的外部性影响问题，即是否按照以上的讨论就可以完全实现城市文化、旅游环境的维护呢？答案仍旧不确定。因为，前文的所有的分析研究隐含了一个重要的基点：对于当前规划的预设目标和实施过程被规划管理部门认可，认为是科学合理并符合现实发展要求。但是事实并不完全是这样，人们在如何对待旅游景区及历史遗产等观赏对象这一问题上，是有一个不断提升的过程，从忽视到重视，从关注资源本身到周边环境，从注重物质空间演变到关注精神内涵，不论从国内外较为成功的案例，还是我们目前的认知水准来看，西安目前的发展状态仍有很大的提升和修正空间，也就意味着未来旅游景区外部效应将会越来越多，越来越强烈。

目前的现实情况是"控制了，但没控制好"。现实中的具体原因很多，但主要原因无非是两点："控制范围不足，控高标准不足"。随着国家、城市、公众对历史文化保护与传承的日益重视，以及对绿色生态城市和海绵城市理念的践行，城市中的人文和自然公共空间不断增加，同时对其的保护范围和景观环境协调范围将逐步扩大，是未来可以预期的发展方向。

6.5.1 理想目标与现状控制的差距原因

首先，现有的城市风貌控制手段关注在区域的限高方面，主要基于文物遗址保护的要求（文物部门主要是出于文物遗址保护的角度，划定的保护范围），采用视域分析方法进行。但由于城市土地资源的紧缺，以及提高城市土地利用率的考虑，往往视域分析只能局限于景区周边较小的范围内，一般为 300～500m 半径的圈层，对旅游景观体验、环境景观风貌维护等考虑较少，大多数最终形成"城市开发洼地"。另外对于城市主要街道、景区临街界面、城市开敞空间、高层建筑制高点、城市广场绿地、城市外围观景点等也考虑较少。

其次，对于视线通廊的设置，其方向较为准确，但其视廊宽度的设定考虑较少，同时对不同走廊宽度的阶梯式建筑控高考虑不足，大多数形成对景虽准确，但两侧建筑高度超标，严重影响风貌景观。

第三，旅游景区的四周边界都成为重要的视觉光环区，现在往往局限于几个入口区位的静态视线分析，而忽略了城市动态巡游视线的考虑，一旦离开景区门户，则直接处于高楼林立的城市内部。

第四，目前还是点状景区的保护，对廊道的保护不足，以及大面积的区域风貌控制不足，点线面的风貌网络体系形成难度较大。导致我们的历史遗存和旅游景区无法形成像欧洲历史小镇一样规模庞大、风格统一、震撼人心的城市风光。

总之，城市的蔓延和风貌控制的不利，导致了许多历史古迹和风景资源的破坏，目前对城市旅游用地影响区域实施的规划控制手段的科学性和合理性，并未引起足够的重视，一般的文物保护区建设控制地带仅 50～100m，大量的城市内部风景旅游区基本没有控制管理制度和手段，出现了许多"大煞风景"的建设性破坏事件，如西湖高层事件等。既缺乏必要的科学的用地规划控制，又没有相应的用地补偿政策，在市场经济环境下，必然导致这类事件层出不穷。

在城市的无序蔓延和扩张过程中，在风景旅游区和历史文化景区周边进行大规模城市建设和房地产开发的现象屡见不鲜，一方面公共风景资源成为少数阶层的，另一方面，特别是对城市景观资源和城市风貌与意象造成无法挽回的破坏[269]。

大量前人的研究，主要从建筑单体的角度出发，探讨城市中历史景观、自然景观的建筑场（效应场）的强弱及其范围划分，比如熊明在《建筑场与城市广场尺度》一文中，将其分为强场、均衡场、弱场、虚场，并给予了较为明确的空间范围。但从建筑群体和城市风貌角度出发，这样的视域范围过于狭小，适合针对较为微观尺度的街巷、古建等周边空间处理与设计。而对于宏观与中观城市空间环境设计则力有不逮，如从雁塔西路的西安美术学院向东移动，观察大雁塔的体验极为不佳，就是空间尺度考虑较为狭小的问题，仅仅关注了大雁塔南北两个方向的 D 与 H 值，不会超过 1000m 左右。日本学者大野隆造和小林美纪在《人的城市：安全与舒适的环境设计》中，认为应该充分考虑到动态移动情况下，城市景观的感知与流动，而不是限于小尺度静态的空间研究。因此对于城市大规模旅游景区用地的影响必须放眼大尺度和中观尺度结合，并且是动态与静态结合的视角来进行考虑[270]。

　　例如，在曲江池遗址公园初建成时，占地面积近500亩，是一片浩渺的水体，视野极为开阔，一派城郊大型山水园林的自然风貌（图6-16）。当时周边配置有西安广播电视台等大型公共建筑，对建筑色彩、体量、风格有着严苛的要求。但随着周边大量高层住宅的落成，目前的南湖已经成为被围在楼宇中间的"一洼池水"，失去了原有的风貌与气质（图6-17）。

图6-16　2008年的西安曲江池遗址公园（图片来源：百度图库）

图6-17　2016年西安曲江池遗址公园（图片来源：百度图库）

　　"曲江池已经被周围的高楼包围了！""西安最丑、最野蛮建筑。破坏了曲江池的尺度感。本来阅江楼和南湖的尺度很好，这个设计低劣的破建筑野蛮地把曲江池映衬成为一个脸盆！"

　　——摘自 http://www.ixian.cn/thread-814643-1-1.html

　　"被大楼包围的南湖，再也不想去了！""如今的南湖，已经不再有昔日好风光，周边全是高楼林立，太压抑了！"

　　——摘自 http://www.toutiao.com/a6309783256452251905/

　　"南湖周边的楼盘开发迅猛，蚕食了南端的大片湖面。高楼环绕湖的四周，很影响观瞻。"

　　——摘自 http://blog.sina.com.cn/s/blog_130b5bcef0101m1vz.html

　　总之，保护好城市旅游景区"视线通廊"与"空间环境"，严格控制景区周围建筑高度，并不是说一味不建设高楼，那样也不符合现代化城市的要求。如何科学合理地维护景区美好的"视线通廊"和天际轮廓线，又能够提高城市土地利用效能，体现现代化城市风貌，在两者之间找到一个平衡点，必须通过精细化的城市规划与管理才能实现。

6.5.2 理想目标下的模拟计算——以小雁塔景区为例

若对比中国历史城市与欧洲城镇的空间保护，可以看出以我们目前的规范控制水平可能连最基本的底线都不够，欧洲的许多古镇其全域建筑制高点几百年都没有突破，而我们划定的 50～100m 保护范围根本无法维护历史空间格局或自然山水环境。为了便于与佛罗伦萨等小城市保护的成功案例对比，他们最主要的历史性建筑和城市标志性建筑为教堂，我们则以西安市小雁塔景区为例，基于视线分析来探索城市中理想的控制方式与范围（图6-18、图6-19）。（注：为了便于研究，此处忽略相关视线通廊的影响）

图6-18　佛罗伦萨全貌（大教堂制高点115m）（图片来源：百度图库）

图6-19　小雁塔周边风貌（佛塔制高点43.4m）（图片来源：百度图库）

（1）小雁塔景区概况

小雁塔与大雁塔同为西安城市中的重要标志，著名的"雁塔晨钟"即是小雁塔景区的著名典故。小雁塔是密檐式砖结构佛塔，塔身高43.4m，塔形秀丽，是首批国家重点文物保护单位，"丝绸之路：长安-天山廊道的路网"世界文化遗产的重要组成部分，国家AAAA级旅游景区（图6-20）。

（2）现行规划控制要求

按照西安市规划局颁布的《西安市景区周边缓冲区控高规划》，"强调小雁塔的绝对地标作用"。划定的缓冲区范围：东至文艺路西侧，西至含光路东侧，北至建西街与大学南路连线，南至南二环北侧。其高度控制：以小雁塔为核心，严格控制周边建筑高度。以视线分析为依据，将缓冲区划分为禁建区、9m、12m、18m、24m、36m、60m、100m控高片区，对缓冲区进行整体高度控制[271]（图6-21）。

图 6-20　小雁塔及其区域建设现状（笔者自摄 2017 年）

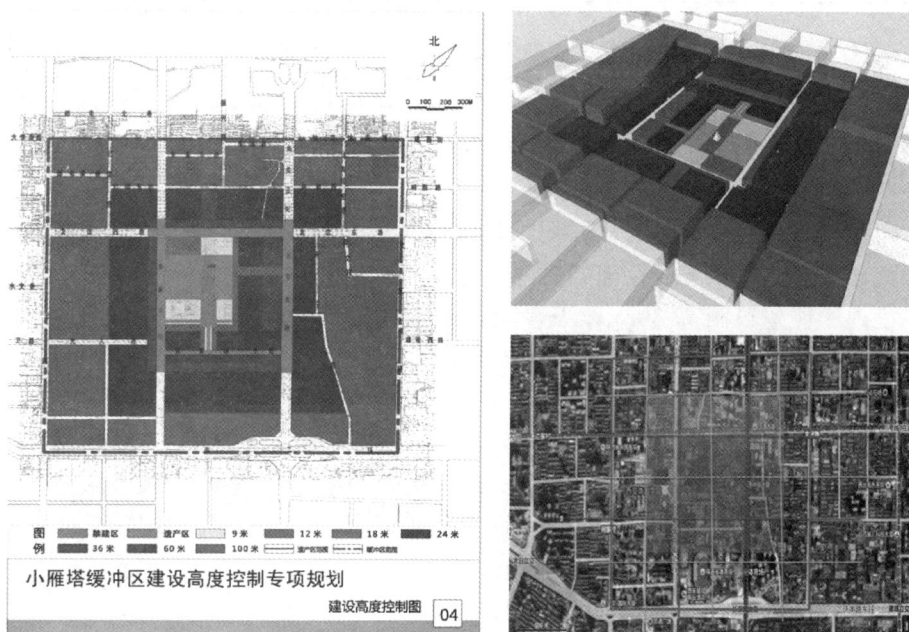

图 6-21　小雁塔区域高度控制分区与影响范围

（3）依据现有规划控制要求下的测算（表 6-4～表 6-6）

旅游景区周边建筑限高影响下的开发建设总规模　　　　　表 6-4

限高区域（m）	影响区规模（hm²）	建筑层数（层）	用地类型	规范建筑密度（BD）	建筑面积 B（限制）（万 m²）
≤100	181.0	无影响	—	—	—
≤60	84.5	20	R	20%	338.00
≤36	18.6	12	R	20%	44.64
≤24	14.5	8	R	25%	23.20
≤18	2.0	6	R	28%	2.40
≤12	4.7	4	R	28%	5.26

限高区域（m）	影响区规模（hm²）	建筑层数（层）	用地类型	规范建筑密度（BD）	建筑面积 B（限制）（万 m²）
≤9	5.0	3	R	35％	5.25
禁建区	21.5	0			0
遗产区	3.2	0			0
总用地规模	335				
影响区规模	129.30			总建筑面积	418.75

城市用地未受到旅游景区外部影响下的开发建设总规模 表 6-5

影响区规模（hm²）	用地类型	规范建筑密度	规范容积率	建筑面积 A（允许）（万 m²）	建筑面积 C（允许）（万 m²）
129.30	R	20％	3.5	452.55	853.38

城市用地外部影响前后的开发建设规模变化 表 6-6

用地类型	用地规模（hm²）	允许建筑面积上限 A（hm²）	限制建筑面积上限 B（hm²）	减损规划建筑面积（hm²）	减损用地规模（公顷）（hm²）
居住用地	129.30	452.55	418.75	33.80	9.66

从上面的计算可以发现：若居住用地建筑密度固定在 C＝35％，容积率最高限位 R＝3.5，则 R＝C×H，意味着居住建筑的平均层数为 10 层时是符合目前规划要求的。换言之，效应场内居住建筑限高 30m 以下，减损的建筑面积较大，若限高大于 30m，则基本无太大的影响。若居住用地建筑密度固定在 C＝20％，容积率最高限位 R＝3.5，则 R＝C×H，意味着居住建筑的平均层数为 17.5 层，即 52.5m 高度是一个减损临界值。对于商业地块，则按照建筑密度 50％，容积率 5.5 计算，则商业建筑限高 11 层 33m 为临界高度。

基于视线考虑，在目前的规划技术要求下可以得出如下结论：在城市旅游景区影响范围内，对于建筑限高在 30m 以下的区域属于敏感区域，对城市用地开发强度的减损程度极为严重，必须给予谨慎对待，必须做到科学合理。

（4）基于视线的理想化控制要求与测算

我们看到规划限高控制与不受影响下的一般性城市用地在开发建设总量上，差距不足 10hm²，对于影响区 129.3hm² 的范围来说，不足 10％的比例。那么我们可以考察一下按此规划限高实施的模拟效果，从维护旅游景区环境风貌，即视线视域的角度出发，观察规划控制指标是否能达到理想状态？否则减损 10％肯定是远远不够的。

研究者以视点为中心划分近景、中景、远景、轮廓控制区 4 个影响区，依次对周边建筑高度进行分级控制，从低到高逐渐抬升。一般研究认为：俯角 8°～10°范围是视觉中心区，俯角 10°～30°范围是视觉上最重要的区域，即在 300m 以内，可以感知到单体建筑的细节，1500m 以内，人们可以感知城市空间轮廓（图 6-22）。

① 本书按照 r＝1500m 半径来考虑影响范围，则影响面积约：

$$S_c = \pi r^2 = 7065000 \ (m^2) = 707 \ (hm^2)$$

② 对于建筑高度 43.4m 的小雁塔而言，其周边 707（hm²）范围内建筑高度应如何控制？参考曲江大雁塔区域高度分析报告，为了便于计算，本书统一取建筑高度的 1/2（高值），即建筑高度 21.7m 进行测算（表 6-7、表 6-8）。

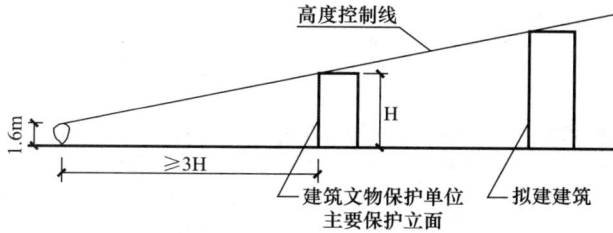

图 6-22　视域分析方法下的控制范围示意

城市用地未受到旅游景区外部影响下的开发建设总规模　　　　表 6-7

影响区规模（hm²）	用地类型	规范建筑密度 BD	规范容积率 FAR	建筑面积 I （允许上限）（万 m²）	建筑面积Ⅲ （允许上限）（万 m²）
707	R	20%	3.5	2474.5	4666.2

城市用地外部影响前后的开发建设规模变化　　　　表 6-8

用地类型	用地规模 （hm²）	允许建筑面积上限 I （万 m²）	限制建筑面积上限Ⅱ （万 m²）	减损规划建筑面积 （万 m²）	减损用地规模 （hm²）
居住用地	707	2474.5	989.8	1484.7	424.2

对比理想状态与现实情景，减损用地规模相差悬殊，即 424.2hm² 与 9.66hm²。从小雁塔一例可以看出，基于视域分析方法下的区域高度控制更为合理，更能有效维护城市旅游景区及其周边环境风貌，但相应所减损的建设量将非常可观。在城市土地资源较为稀缺的国情下，用地规划与管理需要寻求适度的、平衡的方案与策略。

6.6　本章小结

本章从空间相关性理论出发，基于地理学第一定律，任何一块城市土地均位于一定的地理单元内，其存在的特定现象与周围其他现象存在某种联系，并随距离的不同而产生或强或弱的相互影响。因此，城市用地是一种外部性较为典型的资源，尤其是城市中的特殊用地，如城市旅游景区具有更为明显的外部性。随着城市旅游景区外部影响发生机理的探讨，揭示出外部性的主要影响因素。本研究进一步细致分析了日本京都和中国桂林的城市空间规划，认为旅游城市风貌控制主要基于视线的建筑高度控制是其关键之所在，进而直接影响到城市用地的开发强度以及城市建设用地规模管控。

此外，基于西安的相关案例，从理论层面探讨了不同规模尺度、不同高度类型、不同组合关系的城市旅游景区对周边的影响范围，并基于理想风貌控制目标下进行模拟测算，发现其外部性影响更为强烈。

7 现实条件下的城市规划响应策略

旅游与休闲是这个时代的社会发展公共议题，是现代城市治理的重要内容。"如果一个城市没有给人带来闲暇的感觉、没有可以闲暇的空间与设施，那一定不是一个美好的城市"❶。现阶段注重城市旅游与休闲是为了促进经济增长，而实际上经济增长的最根本目的是为了实现和保障人们的休闲需求！

城市治理从广义的角度上是一种城市地域空间治理的概念，为了谋求城市经济、社会、生态等方面的可持续发展，对城市中的资本、土地、劳动力、技术、信息、知识等生产要素进行整合，实现整体地域的协调发展。城市治理主要涉及城市定位、城市规划、城市可持续发展等问题，主要是处理城市发展的各种要素[272]。因而，通过前文深入讨论的，一切由城市旅游与游憩而产生的用地效率和空间负外部性等问题，作为城市政府的治理政策工具，城市规划确有责任和能力去平衡城市土地资源要素，调节城市中各主体的利益和诉求之间的关系，通过城市空间规划消解其负外部性影响，实现对现实问题的科学响应，保障城市协调有序的可持续发展。

7.1 现行体制下的用地管理现状

7.1.1 土地资源管理与城乡建设用地控制

（1）土地资源管理

中国土地总面积居于世界第三位，但人均土地面积仅为 $0.777hm^2$，是世界人均土地资源量的1/3。随着我国经济的迅速发展，城市化进程加快，以及人口的增加，对土地的需求量越来越大，土地资源的价值也越来越凸显。但我国土地资源日趋紧张，且存在以下主要问题：①土地资源的绝对数量大，利用类型多样，但人均各类用地数量小；②各类用地分布不均衡，土地利用的区域差异大；③林地面积极少，森林覆盖率极低；④农业用地质量退化，土地资源利用效率较低，生态环境逐步恶化；⑤建设用地不断增加，耕地面积逐渐减少，开发利用粗放[273]。土地资源是一切生产活动的基础，随着社会经济的不断发展，作为不可再生的稀缺自然要素已成为约束社会经济可持续发展的重要条件之一，科学有效地进行土地资源利用与管理具有重要的现实意义[274]。

目前，我国执行的与土地资源相关的法律法规包括《中华人民共和国土地管理法》、《中华人民共和国土地管理法实施条例》、《土地利用现状分类》、《国务院关于深化改革严

---

❶ 中山大学中国城市与地方治理研究中心主任何艳玲教授认为，城市休闲是一个重大的急需反思的城市公共议题。她认为，如果一个城市没有让人可以有闲暇的设施，没有人可以产生闲暇的感受，这一定不是一个美好的城市。但我们的城市缺少闲暇的空间设计，也体现在无闲暇的政策设计上，"我们都是城市中的'无闲阶级'，不自由、不健康、也不舒适，没有家园感，也没有想象力和创造力。"

格土地管理的决定》等，其中 2007 年实施的《土地利用现状分类》是土地资源分类的国家标准，作为土地资源开发利用和管理的基本依据。该标准共分 12 个一级类、56 个二级类，其中一级类为：耕地、林地、园地、草地、住宅用地、公共管理与公共服务用地、工矿仓储用地、交通运输用地、商服用地、特殊用地、水域及水利设施用地、其他土地。

（2）城乡建设用地管理

城市化是一个国家社会经济发展到一定阶段必然出现的历史发展过程，是全球性的社会现象，而中国的快速城市化是 21 世纪影响人类发展的重要事件和进程。在城市化驱动经济增长和促进社会繁荣的同时，引发了资源能源与城市可持续发展的矛盾。城市化过程中重要的表现形式之一就是乡村土地转变为城市用地，城市建成区面积不断增长。

自改革开放以来，伴随着工业化进程，我国城镇化经历了起点低、速度快的发展过程，城市用地呈现快速持续增长的态势。1978～2013 年期间，我国的城镇化率从 18% 跃升至 55% 左右，城市数量由近 200 座增加到 658 座，建制镇数量更是从 2000 多个增加到 2 万多个，相应的城镇建设用地规模也成倍增长。至 2014 年末，全国设市城市 653 个，其中直辖市 4 个、地级市 288 个、县级市 361 个，建成区面积 4.98 万 km² （数据来源：住建部 2014 年城乡建设统计公报）。据统计，1990～2014 年，中国城市建设用地增长了 4 倍左右，年平均增长率高达 16%。按照城市发展的纳瑟姆曲线（美国城市地理学家 Ray. M. Northam）预测，我国的城市化进程仍处于高速发展阶段，城市建设用地的面积还将进一步增长，即使增速有所控制和放缓，但这一趋势仍将持续（图 7-1、图 7-2）。

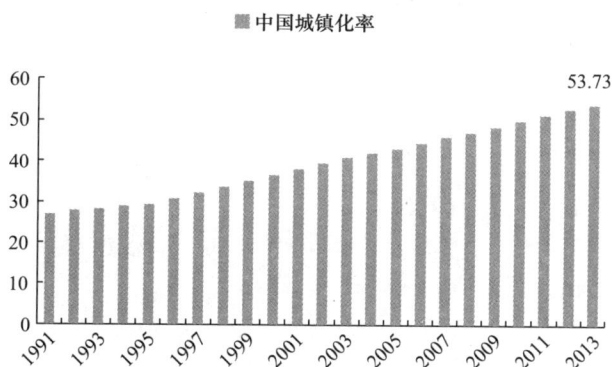

图 7-1　中国城镇化发展水平增长

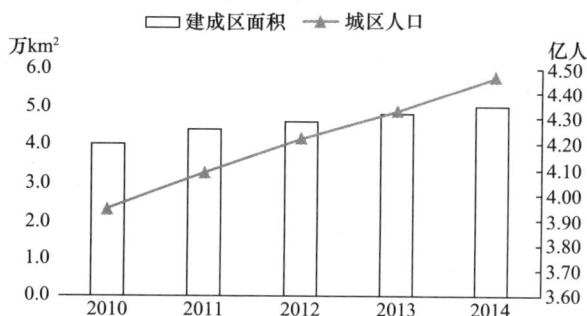

图 7-2　城市建成区面积与人口变化

另一方面，不同于世界其他国家的情况，我国城市化的特征是速度快、规模大，城市管理水平较为滞后，造成城市地域扩展的失速，城市建设用地无序蔓延的情况较为严峻。近年来国内外出现的相关理论和方法，如："有机疏散"、"紧凑城市"（Compact city）、"新城市主义"、"精明增长"（Smart Growth）、城市增长边界（Urban Growth Boundary），明确城市建设用地规划指标等理念与思路，都是对"城市无序蔓延"规划层面的一种修正和反思[210]，并在实践层面控制城市无序蔓延产生出多样的技术手段和政策措施。

7.1.2 城市建设用地的分类与指标控制

水资源、土地资源和能源是社会经济发展最为宝贵的资源要素，其中土地资源的承载力程度直接关系到城市发展的规模与质量。面对我国人口多资源少的严峻现实，土地资源保护与建设用地管控成为我国当下最重要任务。为了节约土地资源，科学指导城市发展，控制城市用地合理增长，我国城市建设用地的相关研究一直是工作的重点。

（1）《城市用地分类与规划建设用地标准》（GBJ 137—90）

早在 1987 年，中国城市规划设计研究院，与地方省市城市规划设计研究院及高等院校，成立城市建设用地的国家标准编制组，开始了城市建设用地管理控制标准的研究。1990 年原建设部正式批准和颁布了《城市用地分类与建设用地标准》（以下简称 90 版标准），于 1991 年 3 月 1 日起执行。作为城市规划界最重要的技术规范和管理工具，该标准首次对城市用地分类和建设用地标准做出统一规定，对引导城市规划编制与实施管理的科学化、规范化起到了重要的作用。

（2）《城市用地分类与规划建设用地标准》（GB 50137—2011）

2007 年，为适应当时的城市发展，原建设部组织编制了《完善城市总体规划指标体系研究》的专题报告，并于 2008 年组建新版国标修编课题组，进一步完善和修订 90 版标准。依据《中华人民共和国城乡规划法》，2010 年 12 月由住建部批准《城市用地分类与规划建设用地标准》（GB 50137—2011），自 2012 年 1 月 1 日起实施，90 版标准同时废止。

（3）当前标准对城市建设用地的分类与管理

根据《城市用地分类与规划建设用地标准》（GB 50137—2011）的规定，用地分类包括城乡用地（town and country land）和城市建设用地（urban development land），其中城乡用地分为 2 大类、9 中类、14 小类；城市建设用地分为 8 大类、35 中类、42 小类。《标准》规定了相应的规划人均城市建设用地面积标准及允许调整幅度的双因子限制要求，同时规定了规划人均单项城市建设用地面积标准。

7.1.3 城市旅游用地性质定位与管理现状

（1）城市旅游用地未有明确的法律地位

无论在《土地管理法》、《城乡规划法》等法律法规，还是在《土地利用分类》与《城市用地分类》等技术规范中并没有"旅游用地"或"城市旅游用地"的提法，更无明确的法律地位和技术标准。因此，从城乡规划的角度来说，对于进入城市规划范围内的旅游用地，一般依据当地城市规划管理办法进行管辖，而处于城市建设用地范围以外的旅游用地按照土地管理、风景名胜区管理、水利/森林/文物等管理权限进行管理。

（2）城市旅游用地性质模糊

在《标准》中阐述用地分类："本标准的用地分类按土地实际使用的主要性质或规划引导的主要性质进行划分和归类，具有多种用途的用地应以其地面使用的主导设施性质作为归类的依据"。在《标准》条文说明中以"文物古迹用地（A7）"为例加以解释："已作其他用途的文物古迹用地应按其地面实际用途归类，如北京的故宫和颐和园均是国家级重点文物古迹，但故宫用作博物院，颐和园用作公园，因此应分别归到'图书展览用地（A21）'和'公园绿地（G1）'，而不是归为'文物古迹用地（A7）'"。

进一步思考，目前故宫和颐和园实际使用性质到底是什么，北京故宫和颐和园，原是中国明、清时期的皇家宫殿和皇家园林，它们既是世界文化遗产和全国重点文物保护单位，同时也是国家 AAAAA 级旅游景区（图 7-3）。客观地说，其用地性质的第一层次为文物古迹，第二层次为博物院和城市公园，而第三层次则为著名旅游景区。从用地目前担负的主要职能看，平均每年接待中外游客高达 1000 万人次，并且随着旅游业的发展，旅游人数仍将持续增长。该用地的使用者绝大多数是城市以外的游客，而并非北京城市居民，其旅游属性大大超过其游憩属性。对于用地功能叠置的情况，从逻辑关系分析，合理的理解应该是，故宫作为文物古迹用地，除了基本的文物保护研究功能外，面对公众而言目前主要承担旅游功能。故宫在 2012 年已成为世界上唯一一个每年接待游客超 1000 万的博物馆，平均每日 8 万人的旅游流规模明确了故宫用地的实际用途。

图 7-3　北京故宫博物院（图片来源：百度图库）

一般而言，不同的用地性质对应不同的开发利用方式与强度，譬如"文物古迹用地"强调的是用地的文化价值，注重用地完整性和历史环境的保护与维护；而"公园绿地"强调的是用地的生态价值和城市居民休闲游憩功能；"旅游用地"则更强调用地的旅游观光价值，面向外来游客提供旅游服务。因此，从当前和未来一定时期看，故宫和颐和园所属用地更适宜划归为"城市旅游用地"其中的旅游景区用地为宜。

7.1.4　用地分类系统衔接的突出矛盾

（1）城市建设用地与旅游用地的功能复合、范围交叉叠置（表 7-1）

在城市建设和发展过程中，城市建设用地越来越呈现出其空间使用功能的综合性、复杂性、多元化、动态变化等特性，从用地的初始性质逐渐演化、叠加、附加和变化出多元化的空间使用功能，加上城市向地下和空中的双向垂直发展，综合利用，使得认定某一地块的城市建设用地分类变得愈发复杂和困难。

　　尤其是由于泛旅游化，以及"＋旅游"效应的影响，大量城市建设用地附加上旅游功能，如居住用地（传统街区）、宗教用地、公园绿地、城市广场、城市滨水地带、博物馆等，甚至工业用地、教育科研用地、农业用地等也成为工业旅游和农业观光旅游的目的地或游览对象。

　　此外，大量的城市建设用地上的商业金融、道路广场、宾馆餐饮、旅行社、旅游运输公司等单位和机构，主要面向外来旅游者提供服务，其主要性质已经部分或全部发生了改变。如西安的唐乐宫、大雁塔北广场等。

城市建设用地的旅游职能联系　　　　　　　　　　　　　　　　　　　　表 7-1

类别代码	类别名称	涉及旅游功能内容	案例	关联度
R	居住用地	地域特色民居，民族特色民居，特殊意义的住区	北京菊儿胡同，上海石库门里弄，喀什高台民居	++
A	公共管理与公共服务设施用地			
A1	行政办公用地	具有特殊意义或具有建筑艺术价值的公共建筑与用地	美国白宫与国会山，城市政府机构	+
A2	文化设施用地	公共图书馆，博物馆，文化宫，纪念馆，美术馆，会展中心	北京国家大剧院，悉尼歌剧院，陕西历史博物馆	+++++
A3	教育科研用地	著名高等学府，开放的特色科研事业单位	西安卫星发射中心，清华大学，成都大熊猫繁育研究基地	++
A4	体育用地	大型体育场馆，著名赛事场馆，特色体育训练基地	北京奥运村，上海 F1 国际赛车场，昆明海埂体育训练基地	++
A5	医疗卫生用地	康体旅游，美容旅游，悠久历史的医疗机构	韩国汉江南岸美容观光区，北京同仁堂	
A6	社会福利用地			—
A7	文物古迹用地	古遗址，古建筑，古墓葬，石窟寺，近代代表性建筑，革命纪念建筑	黄帝陵，唐大明宫遗址，洛阳龙门石窟，延安杨家岭革命旧址	+++++
A8	外事用地			
A9	宗教用地	寺庙道观，教堂，清真寺，城隍庙等宗教活动场所及宗教建筑	西安城隍庙，宝鸡法门寺，大雁塔，德国科隆大教堂，福建妈祖庙	+++++
B	商业服务业设施用地			
B1	商业用地	特色商业街区，特色餐饮名小吃店面，历史悠久的商铺百货，著名酒店、度假村以及连锁旅游宾馆	义乌国际商贸城旅游购物中心，上海南京路，北京王府井，西安德福巷，巴黎老佛爷百货，国际青年旅社，希尔顿国际酒店	+++++
B2	商务用地	著名的银行金融保险机构，文艺团体，影视基地	纽约华尔街，横店影视城，洛克菲勒中心，世贸大厦	+
B3	娱乐康体用地	剧院、音乐厅、电影院、大型游乐场所、赛马场，高尔夫，射击场，通用航空、水上运动的陆域部分	奥兰多迪士尼主题公园，韩国乐天世界，巴黎红磨坊歌舞厅，香港跑马地赛马场	++++
B4	公用设施营业网点用地		加油站	—

续表

类别代码	类别名称	涉及旅游功能内容	案例	关联度
B9	其他服务设施用地		汽车维修站	—
M	工业用地	开放的特色工矿企业	宜宾五粮液集团，青岛海尔集团，德国奔驰汽车公司，美国百威啤酒厂	+
W	物流仓储用地			—
S	道路与交通设施用地			
S1	城市道路用地	特色的景观道路，著名桥梁建筑，城市内部高架桥、过江隧道	旧金山金门大桥，九曲花街，迈阿密滨海景观道路，杭州湾跨海大桥，上海黄浦江水底隧道	++
S2	城市轨道交通用地	有轨电车，地铁，磁悬浮	上海磁悬浮，长春有轨观光电车线路，莫斯科地铁	++
S3	交通枢纽用地	铁路客运站，港口客运码头	青岛火车站，旧金山渔人码头	++
S4	交通场站用地	公交站点、公共停车场、索道缆车站点	旅游公交、旅游停车场	++
S9	其他交通设施用地			
U	公用设施用地			
U1	供应设施用地	特色的城市供电、供水、供热、供气、通信、广播电视设施	上海东方明珠电视塔	—
U2	环境设施用地	特色的设施工程	巴黎地下城市基础设施工程	—
U3	安全设施用地	著名的城市人防工程		—
U9	其他公用设施用地			
G	绿地与广场用地			
G1	公园绿地	城市公园，游憩绿地	大唐芙蓉园、兴庆公园	+++++
G2	防护绿地			—
G3	广场用地	著名的纪念广场，集会广场，游憩广场	莫斯科红场，北京天安门广场，大雁塔北广场，威尼斯圣马可广场	++++

（2）城市建设用地规划测算的精确性不足

旅游城市或大多数城市具有旅游职能，但城市建设用地指标的确定，主要是按照城市居住或暂住人口的需求来进行测算，制定了人均和总用地指标。而对于越来越重要的外来旅游人口无法计入常住人口，但庞大的旅游人口对城市用地和设施的需求却越来越多，导致许多旅游城市按照国标规范所设定的指标是远远不能满足现实情况的。

此外，单项用地也按照常住人口进行测算，显然不太合理，规范中所设定的5项人均单项城市建设用地面积标准，对于旅游城市而言，仅有居住用地和工业用地与旅游人口相关性较小，其他公共管理与公共服务设施，道路与交通设施，绿地与广场与不计入常住人口的旅游人口关系密切。同时其中只有公共管理与公共服务设施用地可以采用提高建筑密度或容积率等开发强度加以调整，而后两类用地难以忽略旅游人口对城市土地资源、空间资源、设施资源的占用需求。譬如对于旅游城市中的宾馆等住宿设施用地，城市居民的使用应该是非常少的，主要是大量的外来游客使用，其用地指标确定应进一步研究。对于国际旅游大都市而言，自助旅游服务设施与功能的完善，使得自助旅游与团队旅游的比重发生巨大的变化，旅游人口和旅游行为流的特征是越来越多元化和分散化，必须借助网络信息和大数据才能从多个侧面掌握餐饮、景区、住宿相关用地的使用状态。总之，对于旅游城市来说，旅游人口数量大、数字准确、流动规律较为简单，完全可以先于其他流动人口参与城市建设用地的测算，科学性、可行性、操作性都是具备的。

以上所述的问题都是目前我国进行城市旅游用地规划与管理面临的困惑，同时也对城市建设用地的规划与管理工作带来诸多实际困难。因此，城市旅游用地，应充分考虑与城市建设用地分类标准和全国土地分类标准的衔接，进一步明确法律地位和技术指标体系。

7.2 基于城乡规划体系下的城市旅游用地管理方案

城市规划在历经几十年的发展之后，已经趋于成熟，并逐步走上规范化、法制化、常态化的道路，《城市规划法》、《城乡规划法》及《城市规划编制办法》等法律、法规相继出台。相比较而言，旅游规划的研究和发展仍处在初级阶段，在发展过程中自身也存在一些问题，但旅游业的快速发展亟需旅游规划的科学指导。旅游规划现在还未纳入到法定的规划编制体系中，从规划类型角度应划分为非法定规划，所以在实际操作过程中不免产生许多非正常的行为，而且，现实中也出现了旅游规划与城市规划不协调甚至冲突的问题。因此，理顺两种规划之间的关系，使其在内容、编制、管理等方面协调非常必要与迫切，加强旅游规划与城市规划的有效衔接，也是提高旅游规划的可操作性，使其真正发挥实际作用的有效手段[275]。尤其在我国目前城市发展转型、提出"多规合一"、"一张蓝图干到底"等发展思路的背景下，相关法律的无缝对接、相关规划的整合不但科学合理，而且十分必要和紧迫。

多层面多方位的协调和对接，主要基于以下指导思想：

（1）明确法律地位

城市规划管理制度是城市政府进行城市管理的法律法规依据，通过对城市建设活动的控制和引导，实现对城市土地和空间资源的科学合理分配的干预与影响，达到促进城市协调有序发展的目标。随着我国经济、社会快速转型和城市化的深入发展，出现的许多城市问题也反映出在新时期城市规划法律法规对城市社会经济发展多元化需求的不适应。面对城市旅游化的发展需要，解决制度与现实困境的方法，无外乎针对问题进行制度调整和响应，及时应对旅游人口、旅游活动和旅游产业、旅游用地、旅游设施建设对城市的影响，从上层制度建设完善的角度解决问题。

从美国、英国和日本的城市规划法律体系和运行实践看，在城市发展环境日益复杂多元化的背景下，为满足城市开发控制的实际需求而不断作出必要的调整，可以以提高规划政策实施及管理的灵活性和有效性[276]204。伴随着城市中大量旅游人口和旅游服务成为常态化的现实，对城市规划体系提出新的诉求，最为直接的便是要求规划法规体系中明确城市旅游用地法律地位，并在一系列的规划管理实施过程中加以落实。

（2）全面纳入技术规范体系

旅游用地作为城市用地的一种新类型，只有得到城市规划的认可，取得用地的合法性，城市旅游空间布局才具有法律效力，才能得以实施[277]。现行涉及旅游用地的城市规划技术规范主要包括：《城市用地分类与规划建设用地标准》和《城市公共服务设施规划规范》。但是二者均未明确旅游用地的分类[278]。

7.2.1　法律法规层面的协调一致

《城乡规划法》自 2008 年 1 月 1 日颁布实施，其中第四十六条规定"修改涉及镇总体规划、城市总体规划强制性内容的，应先向原审批机关提出专题报告，经同意后，方可编制修改方案"。显然，城市规划并非一成不变，并非绝对刚性，而是根据城市经济和社会发展的实际需要可以进行相应调整，并且城市规划法授予城市人民政府局部调整审批后的城市总体规划文本的法律权力，即使是一些涉及城市性质、规模、发展方向等重要方面的内容，只要遵循相应的司法程序，也是允许调整和修改的。而这也是为了防止城市规划产生过度刚性的问题，保留了弹性调整的路径，这个路径也为城市规划与城市旅游规划及其他相关规划的衔接与协调提供了一定的接口[275]。

《中华人民共和国旅游法》2013 年 4 月 25 日中华人民共和国主席令第 3 号公布，其中第三章"旅游规划与促进"第十九条规定：旅游发展规划应当与土地利用总体规划、城乡规划、环境保护规划以及其他自然资源和文物等人文资源的保护和利用规划相衔接。第二十条规定：各级人民政府编制土地利用总体规划、城乡规划，应当充分考虑相关旅游项目、设施的空间布局和建设用地要求。规划和建设交通、通信、供水、供电、环保等基础设施和公共服务设施，应当兼顾旅游业发展的需要[279]。

从以上两部国家法律法规的规定和表述看，城市中的旅游规划和城市规划理应更为科学和紧密地结合，当然具体的对接和融合之所以仍不到位，主要是由于法律框架下更为细致的规划编制办法对用地、设施等方面的要求和侧重不同，甚至忽视两者的关联和若干冲突。

7.2.2　相关规划编制层面的对接

由国家旅游局提出、于 2003 年 5 月 1 日实施的《旅游规划通则》，其中规定"旅游规划要以国家和地区社会经济发展战略为编制依据，以旅游业发展方针、法规及政策为基础，与土地利用规划、城市总体规划相适应，与其他相关规划相协调；依据国民经济形势，对上述规划提出改进的要求"。

但是在《城市规划编制办法》中涉及旅游产业发展的条款较少，直接相关的基本是城市旅游的资源或对象，仅包括："（二）确定土地和水资源、能源、自然和历史文化遗产、生态环境等方面的保护与利用的综合目标和要求，提出空间管制措施与原则。""（十）确定绿地系统的发展目标与总体布局，确定岸线使用原则，划定河湖水面的保护范围（蓝线），划定各种功能绿地的保护范围（绿线）。""（十一）确定地方传统特色保护、历史文化保护的内容和要求，划定历史建筑、历史文化街区保护范围（紫线），确定各级文物保护单位的范围；研究确定特色风貌保护重点区域及保护措施。"其余如道路交通设施、城市基础设施、城市商业服务设施、城市公共服务设施的相关规划仅为旅游产业发展的基础保障体系（表7-2）。城市规划中对这些方面的规定并没有全面系统地从旅游业的角度来考虑，并不能充分满足旅游业的发展要求。城市规划与旅游业紧密相关，但目前对其发展的需求却考虑不足，体现了现行城市规划的局限，也说明了城市旅游规划及其与城市规划协调配合的必要性[275]。

城市规划所涉及的城市旅游产业要素一览表[280]　　　　表7-2

旅游地主要要素	市区内	市区外围的市域
旅游吸引物（或产品）	文物古迹、历史地段、传统街区、建筑特色、城市广场、城市公园	风景名胜区、森里公园、度假区、自然保护区
旅游地环境	城市绿化、城市风貌、环境卫生	城镇环境
旅游基础设施	城市道路系统、客运场站（火车站、汽车站、码头、航空港）、城市给排水系统、城市供热和燃气工程、城市电信工程、城市环保工程、城市防洪工程	区域道路系统、城镇基本建设

在城市规划中应为旅游用地的合法性和可行性提供保障，充分考虑到城市旅游的发展，增加旅游用地的分类；确定旅游用地的性质、开发原则、区位及范围等；确定旅游者的活动区域及对应的规划建设原则，使其适应旅游活动的需要；同时还要注意协调好旅游用地与建设用地、农业用地等各类用地的关系；加强旅游用地的细分研究，对其进行明确的土地用途细分，并将相应的旅游配套服务设施用地纳入城市建设用地平衡统计中去，确保规划意图的实现[275]。

城市规划应充分体现旅游相关内容，如城市整体景观、城市环境、街区规划设计、旅游资源的保护、旅游资源的开发、道路系统与公共交通规划，使游客不仅能够感受到景点的魅力而且还感受到城市独特的文化气息。旅游规划应该在尊重城市规划的前提下，不断对城市规划的内容进行补充和协调，以适应旅游业对城市的要求。

7.2.3　城市规划技术标准的适宜性调整

（1）增加城市旅游用地分类

城市用地功能越来越混合，需要增设多种用地类型，再根据城市用地的实际用途进行准确划分与归类，不同的规划期，有可能同一用地的用途并不相同，将更为准确地掌握城市用地情况与变化。

基于城市建设用地管理的城市旅游用地分类方案，真正的核心是与用地规划的对接。只有给了明确的分类，才能赋予其用地指标，才能真正实现有效管理。现提出以下三种调整方案（表7-3、表7-4）：

方案1：在相关法律法规的衔接思想的指导下，鉴于《城市用地分类与规划建设用地标准》已经与《土地利用分类》进行了相应的对接，在此基础上，将《城市用地分类与规划建设用地标准》视为一个开放的分类系统，在不改动8个大类的原则下，拟在商业服务业设施用地B中增设中类：城市旅游用地B5和B51（旅游景区用地），B52（旅游服务设施用地），B59（旅游相关用地）。

方案2：依据城市用地分类与旅游功能关联度，大类、中类保持稳定不变，细化小类用地，既可以保持城市规划用地的稳定性和延续性，又可以充分考虑城市旅游发展与用地需求的现实要求。同时，对小类用地指标进行统一的编码，可方便统计城市旅游用地需求，落实统一管理，弹性调整的目标。如 R91 特色民居，A91 遗址公园用地等。

  方案 3：基于生活、交通、工作、游憩等城市基本功能需求，在原用地分类上，增加城市旅游用地（T）大类，并分为 3 个中类：城市旅游景区用地（T1），城市旅游服务用地（T2），其他城市旅游用地（T3），以及若干小类，构建一个与城市建设用地分类完全匹配的开放型城市旅游用地分类体系。

城市旅游用地分类和代码   表 7-3

类别代码			类别名称	内 容
大类	中类	小类		
T 城市旅游用地	T1 城市旅游景区用地	T11	现代娱乐旅游景区	主要包括向游人开放的博物馆、美术馆、音乐厅、歌舞厅、演艺场所、体育场馆、主题公园、广场雕塑、现代都市景观等现代文体娱乐场所及设施
		T12	历史文化旅游景区	主要包括向游人开放的历史遗址、名胜古迹、文化景观、特色艺术区、民族街区、宗教场所等历史文化场所
		T13	自然景观旅游景区	主要包括向游人开放的城市滨水区、城市林地、城市湿地、城市山岳、城市水系、温室苗圃等
		T14	其他类型旅游景区	主要包括向游人开放的康体、疗养、美容等休闲保健机构与场所，以及具有旅游开发价值的待开发区域
	T2 城市旅游服务用地	T21	旅游住宿设施用地	旅游接待宾馆、酒店、旅社、民宿、招待所、度假公寓及其附属设施
		T22	旅游餐饮设施用地	特色旅游餐饮、餐厅、咖啡厅、酒吧、美食街区等
		T23	旅游交通设施用地	旅游道路与航道、旅游轨道交通设施、旅游停车场、旅游调度场站、游客集散广场、景区加油站等
		T24	旅游商业设施用地	主要面向游人开放的特色步行购物街、旅游购物品商店、商业综合体等商业、金融、保险用地
		T25	旅游服务机构用地	旅行社、游客服务中心、游客咨询中心、城市旅游局、景区管理机构、旅游培训教育机构等
	T3		其他城市旅游用地	除以上之外的旅游相关设施用地，旅游纪念品土特产加工场所、仅为旅游地使用的城市公共基础设施等

三种用地分类优化调整方案的特点对比   表 7-4

	变动内容	对原用地分类系统的变动层面	变动程度	规划编制与实施管理层面	便利程度
方案 1	仅丰富一个中类 B 下的小类	不改变大类与中类，仅增加小类，便于推进实施	＋	在总规层面，小类用地得不到充分表达。便于操作	＋＋＋
方案 2	对涉及旅游职能的中类全部增加旅游小类	为关联性较强的各个中类，增加相应的旅游职能小类代码，对原分类改动较大	＋＋＋	用地类型细致准确，但对实施管理工作提出更高要求	＋
方案 3	直接增加旅游用地 T，构建相应的中类和小类体系	增加用地大类，并补充完善相应中类和小类，改动较大	＋＋	明确利于用地地位，从宏观微观尺度予以充分考虑，对于旅游城市或旅游职能较为重要的城市而言，操作性较好	＋＋

（2）优化城市建设用地结构

从现行《城市用地分类与规划建设用地标准》的城市建设用地结构分析，为了保证城市合理运行，通过长期的城市统计数据和经验研究，《城市用地分类与规划建设用地标准》提出用地结构比例的参考值：

"4.4.1 居住用地、公共管理与公共服务用地、工业用地、交通设施用地和绿地五大类主要用地规划占城市建设用地的比例宜符合表4.4.1的规定[10]。

规划建设用地结构　　　　　　　　　　　　　　表 4.4.1

类别名称	占城市建设用地的比例（％）
居住用地	25.0～40.0
公共管理与公共服务设施用地	5.0～8.0
工业用地	15.0～30.0
道路与交通设施用地	10.0～30.0
绿地与广场用地	10.0～15.0

4.4.2 工矿城市、风景旅游城市以及其他具有特殊情况的城市，可根据实际情况具体确定。"

规范给出的是城市最基本的用地大类的比例关系，满足城市工作、生活、交通、游憩四大基本功能的正常运转，分别对应工业用地、居住用地、道路与交通设施用地，以及绿化与广场用地。但随着时代的进步和城市的发展，城市的公共管理与公共服务设施用地的作用越来越重要，必须安排必要的用地比例，才能建设更高品质的城市。此外，以上5类用地皆是面对城市常住居民服务的，但是目前城市的对外服务功能，尤其是旅游服务功能不断增强，已经成为城市的主要职能之一。因此，无论是从城市品质提升，还是注重城市旅游职能的角度，对于城市旅游用地也应该给予相应的用地比例。

传统的一般性城市功能性用地占据极大比例，辅助性的绿地与广场约为10％～15％。①此值域仅为规划目标，现实情况其值大多还低于该数值，但随着城市旅游的兴起，不但这些少量的用地成为旅游场所和用地，城市中涌出大量的如仿古街区、艺术街区、旅游综合体、历史人文景区等。②本身绿地与广场用地的指标，是针对城市居民的游憩活动而设置，也并非为外来旅游者提供旅游服务职能。综上分析，目前大多数的城市旅游职能不断增强，因此《城市用地分类与规划建设用地标准》所推荐的用地结构已经远远不能适应现代化城市的发展和用地安排，尤其是对于风景旅游城市，更应进行适宜性的用地结构调整。

从西安的实例看，城市旅游用地的比例大致在20％～25％之间，但不同的用地分类方式将其增加或给予不同用地类型上，如方案1计入商业服务业设施用地B中。然而B类用地本身在城市用地结构中并无建议比重，但对于风景旅游城市则需要特别给予B类用地中的旅游用地以一定比例，并适当减少其原公共服务设施用地比例（因为部分服务设施已划归旅游设施中），并增加绿地与广场用地，符合旅游城市风貌发展。若实施方案3，则需要在城市用地结构中给予城市旅游用地约15％的用地比例。

（3）合理确定城市建设用地规模

方案1：以西安为例，假设以往的城市规划按照人均120m² 的建设用地指标控制是基本合理的，意味着若充分考虑旅游相关活动与用地，以及其外部效应的影响，则需要在此基础之上增加28.8％左右才是较为合理的建设用地规模，达到人均154.56m²。而《城市用地分类与规划建设用地标准》中 4.2.4 条款中明确提出人均建设用地若不符合规定时，对于风景旅游城市（镇）应进行专门论证，确定规划人均城市建设用地面积指标，且上限不得大于 150.0m²。从西安实例审视这一标准所设定的阈值，再考虑到比西安的旅游职能更为重要，旅游产业更为发达的旅游城市，则此阈值应该因地制宜地进行测算和确定，并在不同的规划期和现实发展中给予更为准确和合理的面积指标，促进城市有序发展。

方案 2：另一种思路，考虑单独给予外来旅游者一定的人均建设用地指标，而不需要提高按照城市常住人口的人均建设用地指标，则更为合理，同时便于弹性管理。根据西安案例的测算，西安市提供给旅游产业发展的城市建设用地规模约 121km²，以 2015 年旅游人次 1.36 亿，过夜比例 48%，计算旅游人口规模，则人均占用旅游用地为：121000000/（136000000×0.48）＝1.85，即对于西安来说，旅游者人均占用建设用地规模约 1.85m² 左右（假设：目前的旅游人次与城市接待能力、环境容量基本匹配的情况下，即旅游对城市的影响处于合理范围内）。针对其他旅游城市可以根据自身发展情况，精确测算旅游者人均占用建设用地指标，进而根据旅游人次增长情况计算出未来所需建设用地规模，并在城市规划实施与管理中予以考虑和安排。

方案 3：研究认为城市旅游职能及其用地的重要性不言而喻，尤其对于像西安、桂林、三亚、北京、杭州等世界级著名旅游城市，在其城市建设用地范围内存在数量较多、规模较大的自然风景资源和历史文化遗址，其用地可以划为类似旅游产业园区，单独区别对待，可采取虽纳入城市规划建设用地平衡表，但不宜计入人均建设用地指标的特殊处理办法。如此既充分考虑了城市建设用地规模总量的有效管理，同时也兼顾了严格控制人均建设用地指标的规范要求。

方案 4：在城镇化快速推进的特殊阶段，中国各大城市建设用地规模迅猛扩张，低效率、粗放式、无序蔓延，成为我国城市发展的突出问题。《国家新型城镇化规划（2014-2020)》明确提出，密度较高、功能混用和公交导向的集约紧凑型开发模式将成为主导方向，人均城市建设用地严格控制在 100m² 以内。因此，对于城市外来游客不断增长，城市旅游产业不断发展的现实情况，通过增加城市建设用地规模不符合国家城镇化"集约、紧凑、高效"发展的大方向，而应该通过对现有城市建设用地存量进一步提高利用效率和开发强度来解决问题。

通过以上的思考和探索可以看出，旅游发展与城市规划的衔接，最基础和最核心的工作之一，是城市旅游用地合法纳入城市建设用地法规体系中，在城市建设中充分考虑旅游产业用地诉求，否则不同类型的规划对接是无法有效进行的。即建设用地的统一，是规划衔接的基础和根本。对比城市建设用地分类与城市旅游用地分类，整合入城市规划分类体系，按照主要使用性质，按照大类、中类和小类，落实总规、控规和修规，以及实践管理层面的可执行性。此外，在"多规合一"的发展趋势下，对土地规划、旅游规划、主体功能区规划与城市规划的衔接留下接口。

7.3　规划管理政策的响应策略

从城市用地管理的角度看，将规划技术与政策响应按照城市空间尺度分为两类：①城市宏观整体层面策略：对于城市建设用地总规模的修正，以及对人均用地指标的调整；

②城市中微观尺度策略：在城市片区内部对城市地块的开发强度进行平衡。换言之，城市规划管理中依据修正后的技术规范给予城市旅游用地相应的指标和空间布局安排的同时，也需要充分考虑旅游景区产生的负外部性影响，实施基于容积率补偿技术手段的空间利益再平衡策略。

7.3.1 多维度认识城市空间利益平衡的本质

（1）城市土地资源的最优化过程

城市规划与管理的最根本目的是为了实现城市发展资源价值的最大化兑现，其中核心的任务就是尽可能保证土地空间资源的高效利用。

帕累托最优（Pareto Optimality），也称为帕累托效率（Pareto efficiency），是指资源分配的一种理想状态，对假定固有的可分配资源进行多种分配状态的优化过程。帕累托最优是公平与效率的"理想状态"，"帕累托最优"理论在指导稀缺资源开发时非常有效。为了减少现实中的负面影响，可以采用多元化补偿方式平衡各方权益。对于本书研究的问题而言，为了向城市以外游客提供旅游服务、保护历史遗产、维护景观环境等保障公共利益的行为，所产生的负外部影响，应该在城市建设用地规模和开发强度方面给予一定的补偿和奖励，实现城市土地资源开发的帕累托最优（图7-4、图7-5）。

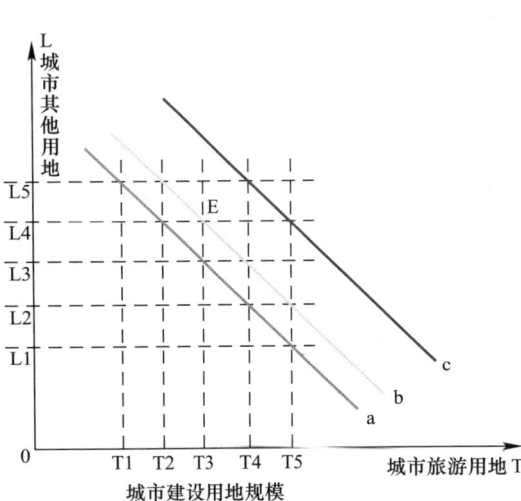

图7-4 两类用地规模分配关系变化

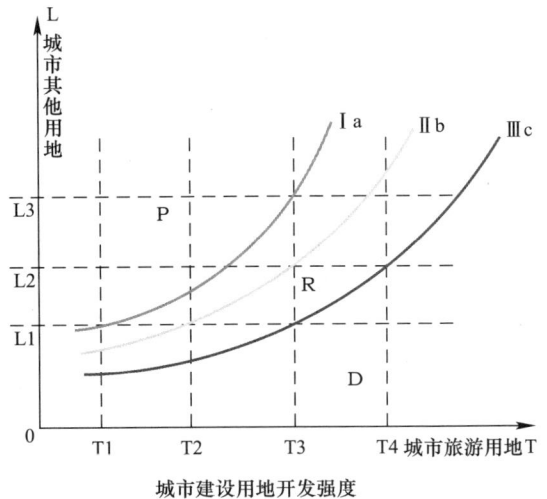

图7-5 两类用地空间开发量关系变化

假定城市建设用地分为 T 与 L 两种类型，横轴 T 代表"城市旅游用地"的用地规模和开发强度，纵轴 L 代表"城市其他用地"的用地规模和开发强度，a、b、c 则各代表不同的城市建设用地总规模和开发强度。图7-4 中 a、b、c 直线上无穷多的节点 E，则代表T 与 L 两类用地不同的规模分配状态。图7-5 中 Ⅰa，Ⅱb，Ⅲc 曲线上无穷多的节 R，则代表可能实现的开发总量的各种可能的组合状态。由于城市土地资源是稀缺的，整个城市用地的立体空间资源作为有限的总量全部分配于曲线之上，即表示：随着城市旅游用地的不断增加，城市内部旅游景区分布越多，其周边外部影响越发强烈，则相对于城市其他用地的开发强度必须提高予以应对，从而保持建设总量的平衡（前提假设：总量规模和空间开发总量是由城市常住人口规模所决定，是一个固定值，且人口规模与用地规模总是匹配的）。曲线外的点是任何资源配置方式都无法达到的，或者理解为不合理与不经济的。在曲线以下的点（如 D 点）所代表的资源配置状况是低效率的，土地开发强度不足，导致城市用地资源浪费；而在曲线以上的点（如 P 点）所代表的资源配置状况是超载的，导致城市用地盲目过度开发，造成投资浪费。所以，曲线上的任何一点都是帕累托最优状态的。

帕累托效率准则提供了一种资源最优配置的理想状态，因此可在科学确定城市建设用地总体规模，充分考虑旅游相关用地的发展与安排，尽可能高效利用城市土地资源，使得有限的城市土地资源在总体上获得最优的配置方式。

（2）城市政府积极提供的准公共产品

城市旅游用地类型多样，部分属于旅游产业发展用地，部分属于城市基础设施与公共服务设施用地，其中旅游景区用地中的公园绿地、历史街区、博物馆、风景名胜、文物古迹等绝大多数属于城市准公共产品性质。对于介于社会公共产品和私人产品之间的准公共产品的供给，可以采取政府和市场共同分担的原则，即部分城市旅游景区（除去经营性质的城市主题公园、游乐园等）应当由城市政府向居民和游客提供。

准公共产品作为一种"社会混合公共产品"，具有有限的非竞争性或有限的非排他性的公共产品，政府从城市治理的角度出发，应积极主动地去满足居民的基本权利与公平共享的需要，灵活地借鉴城市基础设施建设投资模式，尽可能利用市场资源配置手段，如 BOT（build-operate-transfer）、PPP（Public-Private Partnership）等多种模式，让非公共部门所掌握的资源也参与提供公共产品和服务，既满足社会公平参与，又满足效率价值兑现。因此，对于部分属于城市准公共产品的城市旅游景区，城市政府出于保障城市正常职能发展、公众利益、文化利益、城市形象等需要，可以采取政府与市场共同生产和维护的方式进行。由此而引发的一系列的土地资源配置问题、空间外部性影响，应该考虑公众利益与市场利益的平衡，从政策和技术两个层面上加以协调，以实现经济效益、社会效益、文化效益、生态效益共赢的城市发展目标。

7.3.2 城市旅游用地外部性问题的应对策略

目前，城市政府对土地利用外部影响的控制与管理方法主要有：（1）政府控制政策，通过土地功能区划、容积率控制、土地储备，尽可能降低外部性；（2）外部成本内部化，即要让造成外部性的一方承担对他人所产生的损害后果或外部成本；（3）依据科斯定理，界定土地产权主体，理顺土地产权关系，明确土地权益，尽可能地克服经济活动中存在的外部性问题；（4）建立土地利用的经济激励机制，政府通过税收和补贴调节相关土地产权主体的成本与收益，促进公平目的的实现[281]。

从城市规划与管理的角度，以上策略中最直接和最为有效的方式，就是基于容积率控制建立城市旅游景区毗邻用地开发强度补偿方法与制度。

"城市由于不同的场地条件产生了丰富的城市空间形态，其中很多场地作为优质的空间资源（比如河流、公园），这些公共产品属于城市的公众所有，如何通过容积率空间分布的城市设计方法尽可能的最大化利益，维护社会的大多数公平公正"[282]。在城市规划与管理实践中有着许多成功的经验，如："纽约市是创立容积率调控技术与空间转移的先驱者，20 世纪 60 年代末创造了剧院区奖励制度以后，纽约市又颁布了 TDR 地标保护计划，目的在于维护三百多栋历史文化建筑，并在随后的区划法修订案中赋予了法律效力。在90年代初纽约城市规划委员会（City Planning Commission，CPC）着手制定了一系列容积率奖励的手段来对曼哈顿地区进行城市存量优化，复兴老城区"。

"容积率调控的主要内容同样可以划分为'控'与'调'两个部分。'控'是实施基础，是容积率调控在实施过程中固定不变的相关内容，作为容积率调控技术的行动依托，具体可细分为控制框架与管理框架。'调'是优化途径，是为了能够使规划管理手段不断适应市场开发需求而采取的操作技术，通常需要借助于市场机制来完成"[102]。为了维护城市旅游景区及其周边环境风貌，对容积率进行严格的控制是十分必要的，尤其是基于视线与视域分析基础上对周边建筑高度的严格限制是管控的关键。对于外部性影响区以外城市区域的容积率采取补偿、转接、奖励等方式予以适度提升，从而保证城市土地资源的空间开发总量的平衡，尽可能减少由于城市旅游用地的占用和外部性对城市居民用地权益的负面影响。

"容积率转让是通过政府设定的潜在开发潜力的转移来实现对城市空间的塑造，以容积率作为开发潜力的载体进行转移，最终实现利益的平衡与空间的优化。具有以下几方面的优点：①可以保护城市中有价值的特色空间，如法学教授 John Costonis[67]认为容积率转让可以作为一项有效的历史建筑保护方法，使某些地区积压的开发权重获使用机会，协调开发与保护的矛盾。②可以将政府管制型的控制手段转变为市场型的管理手段，有利于发挥市场在资源配置中的作用。③有助于集中城市的开发强度，削弱美国城市蔓延带来的不利影响"[102]。

总之，在城市规划与管理中，面对日益发展的城市旅游用地及其影响问题，必须建立科学合理的容积率调控政策，兼顾城市用地开发的"公平与效率"，既保证城市居民的空间权益，也保障外来旅游者的游览权益；既保证城市旅游职能的有序发展，也保障城市其他职能的正常运转。

7.4　本章小结

旅游与休闲是这个时代社会发展的公共议题，从现代城市治理的角度看，一切由城市旅游用地所产生的用地效率和空间负外部性等问题，作为城市政府的治理政策工具，城市规划有责任和能力去平衡城市土地资源要素，调节城市中各主体的利益和诉求之间的关系，通过城市规划消解其负外部性影响，实现对现实问题的科学响应。本章通过对现行城市建设用地管理制度的阐述，认为城市旅游用地必须明确法律地位，并纳入城市规划技术体系，使得相关规划及法律法规协调一致，技术编制体系完全对接，同时对城市规划技术标准的适宜性进行优化调整。研究基于现行的《城市用地分类与规划建设用地标准》提出3种城市建设用地分类调整方案和4种城市建设用地规模优化的思路与方案，以及若干规划管理层面上的实施策略。对以上问题的探索能够起到抛砖引玉的作用，为推动城市建设用地的科学规划与管控提供有益的探索和借鉴。

8　结　　语

在当前城市与旅游高度融合发展的时代背景下，伴随着旅游产业的高速、持续发展，城市规划与建设中越来越多涉及与旅游活动和旅游产业发展相关的内容，尤其是旅游用地与城市建设用地相互关系处理的现实问题越来越突出。国家明确提出把"旅游用地"纳入土地利用和城乡规划，进一步规范旅游产业用地的管理。城市规划应当从法律法规体系，技术标准与规范，规划管理制度等多个层面对这一现实问题予以回应，并进行相应的适应性调整与创新。

8.1　主要结论

（1）确立城市旅游用地法律地位是解决现实问题的关键

现代旅游业的快速崛起与城市化的深入发展，造就了"旅游城市化"和"城市旅游化"的时代特征。越来越多的现代化城市不断增强其旅游服务职能，城市逐渐成为城市居民和游客共享的新一代城市。伴随着这一进程，城市旅游用地也相应成为城市用地结构中日益重要的组成部分，亟须城市进行合理的安排统筹和科学管理。研究通过系统阐述城市旅游用地的起源、概念内涵与特性，提出应明确城市旅游用地在城市规划法律法规体系中的地位，增加城市旅游用地类型，将其纳入现行的城市建设用地分类标准体系，在规划工作中合理安排旅游产业用地与布局，为更好地发挥城市旅游职能，促进旅游与城市协调发展创造规范的建设管理环境。

（2）精确测算城市旅游用地对建设用地的影响是优化指标的基础

在城市建设用地日趋紧张的当下，规划用地规模测算遵循"人口-用地"相匹配的思路，需要充分考虑旅游职能发达城市和综合性大城市中旅游流的规模与特征，处理好城市旅游用地与城市建设用地的关系，为将旅游业纳入城市总体规划，合理安排用地规模、配套公共服务设施和城市基础设施奠定科学依据。研究以西安市为例，充分考虑其城市建设与旅游发展状况，准确测算城市旅游用地对建设用地的占用影响和外部性影响，并从开发空间体量的角度对外部性的发生机理和控制性因素进行探索研究。研究认为只有精确掌握了城市旅游用地对建设用地所产生影响的量化程度，才能为进一步合理确定与城市旅游职能相匹配的建设用地规模，优化完善城市用地结构与人均建设用地指标提供技术支撑。希望最终达到既保证城市居民的基本建设用地指标，又满足城市旅游产业日趋增长的用地需求的规划目标。

（3）构建适应性的城市建设用地分类与人均指标是有效的技术策略

从现代城市治理的角度看，由城市旅游用地所产生的用地效率下降和负外部性等问题，作为城市政策工具的城市规划，有责任和能力去平衡城市土地资源要素，调节城市中各主体的利益和诉求之间的关系。研究基于规划与管理的实施层面，提出三种城市用地分类调整方案和优化城市用地规模测算的若干思路，同时从城市建设用地管理的宏观尺度、中微观尺度探索解决城市旅游用地外部性影响的方法，创新多元化的城市建设用地补偿政策，提高城市土地及空间资源分配的科学性与合理性，进一步丰富和完善现有的城市建设用地管理工具。

8.2 研究创新点

目前，在城市规划研究领域对于城市旅游用地方面的研究存在着明显的不足，表现在以下方面：首先，在规划理论上，城市规划是强调"以人为本"的，但这里的"人"主要针对城市居民，其更关注城市内部的发展，体现的是城市居民的利益和诉求，往往容易忽视城市旅游者和旅游产业对城市用地的需求。其次，日益增强的城市旅游职能的完善需要更多城市空间与土地资源，同时旅游景区所产生的外部影响也不容忽视，这些都对城市建设用地规划与管理中的相关指标的科学性与合理性提出了新的要求。但调整技术指标及优化管理策略需要基于精确的测算思路、方法与结果，而当前相关领域的研究明显不足，所涉及的城市规划技术规范仍旧滞后于城市旅游用地发展的现实。

因此，本研究的创新之处为以下三个方面：

（1）面对城市旅游职能不断增强及其相关用地需求快速增长的现实问题，研究基于城市旅游用地的演化与发展，明确提出了城市旅游用地的概念与构成，并分析了其特征、内涵与价值，进而在理论层面探讨了其对城市发展与规划的深刻影响。

（2）结合现实案例，运用空间分析方法，精确量化测度城市旅游景区占用率及其对周边用地开发强度的外部影响。并基于实施角度提出若干城市建设用地规模指标修正调整的试行方案，进一步丰富了城市建设用地规模管控的研究方法，提升城市规划技术工具的科学性与精准性。

（3）基于现行的《城市用地分类与规划建设用地标准》，在深入分析城市旅游用地与城市建设用地相关性的基础上，明确提出增加"城市旅游用地新类型"以及多种并入方案，推动城市建设用地分类标准的优化，解决现代城市旅游用地发展的诉求与问题。

8.3 不足与展望

城市旅游用地对城市建设与发展的综合影响研究是一个庞大复杂的课题，本书仅从城市建设用地管控的视角切入研究，但基于数据来源和应用层面上的局限性，定量化的研究仍需进一步深化和细化，以促进更加全面、精确掌握这种影响的广度和深度，为下一步制定更为科学合理的建设用地指标体系提供技术支持。研究中遇到的许多问题仍需深入探讨，比如城市旅游用地的类型多样，但受到所能获取相关数据的局限性，不能对所有类型的占用率和外部影响进行全面测算；此外在现实环境中，旅游用地与建设用地关系的复杂性也决定了研究的精细度有待于进一步提升。

因受到个人学识、学科领域和研究时间等方面的限制，本研究仍存在较多的不足，但这些不足也将会成为作者未来进一步探索研究的方向。如：（1）本研究以西安市为典型案例进行研究，但我国城市数量众多，且在社会经济发展水平、旅游产业地位、建设用地状况等方面千差万别，未来的研究应通过城市大数据统计为基础进一步展开工作，不断提升研究结论的普适性和应用性。（2）一个城市的发展在一定的时空背景下，所表现出的问题都是动态变化的，研究所涉及的城市用地规模、城市人口规模与旅游人口规模等也都是随着时间的推移不断变化的。研究下一步应基于现状数据分析，引入时间序列研究，加强规划政策工具的时效性和前瞻性。（3）进一步展开对于创新多元化的补偿和奖励策略的研究，通过统筹协调城市用地的功能配套、建设强度、开发成本、产权管理等方面，提高城市空间资源利益分配的公正公平，进而提升城市规划管理的科学性与权威性等等，这些思考与探索都将是下一步研究工作的方向与重点，希望通过持之以恒的努力，不断前行。

附录 1
西安中心城区不同等级宾馆客房数与
建筑平均层数抽样调查数据

五星级及豪华酒店	平均客房数量	平均层数	四星级及高档酒店	平均客房数量	平均层数	三星级及舒适宾馆	平均客房数量	平均层数	二星级及经济宾馆	平均客房数量	平均层数
样本 A1	200	10	样本 B1	95	4	样本 C1	90	3	样本 D1	90	4
样本 A2	275	26	样本 B2	178	5	样本 C2	170	5	样本 D2	170	8
样本 A3	428	26	样本 B3	120	9	样本 C3	100	5	样本 D3	103	4
样本 A4	463	10	样本 B4	89	4	样本 C4	60	4	样本 D4	141	5
样本 A5	382	13	样本 B5	157	15	样本 C5	112	5	样本 D5	103	2
样本 A6	178	26	样本 B6	102	3	样本 C6	80	6	样本 D6	78	3
样本 A7	400	19	样本 B7	101	11	样本 C7	98	6	样本 D7	109	6
样本 A8	565	25	样本 B8	98	10	样本 C8	105	3	样本 D8	72	5
样本 A9	285	20	样本 B9	293	14	样本 C9	90	4	样本 D9	104	4
样本 A10	487	18	样本 B10	128	12	样本 C10	141	5	样本 D10	119	9
样本 A11	265	13	样本 B11	121	8	样本 C11	115	3	样本 D11	125	9
样本 A12	325	9	样本 B12	211	13	样本 C12	80	2	样本 D12	96	3
样本 A13	380	23	样本 B13	62	20	样本 C13	167	4	样本 D13	150	4
样本 A14	393	12	样本 B14	105	25	样本 C14	141	4	样本 D14	103	5
样本 A15	365	12	样本 B15	108	25	样本 C15	125	4	样本 D15	108	5
样本 A16	428	17	样本 B16	303	11	样本 C16	159	4	样本 D16	159	5
样本 A17	345	29	样本 B17	189	9	样本 C17	127	3	样本 D17	114	4
样本 A18	318	31	样本 B18	168	17	样本 C18	140	3	样本 D18	156	2
样本 A19	315	28	样本 B19	117	7	样本 C19	58	3	样本 D19	91	6
样本 A20	389	26	样本 B20	125	14	样本 C20	276	2	样本 D20	112	4
			样本 B21	205	16	样本 C21	158	22	样本 D21	111	1
			样本 B22	133	10	样本 C22	75	8	样本 D22	145	5
			样本 B23	172	6	样本 C23	130	10	样本 D23	119	5
			样本 B24	270	19	样本 C24	58	7	样本 D24	124	7
			样本 B25	26	4	样本 C25	60	5	样本 D25	132	1
			样本 B26	148	8	样本 C26	133	7	样本 D26	103	8
			样本 B27	293	8	样本 C27	260	18	样本 D27	116	3
			样本 B28	154	7	样本 C28	109	5	样本 D28	90	5

续表

五星级及豪华酒店	平均客房数量	平均层数	四星级及高档酒店	平均客房数量	平均层数	三星级及舒适宾馆	平均客房数量	平均层数	二星级及经济宾馆	平均客房数量	平均层数
			样本 B29	183	3	样本 C29	120	4	样本 D29	156	6
			样本 B30	161	4	样本 C30	111	5	样本 D30	75	4
						样本 C31	178	4	样本 D31	137	6
						样本 C32	78	3	样本 D32	107	4
						样本 C33	160	2	样本 D33	85	6
						样本 C34	171	9	样本 D34	103	4
						样本 C35	133	5	样本 D35	134	4
						样本 C36	99	4	样本 D36	59	4
						样本 C37	58	12	样本 D37	147	12
						样本 C38	165	4	样本 D38	95	6
						样本 C39	40	3	样本 D39	130	4
						样本 C40	200	6	样本 D40	107	1
						样本 C41	113	8	样本 D41	107	5
						样本 C42	120	1	样本 D42	116	4
						样本 C43	80	2	样本 D43	138	6
						样本 C44	111	4	样本 D44	87	9
						样本 C45	122	5	样本 D45	126	5
						样本 C46	168	6	样本 D46	120	5
						样本 C47	86	1	样本 D47	88	8
						样本 C48	80	5	样本 D48	35	3
						样本 C49	188	6	样本 D49	93	3
						样本 C50	138	7	样本 D50	99	5
						样本 C51	116	4	样本 D51	100	5
						样本 C52	140	3	样本 D52	107	4
						样本 C53	80	4	样本 D53	125	6
						样本 C54	135	8	样本 D54	63	2
						样本 C55	98	4	样本 D55	85	5
						样本 C56	88	5	样本 D56	78	3
						样本 C57	139	5	样本 D57	88	5
						样本 C58	193	9	样本 D58	67	6
						样本 C59	155	5	样本 D59	72	1
						样本 C60	38	12	样本 D60	35	8
						样本 C61	165	4	样本 D61	55	2
						样本 C62	44	4	样本 D62	75	5
						样本 C63	166	8	样本 D63	96	5
						样本 C64	78	7	样本 D64	98	5
						样本 C65	143	4	样本 D65	77	4
						样本 C66	193	7	样本 D66	62	4
						样本 C67	84	2	样本 D67	64	5

续表

五星级及豪华酒店	平均客房数量	平均层数	四星级及高档酒店	平均客房数量	平均层数	三星级及舒适宾馆	平均客房数量	平均层数	二星级及经济宾馆	平均客房数量	平均层数
						样本 C68	160	3	样本 D68	69	5
						样本 C69	100	19	样本 D69	81	2
						样本 C70	105	5	样本 D70	77	8
						样本 C71	85	5	样本 D71	45	2
						样本 C72	30	4	样本 D72	50	3
						样本 C73	103	9	样本 D73	105	5
						样本 C74	90	4	样本 D74	116	7
						样本 C75	586	5	样本 D75	85	5
						样本 C76	80	4	样本 D76	108	3
						样本 C77	26	3	样本 D77	117	1
						样本 C78	35	12	样本 D78	95	1
						样本 C79	50	6	样本 D79	87	6
						样本 C80	222	4	样本 D80	50	7
						样本 C81	81	3	样本 D81	24	7
						样本 C82	87	2	样本 D82	108	7
						样本 C83	94	5	样本 D83	130	2
						样本 C84	157	2	样本 D84	17	1
						样本 C85	35	9	样本 D85	42	5
						样本 C86	101	9	样本 D86	166	3
						样本 C87	85	1	样本 D87	84	8
						样本 C88	82	2	样本 D88	57	8
						样本 C89	134	2	样本 D89	130	8
						样本 C90	31	7	样本 D90	98	7
						样本 C91	86	3	样本 D91	79	7
						样本 C92	96	1	样本 D92	164	18
						样本 C93	55	4	样本 D93	26	4
						样本 C94	89	4	样本 D94	148	3
						样本 C95	65	24	样本 D95	70	7
						样本 C96	96	1	样本 D96	140	4
						样本 C97	119	4	样本 D97	90	5
						样本 C98	59	6	样本 D98	166	9
						样本 C99	90	2	样本 D99	136	2
						样本 C100	85	4	样本 D100	30	7
平均值	359	20	平均值	154	11	平均值	116	5	平均值	99	5

附录 2
曲江城市新区一期控制性详细规划
地块开发强度一览表

地块编号	用地分类代码	用地性质	用地面积（净）（hm²）	容积率（净）	建筑密度	绿地率	总建筑面积（m²）
A01-01	C65	科研设计用地	2.90	1.5	25	40	43500
A01-02	R22	中小学用地	3.10	0.9	22	45	27900
A01-03	C61	高等学校用地	4.80	1.0	25	40	48000
合计			10.80	1.1			119400
A02-01	R21	二类居住用地	4.47	1.4	28	38	62600
合计			4.47	1.4		—	119400
A03-01	C61	高等学校用地	5.60	1.6	25	40	105600
A03-02	R21	二类居住用地	1.00	1.6	28	38	16544
A03-03	R22	中小学用地	2.66	0.4	25	45	10640
合计			1.26	1.29			137784
A04-01	C21	商业用地	1.92	1.4	50	38	26800
A04-02	C21	商业用地	0.37	1.6	80	38	6000
A04-03	C21	商业用地	0.88	0.9	45	38	7920
A04-04	G12	街头绿地	8.22	—	—	90	—
A04-05	C21	商业用地	0.54	1.1	56	38	5940
A04-06	C21	商业用地	0.73	0.9	46	38	6570
A04-07	C21	商业用地	2.13	1.5	50	38	31950
A04-08	S22	游憩集会广场用地	8.30	—	—	—	—
A04-09	C7	文物古迹用地	5.44	0.2	20	55	10880
A04-10	C21	商业用地	0.45	1.3	67	38	5900
A04-11	G12	街头绿地	1.40	—	—	90	—
A04-12	G21	商业用地	0.43	1.4	70	38	6020
A04-13	C21	商业用地	1.05	0.5	44	38	5250
A04-14	G11	公园	4.63	0.05	—	85	2315
A04-15	C25	旅馆业用地	3.22	0.7	30	40	22540
A05-01	G12	街头绿地	1.68	—	—	90	—
A06-01	C21	商业用地	0.24	1.5	80	30	3600
A06-02	C61	高等学校用地	5.68	1.1	25	40	62480
A06-03	C25	旅馆业用地	0.34	1.1	30	40	3820

地块编号	用地分类代码	用地性质	用地面积（净）（hm²）	容积率（净）	建筑密度	绿地率	总建筑面积（m²）
A06-04	G11	公园	5.42	0.05	—	25	2710
A06-05	C21	商业用地	1.92	1.0	50	35	19200
A06-06	C21	商业用地	1.51	0.4	37	35	6040
A06-07	R21	二类居住用地	0.59	2.5	50	38	14750
A06-08	R11	一类居住用地	1.50	0.9	50	39	13500
合计			58.59	0.5			264105
A07-01	C51	高等学校用地	2.73	1.2	25	40	32760
A07-02	R22	中小学用地	2.63	0.7	25	45	18410
A07-03	R21	二类居住用地	8.19	1.0	28	35	81900
A07-04	C65	科研设计用地	0.57	2.27	25	40	12940
A07-05	G12	街头绿地	0.08	—		50	
合计			14.20	1.0			146010
A08-01	C25	旅馆业用地	3.04	1.3	50	38	39520
A08-02	C21	商业用地	4.29	1.7	60	38	72930
A08-03	C21	商业用地	1.90	1.8	60	38	34000
A09-01	G12	街头绿地	0.20	—	—	90	
A09-02	C21	商业用地	6.06	1.5	60	38	90900
A09-03	C21	商业用地	1.98	1.7	50	38	33650
合计			17.47	1.6			271010
A10-01	G12	街头绿地	0.88	—	—	90	
A10-02	R21	二类居住用地	4.09	1.5	25	33	61350
A10-03	R11	一类居住用地	6.34	0.8	30	38	50720
A10-04	R21	二类居住用地	0.74	1.5	25	38	11100
A10-05	R21	二类居住用地	0.65	2.5	25	38	16250
A10-06	C12	办公用地	1.24	0.8	25	40	9920
合计			13.94	1.1			149340
B01-01	R21	二类居住用地	5.23	4.0	32	30	209200
B01-02	R21	二类居住用地	4.38	3.0	25	35	131400
B02-01	G11	公园	11.93	0.05	5	85	5965
B02-02	R21	二类居住用地	2.30	2.5	25	38	57500
B02-03	R21	二类居住用地	0.89	1.8	25	38	16020
B02-04	R21	二类居住用地	0.75	2.0	25	38	15000
B02-05	C21	商业用地	0.33	1.5	45	20	4950
B03-01	C3	文化娱乐用地	2.33	0.8	22	38	18640
B03-02	C21	商业用地	10.00	3.0	60	35	350000
B03-03	R21	二类居住用地	3.65	2.0	25	75	73000
B03-04	C3	文化娱乐用地	0.46	0.8	22	38	3680
合计			42.25	2.0			885355
B04-01	C3	文化娱乐用地	2.18	2.5	22	45	54500
B04-02	C21	商业用地	0.52	1.6	50	35	9920

续表

地块编号	用地分类代码	用地性质	用地面积（净）（hm²）	容积率（净）	建筑密度	绿地率	总建筑面积（m²）
B04-03	R21	二类居住用地	1.22	1.5	38	38	18300
B04-04	C21	商业用地	7.33	2.2	50	35	161260
B04-05	C3	文化娱乐用地	0.43	2.2	28	45	9450
B05-01	R21	二类居住用地	1.64	1.2	25	38	19680
B05-02	C21	商业用地	1.55	1.5	40	35	24800
B05-03	R21	二类居住用地	5.73	1.6	32	40	91680
B05-04	R21	二类居住用地	2.63	1.2	31	38	31560
B05-05	R11	一类居住用地	4.63	0.8	29	35	37040
B05-06	G12	街头绿地	0.33	—	—	90	—
合计			28.29	1.6			458200
B06-01	R21	二类居住用地	4.40	1.5	28	40	56000
B06-02	R11	一类居住用地	13.92	1.1	30	40	153120
B06-03	G12	街头绿地	0.43	—	—	90	—
合计			18.75	1.2			219120
C01-01	R21	二类居住用地	0.70	1.2	28	38	8400
C01-02	C32	文化艺术团体用地	8.69	1.2	22	35	1.4280
C01-03	C51	医疗卫生用地	4.62	0.8	18	38	36960
C01-04	G12	街头绿地	3.65	—	—	75	—
C01-05	R21	二类居住用地	3.74	1.5	26	38	56100
C01-06	R21	二类居住用地	0.97	1.2	28	38	11640
C01-07	R21	二类居住用地	7.20	2.2	25	38	158400
C01-08	R21	二类居住用地	10.31	1.2	28	38	123720
C01-09	R21	二类居住用地	6.98	3.5	20	38	244300
C01-10	R21	二类居住用地	3.47	2.5	20	38	86750
C01-11	R11	一类居住用地	4.74	0.8	26	38	37920
C01-12	R11	一类居住用地	8.85	0.8	26	38	70800
C01-13	C21	商业用地	0.57	2.7	50	35	10260
合计			64.49	1.47			950230
C02-01	U9	其他市政公用设施用地	0.37	1.0	40	35	3700
C02-02	R22	中小学用地	4.92	0.7	22	45	34440
C02-03	R21	二类居住用地	10.23	2.5	25	38	255750
C02-04	C35	影剧院用地	5.04	0.5	22	45	25200
C02-05	G12	街头绿地	2.04	—	—	75	—
合计			22.60	1.41			319090
C03-01	G11	公园	61.15	0.2	—	75	122300
合计			61.15	0.2			122300
C04-01	G12	街头绿地	0.75	—	—	75	—
C04-02	R21	二类居住用地	2.28	1.0	28	38	22800
C04-03	R21	二类居住用地	3.44	1.0	28	38	34400
C04-04	R21	二类居住用地	2.65	1.0	28	38	26500

地块编号	用地分类代码	用地性质	用地面积（净）（hm²）	容积率（净）	建筑密度	绿地率	总建筑面积（m²）
C04-05	U12	供电用地	0.98	0.6	40	35	5880
C04-06	C11	行政办公用地	0.28	1.0	40	38	2800
C04-07	R21	二类居住用地	7.81	1.0	28	38	78100
C04-08	G12	街头绿地	0.81	—	—	75	—
合计			19.00	0.90			170480
D01-01	G12	街头绿地	1.81	—	—	75	—
D01-02	R21	二类居住用地	4.71	3.0	20	38	141300
D01-03	R21	二类居住用地	6.36	3.0	20	38	190800
D01-04	R21	二类居住用地	2.35	3.0	20	38	70500
D01-05	R21	二类居住用地	1.02	3.0	20	38	30600
D01-06	R21	二类居住用地	2.38	2.6	20	38	61880
D01-07	R21	二类居住用地	2.83	2.0	25	38	56600
D01-08	R21	二类居住用地	1.75	3.0	20	38	52500
D01-09	R21	二类居住用地	4.29	2.0	25	38	85800
D01-10	R21	二类居住用地	1.48	1.8	22	38	26640
D01-11	R21	二类居住用地	1.02	2.3	25	38	23460
合计			3.00	2.46			740080
D02-01	R21	二类居住用地	3.60	2.5	25	38	90000
D02-02	R21	二类居住用地	8.52	2.5	25	38	213000
D02-03	G12	街头绿地	2.02	—	—	75	—
合计			14.14	1.5			303000
D03-01	C21	商业用地	10.83	1.5	50	35	162450
D03-02	C33	广播电视用地	6.09	0.8	22	45	48720
D03-03	G12	街头绿地	0.36	—	—	75	—
合计			17.28	1.22			211170
D04-01	G11	公园	10.67	0.1		75	10670
D04-02	C35	影剧院用地	1.59	0.8	22	45	12720
D04-03	G11	公园绿地	2.29	—	—	75	—
D04-04	R21	二类居住用地	6.88	1.0	28	38	68800
D04-05	R21	二类居住用地	10.08	2.5	20	38	252000
D04-06	G12	街头绿地	1.36	—	—	75	—
合计			32.87	1.05			344190
D05-01	G11	公园	2.51	0.1	—	75	2510
D05-02	R21	二类居住用地	4.78	2.3	20	38	109940
D05-03	R21	二类居住用地	8.32	2.6	20	38	213980
D05-04	G12	街头绿地	1.65	—	—	75	—
合计			17.26	1.89			326430
D06-01	G11	公园	0.85	0.1	—	75	850
D07-01	G11	公园	5.30	0.1	—	75	5300
D07-02	G12	街头绿地	0.71	—	—	75	—

地块编号	用地分类代码	用地性质	用地面积（净）（hm²）	容积率（净）	建筑密度	绿地率	总建筑面积（m²）
D07-03	R21	二类居住用地	8.18	2.5	20	38	204500
D07-04	G22	防护绿地	2.26	—	—	75	—
D07-05	R21	二类居住用地	2.10	2.5	20	38	52500
D07-06	R21	二类居住用地	11.12	3.0	20	38	333600
D07-07	R21	二类居住用地	2.28	3.0	20	38	58400
D07-08	R21	二类居住用地	1.40	3.0	20	38	42000
D07-09	R21	二类居住用地	2.13	3.0	20	38	63900
D07-10	G12	街头绿地	0.56	—	—	75	—
D07-11	G12	街头绿地	0.16	3.0	—	75	—
合计			37.05	2.08			771050
E01-01	G11	公园	0.71	—	—	75	—
E01-02	C6	教育科研设计用地	0.36	5.8	41	25	20880
E01-03	C2	商业金融用地	0.13	7.0	50	20	9100
E01-04	G12	街头绿地	0.08	—	—	75	—
E01-05	R2	二类居住用地	1.70	1.9	36	28	32300
E01-06	R22	中小学用地	2.05	1.0	16	45	20500
合计			5.03	1.5			82780
E02-01	C6	教育科研设计用地	2.98	1.3	36	32	38740
E02-02	R2	二类居住用地	1.89	1.6	37	30	30240
E02-03	R2	二类居住用地	0.44	8.4	40	25	36960
合计			5.31	2.0			105940
E03-01	C6	教育科研设计用地	1.34	1.7	30	38	22780
E03-02	C6	教育科研设计用地	2.44	1.5	25	40	36600
E03-03	R2	二类居住用地	1.19	1.7	35	35	20230
合计			4.97	1.6			79610
E04-01	D	特殊用地	3.43	1.0	30	40	34300
E04-02	D	特殊用地	0.20	3.0	40	30	6000
E04-03	D	特殊用地	0.49	1.7	40	30	7350
E04-04	D	特殊用地	0.46	3.0	20	38	13800
E05-01	R	二类居住用地	4.69	2.2	41	30	93800
合计			9.27	1.8			165610
E06-01	R22	中小学用地	1.08	1.0	30	40	10800
E06-02	C6	教育科研设计用地	2.23	1.2	30	38	26760
E06-03	R2	二类居住用地	0.22	1.5	35	35	3300
E06-04	R2	二类居住用地	1.36	6.5	33	36	88400
E06-05	G11	公园	0.28	0.1	—	75	280
E07-01	R2	二类居住用地	0.10	3.5	20	38	3500
E07-02	G11	公园	1.83	0.1	—	75	1830

地块编号	用地分类代码	用地性质	用地面积（净）（hm²）	容积率（净）	建筑密度	绿地率	总建筑面积（m²）
E07-03	R2	二类居住用地	1.19	3.5	20	38	41650
合计			8.29	2.1			176520
E08-01	G12	街头绿地	0.57	—	—	75	
E08-02	R2	二类居住用地	8.04	3.5	20	38	281400
E08-03	R2	二类居住用地	2.48	2.5	30	32	62000
合计			11.09	3.1			343400
E09-01	R2	二类居住用地	2.80	1.5	42	25	42000
E09-02	R2	二类居住用地	0.52	2.0	22	45	10400
E09-03	R2	二类居住用地	2.08	3.0	20	38	26400
E09-04	G12	街头绿地	0.34	—	—	75	
合计			5.74	2.0			114800
E10-01	G12	街头绿地	0.32	—	—	75	
E10-02	D	军事用地	3.69	1.0	35	38	36900
E10-03	D	军事用地	1.28	3.0	35	38	38400
E11-01	R2	二类居住用地	4.01	0.7	31	38	28070
E11-02	G12	街头绿地	3.2	—	—	75	
E11-03	R2	二类居住用地	0.98	2.3	20	38	22540
合计			10.60	1.2			125910
E12-01	G12	街头绿地	1.31	—	—	75	
E12-02	R22	中小学用地	1.37	0.8	20	45	10960
E12-03	R2	二类居住用地	9.72	2.5	20	38	243000
E12-04	R2	二类居住用地	4.32	4.2	20	38	181400
合计			16.72	2.6			435360
E13-01	G12	街头绿地	0.60	—	—	75	
E13-02	C6	教育科研设计用地	16.61	1.5	25	40	249150
合计			17.21	1.4			249150
E14-01	R2	二类居住用地	1.70	1.0	25	40	17000
E14-02	R2	二类居住用地	0.76	3.5	20	38	26600
E14-03	G11	公园	5.35	0.1	—	75	53500
E14-04	U	市政设施用地	12.91	0.1	15	40	12910
E14-05	R2	二类居住用地	0.75	3.0	20	38	22500
E14-06	U	市政设施用地	1.90	3.6	22	30	68400
合计			23.37	0.7			152760
E15-01	G11	公园	3.91	0.1	—	75	3810
E15-02	C6	教育科研设计用地	8.88	1.0	25	40	88800
E15-03	G22	防护绿地	2.20	—	—	75	—
E15-04	C6	教育科研设计用地	8.71	1.0	25	40	87100
E15-05	R2	二类居住用地	1.78	405	30	38	80100
合计			25.48	1.0			259910
F01-01	G12	街头绿地	1.29	—	—	75	

续表

地块编号	用地分类代码	用地性质	用地面积（净）（hm²）	容积率（净）	建筑密度	绿地率	总建筑面积（m²）
F01-02	R2	二类居住用地	11.17	3.5	20	38	390950
合计			12.45	3.1			390950
F02-01	G11	公园	5.36	0.1	—	75	5360
F02-02	G12	街头绿地	1.40	—	—	75	
F02-03	R2	二类居住用地	13.69	2.5	20	38	342250
F02-04	R22	中小学用地	1.82	0.6	20	45	10920
合计			22.27	1.6			357900
F03-01	G12	街头绿地	5.08	—	—	75	
F03-02	R2	二类居住用地	24.36	3.5	20	38	852600
F03-03	R2	二类居住用地	1.42	5.4	20	35	76680
合计			30.86	3.0			929280
F05-01	U	市政设施用地	0.23	0.8	15	35	1840
F05-02	R2	二类居住用地	12.89	3.5	20	38	451150
F05-03	G12	街头绿地	4.54	—	—	75	—
合计			17.76	2.6			452990
F04-01	G12	街头绿地	0.45	—	—	75	
F04-02	G22	防护绿地	0.64	—	—	75	
F04-03	G12	街头绿地	3.48	—	—	75	
F04-04	R2	二类居住用地	13.42	3.5	20	38	469700
F06-01	G12	街头绿地	0.11	—	—	75	
F06-02	R2	二类居住用地	13.87	3.5	20	38	485450
F06-03	G22	防护绿地	1.29	—	—	75	
F06-04	G12	街头绿地	0.63	—	—	75	
合计			33.89	2.8			955150
F07-01	G12	街头绿地	1.66	—	—	75	
F07-02	R2	二类居住用地	16.23	3.5	20	38	568050
F07-03	U	市政设施用地	1.04	0.6	15	35	6240
F07-04	R22	中小学用地	1.42	0.8	20	45	11360
F07-05	U29	其他交通设施用地	0.47	0.6	15	35	2420
F07-06	G12	街头绿地	2.82	—	—	75	
合计			23.63	2.5			588470
G01	G11	公园	4.43	0.1	—	75	4430
合计			4.43	0.1			4430
G02	G11	公园	2.06	0.1	—	75	2060
G03	G11	公园	1.49	0.1	—	75	1490
合计			3.55	0.1			3550
G04	G11	公园	2.89	0.1	—	75	2890
合计			2.89	0.1			2890
G05	G11	公园	4.42	0.1	—	75	4420
合计			4.42	0.1			4420

地块编号	用地分类代码	用地性质	用地面积（净）（hm²）	容积率（净）	建筑密度	绿地率	总建筑面积（m²）
G06-01	R22	中小学用地	1.39	0.6	22	45	8340
G06-02	R21	二类居住用地	0.26	2.5	25	38	6500
G06-03	R2	二类居住用地	0.42	0.9	28	38	3780
G06-04	R21	二类居住用地	1.89	2.0	25	38	37800
G06-05	R21	二类居住用地	12.88	2.6	20	38	334880
G06-06	R22	中小学用地	1.73	0.8	22	45	13840
G06-07	G21	街头绿地	1.39	—	—	75	
G07-01	R21	二类居住用地	3.29	1.7	28	38	55930
G07-02	C23	贸易咨询用地	1.43	1.5	60	35	21540
G07-03	R21	二类居住用地	2.57	1.3	25	38	33410
G07-04	C2	商业金融用地	1.20	1.5	60	35	18000
G07-05	C2	商业金融用地	4.06	1.0	50	35	40600
G07-06	C25	旅馆业用地	9.49	0.6	60	35	56940
G07-07	G12	街头绿地	2.44	—	—	75	
合计			44.44	1.4			631560
G08-01	R21	二类居住用地	6.36	1.8	25	38	114480
G08-02	R11	一类居住用地	8.13	1.0	28	40	81300
G08-03	C42	体育训练用地	16.74	0.5	15	45	83700
G08-04	R21	二类居住用地	1.96	2.0	25	38	39200
G08-05	G12	街头绿地	2.35	—	—	75	
合计			35.54	0.9			318680
G09-01	R21	二类居住用地	6.95	3.0	25	38	208500
G09-02	R11	一类居住用地	3.18	0.6	28	40	19080
G09-03	R21	二类居住用地	3.16	1.8	25	38	56880
G09-04	R21	二类居住用地	0.75	4.2	25	38	31500
G09-05	R22	中小学用地	0.90	0.8	22	45	6300
G09-06	R21	二类居住用地	0.27	2.5	25	38	8750
G09-07	R21	二类居住用地	2.32	1.4	25	38	32480
G09-08	R21	二类居住用地	11.63	1.6	25	38	186080
G09-09	G12	街头绿地	1.45	—	—	75	
合计			30.61	1.8			547570
H01-01	G12	街头绿地	4.01	—	—	75	
H01-02	U12	供电用地	0.48	0.8	25	35	3840
H01-03	R21	二类居住用地	23.42	3.8	20	38	889960
合计			27.91	3.2			893800
H02-01	G12	街头绿地	2.33	—	—	75	
H02-02	C2	商业金融用地	1.20	2.2	35	40	25400
H02-03	R11	一类居住用地	5.67	0.8	30	45	45300
H02-04	R21	二类居住用地	6.79	2.1	25	42	184550
合计			17.99	1.4			256350

续表

地块编号	用地分类代码	用地性质	用地面积（净）（hm²）	容积率（净）	建筑密度	绿地率	总建筑面积（m²）
H03-01	G12	街头绿地	2.26	—	—	75	—
H03-02	C2	商业金融用地	0.17	3.5	60	35	5950
H03-03	R21	二类居住用地	2.20	1.5	25	38	33000
H03-04	C2	商业金融用地	0.35	4.5	50	35	15750
H03-05	R21	二类居住用地	0.32	3.8	20	38	12150
H03-06	R21	二类居住用地	9.57	2.4	25	38	229680
H03-07	D1	特殊用地	1.81	2.0	25	35	36200
H03-08	D1	特殊用地	5.49	2.2	40	35	120780
H03-09	U9	其他市政公用设施用地	0.44	0.4	40	35	1760
H03-10	R21	二类居住用地	0.37	3.0	20	38	11100
合计			22.98	2.0			466380
H04-01	C1	行政办公用地	0.69	4.3	50	38	29670
H04-02	R21	二类居住用地	7.80	3.0	20	38	234000
H04-03	G12	街头绿地	1.39	—	—	75	—
H05-01	G12	街头绿地	0.30	—	—	75	—
H05-02	C11	市属办公用地	2.44	3.5	50	38	85400
H05-03	G12	街头绿地	0.18	—	—	75	—
H05-04	C12	非市属办公用地	0.49	3.5	50	38	17150
H06-01	G12	街头绿地	0.54	—	—	75	—
H06-02	C12	非市属办公用地	0.42	5.0	50	38	21000
H06-03	C1	行政办公用地	1.22	5.0	50	38	61000
H06-04	C2	商业金融用地	0.43	5.0	60	35	21500
H07-01	G12	街头绿地	0.63	—	—	75	—
H07-02	C2	商业金融用地	0.94	3.5	60	35	32900
H08	G12	街头绿地	0.74	—	—	75	—
H09-01	C12	非市属办公用地	0.93	4.5	50	38	41850
H09-02	C12	非市属办公用地	2.33	5.0	50	38	116500
H09-03	G12	街头绿地	0.39	—	—	75	—
H10-01	R21	二类居住用地	1.64	7.0	20	38	114800
H10-02	R21	二类居住用地	0.68	7.0	20	38	47600
H10-03	C12	非市属办公用地	0.77	7.0	50	38	53900
H10-04	G12	街头绿地	0.91	—	—	75	—
H13	G22	防护绿地	2.48	—	—	90	—
合计			28.34	3.1			877270
H11-01	G12	街头绿地	2.33	—	—	75	—
H11-02	R21	二类居住用地	14.95	2.5	20	38	373750
H11-03	R21	二类居住用地	0.45	1.2	25	38	5400
H11-04	U11	供水用地	14.31	0.2	40	35	28620
H11-05	R21	二类居住用地	1.55	3.9	20	38	60450
H11-06	G22	防护绿地	1.22	—	—	90	—

续表

地块编号	用地分类代码	用地性质	用地面积（净）（hm²）	容积率（净）	建筑密度	绿地率	总建筑面积（m²）
H14	G22	防护绿地	2.80	—	—	90	
合计			37.61	1.2			468220
H12-01	G12	街头绿地	1.30	—	—	75	
H12-02	R21	二类居住用地	0.74	3.13	20	38	23162
H12-03	R21	二类居住用地	13.28	2.25	25	38	298800
H12-04	U11	供水用地	0.92	0.3	40	35	2760
H12-05	R21	二类居住用地	2.68	3.33	20	38	89244
H12-06	G22	防护绿地	0.64	—	—	90	
H15	G22	防护绿地	1.63	—	—	90	
合计			21.19	1.95			413966
I01	G11	公园	2.97	0.1	—	75	2970
I02-01	G12	街头绿地	2.32	—	—	75	
I02-02	R21	二类居住用地	18.16	2.0	22	38	363200
合计			23.45	1.6			366170
I03-01	G12	街头绿地	1.94	—	—	75	
I03-02	R21	二类居住用地	10.17	1.8	20	38	183060
合计			12.11	1.5			183060
I04-01	G12	街头绿地	0.84	—	—	75	
I04-02	R11	一类居住用地	4.94	1.0	27	38	49400
合计			5.78	0.9			49400
I05-01	G12	街头绿地	0.95	—	—	75	
I05-02	R21	二类居住用地	6.39	1.5	27	38	95850
合计			7.34	1.3			95850
I06-01	G12	街头绿地	1.23	—	—	75	
I06-02	G12	街头绿地	1.14	—	—	75	
I06-03	R21	二类居住用地	8.00	1.8	25	38	144000
I06-04	R22	中小学用地	0.80	0.8	25	38	6400
合计			11.17	1.3			150400
I07-01	G12	街头绿地	3.30	—	—	75	
I07-02	R21	二类居住用地	5.79	2.2	20	38	127380
I07-03	R21	二类居住用地	1.68	1.1	27	38	18480
I07-04	C2	商业金融用地	1.48	5.5	50	35	81400
合计			12.25	1.9			227260
I08-01	G11	公园	17.01	0.1	—	75	17010
I08-02	G12	街头绿地	0.19	—	—	75	
I08-03	G11	公园	32.08	—	—	—	
合计			49.28	0.03			17010
I09-01	G12	街头绿地	1.4	—	—	75	
I09-02	C2	商业金融用地	5.61	1.1	50	35	61710
合计			7.01	0.9			61710

续表

地块编号	用地分类代码	用地性质	用地面积（净）（hm²）	容积率（净）	建筑密度	绿地率	总建筑面积（m²）
I10-01	G12	街头绿地	3.33	—	—	75	—
I10-02	C2	商业金融用地	0.76	1.8	25	35	13680
I10-03	R21	二类居住用地	3.61	1.8	25	38	64980
I10-04	R21	二类居住用地	10.06	2.0	25	38	201200
I10-05	R21	二类居住用地	13.11	2.0	25	38	262200
I10-06	R21	二类居住用地	6.15	2.6	20	38	159900
I10-07	C2	商业金融用地	0.32	1.8	25	35	5760
I12	G22	防护绿地	5.47	—	—	90	—
合计			42.81	1.7			707720
I11-01	G12	街头绿地	3.75	—	—	75	—
I11-02	C7	文物古迹用地	1.13	—	—	45	—
I11-03	G12	街头绿地	0.1	—	—	75	—
I11-04	R21	二类居住用地	5.73	1.8	25	38	103140
I11-05	U12	供电用地	2.39	0.6	15	35	14340
I11-06	R21	二类居住用地	5.45	2.5	20	38	136250
I11-07	G12	街头绿地	0.77	—	—	75	—
I13	G22	防护绿地	1.85	—	—	90	—
合计			21.17	1.2			253730
J01-01	G12	街头绿地	2.79	—	—	75	—
J01-02	C2	商业金融用地	3.11	1.5	50	35	49760
J01-03	R21	二类居住用地	1.72	2.0	50	35	34400
J01-04	R21	二类居住用地	17.78	2.2	20	38	391160
J01-05	R21	二类居住用地	6.43	2.6	20	38	167180
合计			31.83	2.0		—	642500
J02-01	G12	街头绿地	0.19	—	—	75	—
J02-02	U	市政设施用地	0.18	0.6	35	35	960
J03-01	G12	街头绿地	1.03	—	—	75	—
J03-02	G12	街头绿地	0.54	—	—	75	—
J03-03	G22	防护绿地	1.07	—	—	90	—
J03-04	R21	二类居住用地	5.42	2.8	20	38	140920
J03-05	R21	二类居住用地	2.03	2.8	20	38	52780
J03-06	R22	中小学用地	0.59	0.8	20	38	3540
合计			11.03	1.8			198200
J04-01	G12	街头绿地	0.3	—	—	75	—
J04-02	G12	街头绿地	0.25	—	—	75	—
J04-03	G12	街头绿地	2.52	—	—	75	—
J04-04	G12	街头绿地	0.64	—	—	80	—
J04-05	R21	二类居住用地	0.41	3.5	20	38	14350
J04-06	R21	二类居住用地	5.94	3.5	20	40	207900
J04-07	R21	二类居住用地	3.82	2.8	20	40	106960

地块编号	用地分类代码	用地性质	用地面积（净）（hm²）	容积率（净）	建筑密度	绿地率	总建筑面积（m²）
合计			13.88	2.4			329210
J05-01	U	市政设施用地	0.55	0.6	15	35	3300
J05-02	U	市政设施用地	6.83	0.8	15	35	40980
合计			7.38	0.5			44280
J06-01	G11	公园	0.27	—		75	
J06-02	G11	公园	1.18	—		75	
J07-01	G12	街头绿地	3.94	—		75	
J07-02	C7	文物古迹用地	2.87			45	
J07-03	R21	二类居住用地	4.41	1.2	27	38	52920
J07-04	R21	二类居住用地	3.14	1.2	27	38	37680
J07-05	R21	二类居住用地	10.42	3.0	20	38	312500
J07-06	C2	商业金融用地	4.59	4.0	20	38	183600
合计			30.82	4.0			586800
J08-01	G12	街头绿地	1.58	—	—	75	
J08-02	G22	防护绿地	1.00			90	
J08-03	R21	二类居住用地	5.39	2.2	20	40	118580
J08-04	R21	二类居住用地	2.83	2.2	20	38	62260
合计			13.35	1.7			180840
J09-01	G12	街头绿地	0.63	—	—	75	
J09-02	G12	街头绿地	0.41	—	—	75	
J09-03	R22	中小学用地	0.98	0.6	20	45	5880
J09-04	R21	二类居住用地	7.27	1.5	20	38	109050
J09-05	R21	二类居住用地	7.34	1.5	20	38	110100
J12	G22	防护绿地	1.48	—		90	
合计			18.11	1.2			225030
J10-01	G12	街头绿地	0.27	—		75	
J10-02	C5	医疗卫生用地	7.73	0.8	18	40	61840
J10-03	G22	防护绿地	0.55	—	—	90	
J13	G22	防护绿地	1.15	—	—	90	
合计			9.7	0.6			61840
J11-01	G12	街头绿地	3.42	—	—	75	
J11-02	G22	防护绿地	1.49	—	—	75	
J11-03	R22	中小学用地	4.82	0.8	22	45	38560
J11-04	R21	二类居住用地	13.21	2.5	20	38	330000
J14	G22	防护绿地	1.06	—	—	90	
J15	G22	防护绿地	1.21	—	—	90	
J16-01	G22	防护绿地	0.88	—	—	90	
J16-02	G22	防护绿地	1.28	—	—	90	
J16-03	G22	防护绿地	0.87	—	—	90	
合计			28.24	1.3			368500

参 考 文 献

[1] Duncan McLaren, Julian Agyeman. Sharing Cities: A Case for Truly Smart and Sustainable Cities [M]. Cambridge, Massachusetts : The MIT Press, 2015: 11-29.

[2] 王钰. 人居环境视野中的游憩理论与发展战略研究 [M]. 北京: 中国建筑工业出版社, 2009.

[3] 宋宇. 世界旅游城市发展报告 (2015) [M]. 北京: 社会科学文献出版社, 2016.

[4] 魏峰群, 黄明华, 李斌. 城市旅游景区对城市建设用地影响的量化分析及规划应对 [J]. 现代城市研究, 2017, 32 (4): 51-58.

[5] 中国国家旅游局网. 国土资源部, 住房和城乡建设部, 国家旅游局关于支持旅游业发展用地政策的意见 [EB/OL]. http://www.cnta.gov.cn/, 2015-12-10.

[6] 中国政府网. 国务院关于印发"十三五"旅游业发展规划的通知 [EB/OL]. http://www.gov.cn/, 2016-12-26.

[7] 中国政府网. 国务院关于促进旅游业改革发展的若干意见 [EB/OL]. http://www.gov.cn/, 2014-8-21.

[8] 张庭伟. 告别宏大叙事: 当前美国规划界的若干动态 [J]. 国际城市规划, 2016, 31 (2): 1-5.

[9] 周一星. 城市研究的第一科学问题是基本概念的正确性 [J]. 城市规划学刊, 2006, 161 (1): 1-5.

[10] 城市用地分类与规划建设用地标准 (GB 50137—2011) [S]. 北京: 中国建筑工业出版社, 2010.

[11] 城市规划基本术语标准 (GB/T 50280—98) [S]. 北京: 国家质量技术监督局, 1999.

[12] 建设部课题组. 完善规划指标体系研究 [M]. 北京: 中国建筑工业出版社, 2008: 2.

[13] Darren Man-wai Cheung, Bo-sin Tang. Recreation Space or Urban Land Reserve? Land-Use Zoning Patterns and the Transformation of Open Space in Hong Kong [J]. Journal of Urban Planning & Development. 2016, 142 (3): 1-11.

[14] Ramdani. Fatwa, Putra. Alfian. Pratama, Utomo, Bayu. Nursito. Historical Urban Land Use Transformation in Virtual Geo-Library [J]. International Journal of Geo-Information. 2015, 4 (3): 1500-1511.

[15] Peterson. M. Nils, Mertig. Angela G, Jianguo Liu. Influence of Urban Immigrants on Outdoor Recreation and Land Use in Teton Valley [J]. Journal of Park & Recreation Administration. 2007, 25 (4): 25-38.

[16] Grimes, Orville F., Jr. A Land Use Approach: Private Access Recreation near Urban Centers [J]. Growth and Change, 1974, 5 (2): 2-7.

[17] Jieyong Wang, Yansui Liu. Tourism-Led Land-Use Changes and their Environmental Effects in the Southern Coastal Region of Hainan Island, China [J]. Journal of Coastal Research. 2013, 29 (5): 1118-1125.

[18] Boavida-Portugal. Inês, Rocha. Jorge, Ferreira. Carlos. C. Exploring the impacts of future tourism development on land use/cover changes [J]. Applied Geography. 2016, 77: 82-91.

[19] Bastmeijer. Kees, Lamers. Machiel, Harcha. Juan. Permanent Land-based Facilities for Tourism in Antarctica: The Need for Regulation [J]. Review of European Community & International Environmental Law. 2008, 17 (1): 84-99.

[20] Pearce, Douglas G. Tourism and urban land use change: Assessing the impact of Christchurch's tourist tramway [J]. Tourism & Hospitality Research. 2001, 3 (2): 132.

[21] Feick. Robert. D, Hall. G. Brent. The Application of a Spatial Decision Support System to Tourism-Based Land Management in Small Island States [J]. Journal of Travel Research. 2000, 39 (2): 163.

[22] Van Noorloos Femke. Residential Tourism Causing Land Privatization and Alienation: New pressures on Costa Rica's coasts [J]. 2011, 54 (1): 85-90.

[23] Hottola. Petri. A Review of "The stranger, the native and the land" - perspectives on indigenous tourism [J]. Journal of Sustainable Tourism. 2010, 18 (5): 714-716.

[24] Reed. M. G, Gill. A. M. Tourism, recreational, and amenity values in land allocation: An analysis of institutional [J]. Environment & Planning A. 1997, 29 (11): 2019.

[25] Hoffman. MT, Rohde. RF. From pastoralism to tourism: The historical impact of changing land use practices in Namaqualand [J]. Journal of Arid Environments. 2007, 70 (4): 641-658.

[26] Dwyer. Gráinne. Close-Knit Communities, Examples of Community Collaboration and Innovations in Land Resources to Enhance the Tourism Product in the Sheep's Head Peninsula, Ireland [J]. Proceedings of the International Scientific Conference: Rural Development. 2013, 6 (3): 245-251.

[27] Rowley. Ian, Tashiro. Hiroko. LAND OF RISING TOURISM HOPES [J]. BusinessWeek. 2007, 4048: 57-57.

[28] Sukhova, Maria G., Harms, Evgenia O., Babin, Valery G., Zhuravleva, Olga W., Karanin, Andrey V. Functional Zoning as an Instrument for Sustainable Development of Tourism of Great Altai [J]. International Journal of Environmental and Science Education, 2016, 11 (15): 7506-7514.

[29] Parsons, Dan. New JCC land designation sparks tourism concern: New JCC land designation sparks tourism concern [N]. Daily Press (Newport News, VA). 05/21/2009.

[30] Seal, Kathy. Tourism, Public land officils seek accord [J]. Hotel & Motel Management. 1997, 212 (5): 3.

[31] Suellen Hinde. New land deals to benefit tourism [N]. Northern Territory News. 10/28/2002.

[32] Ball, Donald. Comecon lands see tourism as economic boon [J]. Marketing News. 1977, 10 (17): 5.

[33] Ahmadi, Azad. Examining tourism and factors affecting it and its impacts on spatial-structural development: Case study: City of Baneh [J]. International Journal of Scientific Management & Development. 2014, 2 (7): 314-318.

[34] Kitchen, James W. Hendon, William S. Land Values Adjacent to an Urban Neighborhood Park [J]. Land Economics. 1967, 43 (3): 357.

[35] Xiaoyun Cheng, Bensheng Wei, Guojian Chen, Junxiang Li, Conghe Song. Influence of Park Size and Its Surrounding Urban Landscape Patterns on the Park Cooling Effect [J]. Journal of Urban Planning & Development. 2015, 141 (3): 1-10.

[36] Haley, Arthur J. a Quindecennial Bi-standard Review of Central City and Suburban Recreation Land and Expenditures [J]. Public Administration Quarterly. 1990, 14 (2): 190-208.

[37] Schuster, Ervin C., Webster, Henry H. Costs of Outdoor Recreation Land-Use Controls [J]. Land Economics. 1972, 48 (4): 392.

[38] Hawrelak, Jacalyn, Manning, Robert E., Moncrief, Lewis W. Influence of recreation and amenity values on land use and management: A Michigan case study [J]. Journal of Soil & Water Conservation. 1977, 32 (6): 285.

[39] Cullen, R. Rationing recreation use of public land [J]. Journal of Environmental Management. 1985, 21 (3): 213.

［40］ 邹德慈. 容积率研究［J］. 城市规划，1994，（1）：19-23.

［41］ Mvrdv, Winy Mass. Farmax：Excursion on Density［M］. Rotterdam, Netherlands：010Publishers，1998.

［42］ Meta Berghauser Pont, Per Haupt. SPACEMATRIX-Space, Density and Urban Form［M］. Nai010 Publishers，2010.

［43］ J. Barnett. An Introduction to Urban Design［M］. New york：Harper & Row，1982.

［44］ 赵民，汪军. 重构我国城市规划建设用地标准及控制体系的探讨［J］. 城市规划学刊，2007，6：29-30.

［45］ 黄明华，高峰，郑晓伟. 构建合理的城市建设用地调控理念［J］. 城市规划学刊，2008，（01）.

［46］ 黄宁，徐志红，徐莎莎. 武汉市城市建设用地强度管控实证研究与动态优化［J］. 城市规划学刊，2012，（3）：96-101.

［47］ 黄明华，敬博. 因时制宜，因地制宜——对城市规划建设用地标准集控制思路的思考［J］. 规划师，2010，4（26）：58-66.

［48］ 赵民，程瑶，汪军. 为市场经济下的城乡用地规划和管理提供有效工具——新版《城市用地分类与规划建设用地标准》导引［J］. 城市规划学刊，2011，（6）：4-11.

［49］ 王凯，徐颖. 城市用地分类与规划建设用地标准（GB 50137—2011）问题解答（一）［J］. 城市规划，2012，36（4）：69-71.

［50］ 王凯，徐颖. 城市用地分类与规划建设用地标准（GB 50137—2011）问题解答（二）［J］. 城市规划，2012，36（5）：79-83.

［51］ 王凯，徐颖. 城市用地分类与规划建设用地标准（GB 50137—2011）问题解答（三）［J］. 城市规划，2012，36（6）：66.

［52］ 汪军，赵民，李新阳. 我国规划建设用地新标准制定的思路探讨［J］. 城市规划，2012，36（4）：54-60.

［53］ 黄明华，屈雯. "变"与"不变"——新旧两版《城市用地分类与规划建设用地标准》城市建设用地分类体系比较研究［A］. 2013中国城市规划学会年会论文集［C］，2013：1-15.

［54］ 徐颖，李新阳. 关于重构我国公共设施用地分类的思路探讨［J］. 城市规划，2012，36（4）：61-67.

［55］ 王凯，张菁，徐泽，徐颖. 立足统筹，面向转型的用地规划技术规章［J］. 城市规划，2012，36（4）：42-48.

［56］ 赵佩佩. 新版《城市用地分类与规划建设用地标准》研读［J］. 规划师，2012，28（2）：10-16.

［57］ 刘贵利，朱波. 新版《城市用地分类与规划建设用地标准》中"工业用地"标准修正研究［J］. 规划师，2012，28（2）：29-33.

［58］ 蒋大卫. 关于《城市用地分类与建设用地标准》［J］. 城市规划，1990，（1）：55-58.

［59］ 邹兵，吴晓莉. 也谈市场经济条件下公共设施用地分类的原则——兼与孙晖、梁江两位老师商榷［J］. 城市规划，2002，26（11）：80-85.

［60］ 戚冬瑾，周剑云. 面向规划管理的城市用地分类思考［J］. 城市规划，2012，36（7）：60-66.

［61］ 徐明尧，汤晋. 关于改进我国城市用地分类标准的思考［J］. 规划师，2008，24（12）：109-113.

［62］ 曹传新. 对《城市用地分类与规划建设用地标准》的透视和反思［J］. 规划师，2002，（10）：58-61.

［63］ 陈秉钊. 初读新版《城市用地分类与规划建设用地标准》——兼谈新标准的特点与规划师责任［J］. 规划师，2012，28（2）：5-7.

［64］ 高捷. 我国城市用地分类体系重构初探［D］. 上海：同济大学，2006.

［65］ 程遥. 我国城市建设用地分类标准调整研究——背景分析和方案设计［D］. 上海：同济大学，

2009.

[66] 黎云，李郇. 我国城市用地规模的影响因素分析 [J]. 城市规划，2006（10）.

[67] 敬博，黄明华. 城市建设用地规模动态确定与控制方法初探 [C]. 城市规划与科学发展——2009年中国城市规划学会年会，2009：836-846

[68] 程遥. 论用地规划中的"城市非建设用地"分类问题 [A]. 2008 年中国城市规划年会论文集 [C]，2008.

[69] 蒲蔚然，刘骏. 关于建立城市用地分类新标准的思考 [J]. 规划师，2008，（6）：9-12.

[70] 陈晨，赵民. 对"非建设用地"及其规划管控问题的若干探讨 [J]. 城市规划学刊，2011，（4）：39-45.

[71] 赵民，汪军，程遥. 国外城镇建设用地分类与标准的比较分析 [R]. 同济大学，2008.

[72] 汪军，赵民. 规划建设用地标准的影响及多元控制 [J]. 现代城市研究，2011，（9）：30-38.

[73] 汪军. 城市规划建设用地标准的评析与更新对策 [D]. 上海：同济大学，2007.

[74] 刘红萍，林奇胜，张安录. 城市用地控制标准执行状况及评析 [J]. 城市问题，2008（2）：65-68.

[75] 厉伟. 城市用地规模预测的新思路 [J]. 城市规划，2004，29（3）：62-65.

[76] 孙久文，叶振宇. 在新一轮城市总体规划修编中调整城市人均建设用地标准 [J]. 广东社会科学，2007（1）：23-28.

[77] 谈明洪，李秀彬，吕昌河. 20 世纪 90 年代中国大中城市建设用地扩张及其对耕地的占用 [J]. 中国科学 D 辑，2004，34（12）：1157-1165.

[78] 张文奇，靳东晓，王凯等. 城市用地结构和人口规模的研究 [M]. 北京：中国建筑工业出版社，2000.

[79] 袁利平，董黎明. 我国不同职能类型城市的用地水平分析 [J]. 中国土地科学，2001，15（3）：35-38.

[80] 蒋大卫. 城市建设用地标准要量体裁衣 [J]. 城市规划，1996，（5）：58-59.

[81] 汪军. 审视中国地城市蔓延——兼对我国城市建设用地控制标准的回顾 [J]. 现代城市研究，2012，（8）：51-58.

[82] 张能恭. 关于宁波人均城市建设用地的思考 [J]. 规划师，2004，（5）：109-111.

[83] 韩昊英. 城市增长边界的理论与应用 [M]. 北京：中国建筑工业出版社，2014.

[84] 奥立佛. 吉勒姆. 无边的城市：论战城市蔓延 [M]. 北京：中国建筑工业出版社，2007.

[85] 宋军. 控制性详细规划的控制体系 [J]. 城市规划汇刊. 1991，6：37-41.

[86] 梁鹤年. 合理确定容积率的依据 [J]. 城市规划，1992，18-22.

[87] 王国恩，殷毅，陈锦福. 南宁市旧城市改造中容积率的测算 [J]. 武汉城市建设学院学报. 1994，1：54-56.

[88] 宋启林. 从宏观调控出发解决容积率定量问题 [J]. 城市规划. 1996，2：21-24.

[89] 陈昌勇. 城市住宅容积率的确定机制 [J]. 城市问题. 2006，7：6-10.

[90] 咸宝林. 城市规划中容积率的确定方法研究 [D]. 西安：西安建筑科技大学. 2007.

[91] 鲍振洪，李朝奎. 城市建筑容积率研究进展 [J]. 地理科学进展. 2010，4：396-402.

[92] 刘仲宇，罗婧. 城市土地开发强度的定量研究方法初探 [C]. 规划 60 年：成就与挑战——2016中国城市规划年会论文集. 北京：中国建筑工业出版社 2016.

[93] 张博，葛幼松，顾鸣东. 城市中心区土地开发强度研究——以南京老城区为例 [J]. 河北师范大学学报. 2010，3：359-364.

[94] 孙峰. 从技术理性到政策属性——规划管理中容积率控制对策研究 [J]. 城市规划. 2009，33（11）：32-38.

[95] 马嵩. 浅议容积率的核心价值及确定方法 [C]. 2010 中国城市规划年会，2010.

［96］ 张亮，孟庆. 对城市建筑高度与容积率控制的思考——以重庆都市区为例［C］. 转型与重构——2011 中国城市规划年会论文集. 北京：2011，4138-4144.

［97］ 郑晓伟，王瑞鑫. 国内关于控制性详细规划容积率指标确定方法的研究进展综述［J］. 建筑与文化，2014，2：45-47.

［98］ 张戈. 容积率在城市土地开发强度控制中的应用研究［D］. 天津：天津大学. 2006.

［99］ 张献之. 建筑容积可移转性研究［D］. 上海：华东政法大学. 2016.

［100］ 王阳. 城市总体布局层面土地使用强度控制体系研究［D］. 西安：西安建筑科技大学. 2011.

［101］ 梁伟，于灏，苏腾. 控规管理中容积率奖励机制研究［C］. 和谐城市规划——2007 中国城市规划年会论文集. 哈尔滨：2007，742-747.

［102］ 戴铜. 美国容积率调控技术的体系化演变及应用研究［D］. 哈尔滨：哈尔滨工业大学. 2010.

［103］ 董春方. 密度与城市形态［J］. 建筑学报. 2012，7：22-27.

［104］ 春燕. 东京城市创新建设中的容积率管理方式与特点［J］. 城市发展研究. 2014，21（10）：43-48.

［105］ 沈海虹. 文化遗产保护领域中的发展权转移［J］. 中外建筑. 2006，2：50-51.

［106］ 刘慧军，沈权，陈蓉，城市规划管理中容积率分层确定机制探讨［J］. 规划管理，2013.（7）

［107］ 赵奎涛，胡克，王冬艳等，经济容积率在城镇土地利用潜力评价中的思考［J］. 国土资源科技管理，2005.（3）

［108］ 咸宝林，陈晓健. 合理容积率确定方法探讨［J］. 规划师，2008，24（11）：60-65.

［109］ 陈琳. 最佳容积率的确定［J］. 华南建设学院报，1995，4（2）：55-56.

［110］ 黄明华，黄汝钦. 对控制性详细规划中商业性 开发项目容积率"值域化"初探［J］. 规划师，2010，26（10）：28-33.

［111］ 宋玲. 独立居住地块容积率"值域化"研究［D］. 西安：西安建筑科技大学. 2013.

［112］ 叶舟. 土地开发强度视角下容积率的影响要素分析［J］. 住宅与房地产. 2016，7：29.

［113］ 王阳，黄明华. 基于公共利益的大中城市居住地块开发强度绩效研究［M］. 北京：中国建筑工业出版社，2015.

［114］ 郑晓伟. 值域化：基于公共利益的城市居住地块容积率控制［M］. 北京：中国建筑工业出版社，2014.

［115］ 姚瑶，罗佳，方程. 总量平衡与刚柔适度的容积率控制方法优化研究［J］. 中外建筑，2016.（1）：83-85.

［116］ Anderson A T，West S E. Open space，residential property values and spatial context［J］. Regional Science and urban Economics，2006（36）：773-789.

［117］ Austin M. The evaluation of urban public facility location：An alternative to cost-benefit analysis［J］. Geographical Analysis，1974（6）：135-146.

［118］ Bergstrom J C，Cordell H K. An analysis of the demand for and value of outdoor recreation in the United States［J］. Journal of Leisure Research，1991，23（1）：67-86.

［119］ Brabyn L，Sutton S. A population based assessment of the geographical accessibility of outdoor recreation opportunities in New Zealand［J］. Applied Geography，2013，4（1）：124-131.

［120］ Abildtrup J，Garcia S，Olsen S. et al. Spatial preference heterogeneity in forest recreation［J］. Ecological Economics，2013，9（2）：67-77.

［121］ Marcouiller D W，Prey J，Scott I. The regional supply of outdoor recreation resources：demonstration the use of location questions as management tools［J］. Journal of Park and Recreation Administration Winter，2009，27（4）：92-107.

［122］ Schaafsma M，Brouwer R. Testing geographical framing and substitution effects in spatial choice experiments [J]. The Journal of Choice Modeling, 2013, (8): 32-48.

[123] Amoako T J, Martinez E R. Lersure and the net opportunity cost of travel time in recreation demand analysis: An application to Gros Morne National Park [J]. Journal of Applied Economics, 2012, XV (1): 25-49.

[124] Parks and Recreation National Database Report [R]. USA: National Recreation and Park Association (NRPA), 2013.

[125] Bozeman Parks, Recreation, Open Space and Trails (PROST) Plan [R]. USA: Bozeman City Commission, 2007.

[126] City of Bloomington Parks and Recreation Annual Report [R]. USA: PRD, 2012.

[127] Park, Recreation, Open Space, and Greenway Guidelines [R]. USA: National Recreation and Park Association (NRPA), 2015.

[128] The Planning of the City of Baton Rouge and Parish of East Baton Rouge [R]. USA: City-Parish Planning Commission, 2014.

[129] Kytzia S, Walz A, Wegman M. How can tourism use land more efficiently: a model-based approach to land-use efficiency for tourist destinations [J]. Tourism Management, 2011, 3 (2): 629-640.

[130] Clawson M, Vand C. Statistics on outdoor recreation [M]. Washington DC: Resources for the Future, Inc. 1984.

[131] Smith D S, Cawood H P. An overview of greenways: their history, ecological context, and specific function [M]. Minneapolis: University of Minnesota Press, 1993.

[132] Laura O. Petrov, Carlo Lavalle, Marjo Kasanko. Urban land use scenarios for a tourist region in Europe: Applying the MOLAND model to Algarve, Portugal [J]. Landscape and Urban Planning, 2009, 92 (1): 10-23.

[133] S. García-Ayllón. La Manga case study: Consequences from short-term urban planning in a tourism mass destiny of the Spanish Mediterranean coast [J]. Cities, 013, 43: 141-151.

[134] Helen Wei Zheng, Geoffrey Qiping Shen, Hao Wang, Jingke Hong. Simulating land use change in urban renewal areas: A case study in Hong Kong [J]. Habitat International, 2015, 46: 23-34.

[135] Philip Feifan Xie, Kai Gu. The changing urban morphology: Waterfront redevelopment and event tourism in New Zealand [J]. Tourism Management Perspectives, 2015, 15: 105-114.

[136] Burgers J. Urban landscapes on public space in the post-industrial city [J]. Journal of Housing and the Built Environment, 2000, 15 (2): 145-164.

[137] Gospodini A. (2001). Urban design, urban space morphology, urban tourism: An emerging new paradigm concerning their relationship [J]. European Planning Studies, 2001, 9 (7): 925-934.

[138] Xiyan Mao, Jijun Meng, Qi Wang. Modeling the effects of tourism and land regulation on land-use change in tourist regions: A case study of the Lijiang River Basin in Guilin, China [J]. Land Use Policy, 2014, 41: 368-377.

[139] Allan M. Williams, Gareth Shaw. Future play: tourism, recreation and land use [J]. Land Use Policy, 2009, 26: S326-S335.

[140] Razieh Mosadeghi, Jan Warnken, Rodger Tomlinson, Hamid Mirfenderesk. Comparison of Fuzzy-AHP and AHP in a spatial multi-criteria decision making model for urban land-use planning [J]. Computers, Environment and Urban Systems, 2015, 49: 54-65.

[141] Angela Hof, Thomas Schmitt. Urban and tourist land use patterns and water consumption: Evi-

dence from Mallorca, Balearic Islands [J]. Land Use Policy, 2011, 28 (4): 792-804.

[142] Shinde, Kiran A. Planning for urbanization in religious tourism destinations: insights from Shirdi India [J]. planning practice and research, 2017 (32): 132-151.

[143] 梁栋栋, 陆林. 旅游用地的初步研究 [J]. 资源开发与市场, 2005, 21 (5): 42-463.

[144] 张娟. 旅游用地分类探讨 [J]. 资源与产业, 2008, 10 (1): 63-68.

[145] 郝艳丽, 苏勤,, 吕军. 城市旅游用地规划初探 [J]. 资源开发与市场, 2009, (25) 3: 279-281.

[146] 张国丽. 旅游用地复合化利用 [J]. 经济研究导论, 2009, (32) 70: 69-71.

[147] 邵佳. 城市旅游用地的提出、分类设想及落实探讨 [J]. 规划师, 2013, 2 (29): 84-87.

[148] 周菲菲. 我国旅游用地分类与开发模式研究 [D]. 青岛: 中国海洋大学, 2010.

[149] 任飞. 杭州城市旅游用地空间结构演变及其驱动因素研究 [D]. 杭州: 浙江工业大学, 2011.

[150] 陈长伟, 吴小根. 基于有机疏散理论的城市旅游用地研究 [J]. 江西农业学报, 2011, 23 (1): 190-192.

[151] 成英文, 张辉. 旅游用地存在的问题及对策 [N]. 中国旅游报, 2013-6-5 (011).

[152] 陈文递. 旅游用地分类体系构建及空间结构特征研究 [D]. 南京: 南京师范大学, 2014.

[153] 汪忠满. 都市旅游与"宜游城市"空间结构研究 [M]. 北京: 中国建筑工业出版社, 2011.

[154] 冯维波. 城市游憩空间分析与整合 [M]. 北京: 科学出版社, 2009.

[155] 徐勤政, 刘鲁, 彭珂. 城乡规划视角的旅游用地分类体系研究 [J]. 旅游学刊, 2010, 25 (7): 54-61.

[156] 北京市规划委员会. 《北京市旅游用地规划研究》报告初稿 (2008-2020) [R]. 2008.

[157] 北京市规划委员会. 《北京市新城用地研究报告》 (2006-2020) [R]. 2006.

[158] 杨军, 高珊. 拒绝"擦边球"——对城市规划中出现旅游用地的一些思考 [C]. 和谐城市规划——2007 中国城市规划年会论文集, 2007: 2489-2492.

[159] 刘家明. 旅游度假区土地利用规划 [J]. 国外城市规划, 2000, (3): 13-16.

[160] 章牧, 李月兰. 土地利用总体规划修编中的旅游用地问题研究 [J]. 社会科学家, 2006, (7): 124-127.

[161] 苏琨, 周勇. 旅游用地在土地利用分类系统中的归属与应用初探 [J]. 资源与产业, 2008, (6): 97-99.

[162] 范业正. 城市旅游规划与城市规划的关系与协调 [J]. 规划师, 2000, 16 (6): 95-97.

[163] 李婷婷, 密亚州, 张辉等. 北京市郊区旅游用地管理模式研究 [J]. 城市发展研究, 2009, (11): 89-96.

[164] 董恒年, 张妙弟, 刘运伟. 北京郊区休闲度假旅游用地现状及未来趋势研究 [J]. 旅游学刊, 2007, 22 (4): 48-52.

[165] 王润, 黄凯, 朱鹤. 国内外城市游憩用地管理域研究动态 [J]. 华中农业大学学报, 2015, 117 (3): 95-101.

[166] 周丽. 国内外城市旅游用地研究综述 [J]. 安徽农业科学, 2008, (31): 13797-13799.

[167] 徐红罡. 城市旅游与城市发展的动态模式探讨 [J]. 人文地理, 2005, 20 (1): 6-9.

[168] 王金叶, 韦绍兰, 吴郭泉, 腾汉书, 杨鹏, 黄华乾. 基于桂林旅游产业用地改革背景下的旅游用地分类 [J]. 桂林理工大学学报, 2015, 35 (1): 91-98.

[169] 陈勇. 面向城市旅游的城市规划 [J]. 城市规划, 2001, (8): 13-15.

[170] 杨德进, 徐虹. 城市化进程中城市规划的旅游适应性对策研究 [J]. 经济地理, 2014, 34 (9): 166-171.

[171] 尚文生, 欧阳燕红. 论城市旅游规划与城市规划的相互协调 [J]. 人文地理, 1998, 13 (2): 46-49.

[172] 王琳. 论发展城市旅游对城市规划的要求 [J]. 安徽建筑工程学院学报，2004，12（3）：63-65.

[173] 周建明，岳凤珍. 试析城市规划在城市旅游发展中的作用 [J]. 国际城市规划，2009，（S1）：196-199.

[174] 陈佳骊. 城市公益性用地问题初探 [D]. 杭州：浙江大学，2004.

[175] 罗祥伟，王占岐，杨华明. 城市土地利用中的外部性问题与治理研究 [J]. 安徽农业科学，2006，34（21）：5731-5732.

[176] 赵宇鸣. 城市区大遗址保护中外部性治理的理论与实证研究 [D]. 西安：西北大学，2006.

[177] 张丹. 城市公园环境外部性及其内化机制研究 [D]. 武汉：华中师范大学，2011.

[178] 王帅. 城市公共景观资源的公平利用规划控制研究 [D]. 沈阳：沈阳建筑大学，2012.

[179] Wang Yang, Zhao Lingling, Sobkowiak Leszek, Guan Xingliang, Wang Shaojian. Impact of urban landscape and environmental externalities on spatial differentiation of housing prices in Yangzhou City [J]. J. Geogr. Sci. 2015，25（9）：1122-1136.

[180] 何娟，丁磊，牛小丹. 城市开放空间价值评估 _ Hedonic 法应用研究 [J]. 中国人口·资源环境，2016，26（5）：393-396.

[181] 张英. 城市绿地建设对住宅地价的溢出效应研究 [D]. 徐州：中国矿业大学，2014.

[182] 江海燕，谢涤湘，周春山. 国外城市绿地外部性定量评价的主要方法及其应用 [J]. 中国园林，2010，26（2）：78-81.

[183] 赵天英，刘军华. 历史街区保护的外部经济性及内部化 [J]. 天津城市建设学院学报，2007，13（1）：5-8.

[184] 中国政府网. 关于进一步促进旅游投资和消费的若干意 [EB/OL]. http://www. gov. cn/，2015-8-11.

[185] 云南旅游政务网. 云南省旅游条例 [EB/OL]. http://www. ynta. gov. cn/，2015-1-20.

[186] 北京市人大常委会门户网站. 北京市旅游发展委员会《关于旅游发展情况报告》http://www. bjrd. gov. cn/，2013-11-20.

[187] 桂林政府网站. 桂林旅游产业用地改革试点若干政策 [EB/OL]. http://www. guilin. gov. cn/，2015-7-30.

[188] 朱铁臻. 城市发展学 [M]. 石家庄：河北教育出版社，2010.

[189] Michael Dear. The Postmodern Urban Condition [M]. Oxford and Malen：Blackwell，2000.

[190] Denise Dipasquale，William Wheaton. 龙奋杰等译. 城市经济学与房地产市场 [M]. 北京：经济科学出版社，2002.

[191] 孙施文. 现代城市规划理论 [M]. 北京：中国建筑工业出版社，2007.

[192] 许学强，周一星，宁越敏. 城市地理学（第二版）[M]. 北京：高等教育出版社，2009.

[193] Michael Goldberg，Peter Chinloy. Urban Land Economics [M]. New York：John Wiley & Sons，Inc.，1984

[194] Martin Heidegger，陈伯冲译，季铁男编. 建筑现象学导论 [M]. 台北：桂冠图书公司，1992. 55-56.

[195] Susanne K. Langer，刘大基等译. 情感与形式 [M]. 北京：中国社会科学出版社，1986.

[196] A. Rapoport，黄兰谷译. 建成环境的意义：非语言表达方法 [M]. 北京：中国建筑工业出版社，1992.

[197] Sharon Zukin. Landscapes of Power：From Detroit to Disney World [M]. Berkeley. Los Angeles and LondonL：University of California Press，1991.

[198] Sharon Zukin. The Cultures of Cities [M]. Malden. Oxford：Blackwell Publishing，1995.

[199] 田松青. 休闲经济 [M]. 北京：新华出版社，2005.

[200] 金准. 中国城市旅游的现状及前瞻 [J]. 中国经贸导刊，2014，32.

[201] Mancur Lloyd Olson，Jr. The Logic of Collective Action：Public Goods and the Theory of Groups [M]. Harvard University Press，1965.

[202] 王永，沈毅. 空间自相关方法及其主要应用现状 [J]. 中国卫生统计，2008，25（4）：443-445.

[203] Paul A. Samuelson. The Pure Theory of Public Expenditure [J]. The Review of Economics and Statistics，1954，36（4）：387-389.

[204] 李明德，弓宝宏，沈涵. 旅游产业在北京城市经济与社会发展中的作用 [J]. 北京城市学院学报，2006（1）：9-15.

[205] 成英文. 城市旅游化、概念、测量，影响因素及其演进规律 [D]. 北京：北京交通大学，2014.

[206] 连晓燕. 旅游城市的发展动力与路径研究——以长三角地区为例 [D]. 杭州：浙江大学，2006.

[207] 国家旅游局网. 2015 年中国旅游业统计公报 [EB/OL]. http://http://www. cnta. gov. cn/，2016-10-18.

[208] 路易斯·芒福德. 城市发展史 [M]. 北京：中国建筑工业出版社，2005.

[209] 阿尔伯蒂. 建筑论 [M]. 北京：中国建筑工业出版社，2010.

[210] 王挺之，刘耀春. 文艺复兴时期意大利城市的空间布局 [J]. 历史研究，2008（2）：146-163.

[211] 于亮. 当代城市公园演变趋势初探——以上海为例 [D]. 北京：北京林业大学，2002.

[212] 徐慧为. 论上海老公园改造指导思想——以杨浦公园为例 [D]. 上海：上海交通大学，2009.

[213] 张亦弛. 天津首座英租界公园——维多利亚花园 [J]. 农业科技与信息：现代园林，2010（5）：44-47.

[214] 赵志霞. 城市旅游发展规划特殊性研究 [D]. 南京：东南大学，2005.

[215] 网易新闻中心，威尼斯死了？[EB/OL]. http://news. 163. com/，2009-11-16.

[216] 凯文·林奇. 城市形态 [M]. 北京：华夏出版社，2003.

[217] 中国社会科学院旅游研究中心. 《世界旅游经济趋势报告（2017）》[EB/OL]. http://www. casstrc. org/，2017-1-9.

[218] 西安市城市规划设计研究院. 西安城市总体规划规划（2008-2020）修改 [Z]. 2016.

[219] 西安市政府网，西安概况 [EB/OL]. http://www. xa. gov. cn/，2017-3-2.

[220] 魏峰群，席岳婷. 基于文化基因传承视角下的城市空间蔓延初探——以西安市为例 [J]. 城市发展研究，2012，19（7）：49-50.

[221] 西安市旅游局. 西安旅游发展总体规划规划（2013-2020）修改 [Z]. 2013.

[222] 韩柯子，王晨. 城市人口与建设用地结构关系的实证研究 [C]. 2015 中国城市规划年会，2015.

[223] 马耀峰，宋保平，赵振斌. 陕西旅游资源评价研究 [M]. 北京：科学出版社出版，2007.

[224] 孙根年，马丽君. 西安旅游气候舒适度与客流量年内变化相关性分析 [J]. 旅游学刊，2007，22（7）：34-39.

[225] 旅馆建筑设计规范（JGJ 62—2014）[S]. 北京：中国建筑工业出版社，2014.

[226] 旅游饭店星级的划分与评定（GB/T 14308—2010）[S]. 北京：中国标准出版社，2010.

[227] 建筑设计资料集（4）[S]. 北京：中国建筑工业出版社，2014.

[228] 张舰. 中外大城市建设用地容积率比较 [J]. 城市问题，2015（4）：12-16.

[229] 旅游规划通则（GB/T 18971—2003）[S]. 北京：中国标准出版社，2003.

[230] 西安市城乡规划管理技术规定 [S]. 西安市：西安市规划局，2015.

[231] 戈晓晴，王建武，卢静. 城市建设用地综合容积率研究 [J]. 中国土地 2013，(9)：34-36.

[232] 董春方. 密度与城市形态 [J]. 建筑学报，2012，(7)：22-27.

[233] 温海珍，李旭宁，张凌. 城市景观对住宅价格的影响——以杭州市为例 [J]. 地理研究，2012，31（10）：1806-1814.

[234] 姜子峰. 城市绿地外部经济效益内部化 [D]. 南京：南京林业大学，2009.

[235] 陈赓，朱道林，苏亚艺，张立新. 大型城市公园绿地对住宅价格的影响 [J]. 资源科学，2015，37 (11)：2202-2210.

[236] 邱慧，蒋涤非，易欣. 城市公共景观对周边住宅价格影响——以株洲神农城为例 [J]. 经济地理，2011，12：27.

[237] Vicki Been, Ingrid Gould Ellen, Michael Gedal, Edward Glaeser & Brian J. McCabe, Preserving history or restricting development? The heterogeneous effects of historic districts on local housing markets in New York City [J]. Journal of Urban Economics，2016 (92)：16-30.

[238] Michael C. Lens, Paavo Monkkonen. Do Strict Land Use Regulations Make Metropolitan Areas More Segregated by Income? [J]. Journal of the American Planning Association，2016，82 (1)：6-21.

[239] 西安曲江新区，新区概览 [EB/OL]. http：//www. qujiang. com. cn/，2017-10-10.

[240] 西安市城市规划设计研究院. 西安曲江新区控制性详细规划（2010）[Z]. 2010.

[241] 徐琳. 基于 ArcGIS 的地面沉降数据空间分析技术与应用 [D]. 北京：中国地质大学（北京），2013.

[242] 禹文豪，艾廷华. 核密度估计法支持下的网络空间 POI 点可视化与分析 [J]. 测绘学报，2015，44 (1)：82-89.

[243] 谷兴，周丽青. 基于地理加权回归的武汉市住宅房价空间分异及其影响因素分析 [J]. 国土与自然资源研究所，2015，3：63-68.

[244] 王胜利. 视线分析与高度控制 [D]. 北京：中国艺术研究院，2010.

[245] 吕航. 西安明城区建筑高度控制问题初探 [D]. 西安：西安建筑科技大学，2005.

[246] 张硕. 西安城墙周边地区城市更新设计研究初探 [D]. 北京：清华大学，2011.

[247] 张倩. 历史文化遗产资源周边建筑环境的保护与规划设计研究 [D]. 西安：西安建筑科技大学，2011.

[248] 胡鹏，覃成林. 空间外部性、空间依赖与空间外溢之辨析 [J]. 地域研究与开发，2011，30 (1)：5-9.

[249] 陈旭. 城市轨道交通外部性研究 [D]. 武汉：华中科技大学，2005.

[250] 侯兵，黄震方，徐海军. 外部性视角的城市旅游公共管理体制变革与创新 [J]. 商业经济与管理，2009，212 (6)：74-81.

[251] 权瑾，郑晓伟. 基于 "Delphi—AHP" 因子评价法的城市高度控制研究 [C]. 2009 年中国城市规划年会，2009.

[252] 中华人民共和国建设部，城市规划编制办法 [M]. 北京：中国法制出版社，2006.

[253] 张平. 大遗址周边开发强度控制研究 [D]. 西安：西北大学，2014.

[254] 郑晓伟，黄明华. 基于公共利益的城市新建居住用地容积率 "值域化" 控制方法研究 [M]. 北京：中国建筑工业出版社，2014.

[255] Robert C Ellickson, Vicki L. Been. Land use controls：Cases and Materials [M]. Aspen Publishers，2005.

[256] Michael Kruse. Constructing the Special Theater Sbudistrict：Culture, Politics, and Economics in the Creation of Transferable Development Rights [J]. The Urban Lawyer，2008 (40)：95-145.

[257] Kyoto City Web. [EB/OL]. http：//www2. city. kyoto. lg. jp/koho/chi/，2014.

[258] 京都市的景观政策. [EB/OL]. http：//www. city. kyoto. lg. jp/，2016.

[259] 杨箐丛，薛里莹. 日本古都保护的高度控制方法——以京都为例 [J]. 华中建筑，2015，33 (12)：45-50.

［260］ 唐芃，李汉忠，李新建. 京都市的传统建筑物群保存地区及相关保护政策措施解读［J］. 建筑与文化，2014（8）：170-175.

［261］ 何加宜，吴伟. 超越时空熠熠生辉的京都景观建设——日本京都市景观保护与营造政策［J］. 城市管理与科技，2010，12（2）：75-77.

［262］ 桂林市城市规划设计研究院. 桂林市城市总体规划（2010-2020）［Z］. 2010.

［263］ 桂林市城市规划管理技术规定（2011）［S］. 桂林：桂林市规划局，2011.

［264］ 金鑫，陈洋，王西京. 基于历史环境保护的文物古迹周边建筑高度控制方法探析［J］. 建筑学报，2013（s1）.

［265］ 赵则. 基于视线分析的城市公园周边建筑高度控制规划研究——以湖南烈士公园为例［J］. 中南林业科技大学，2013.

［266］ 城市绿地分类标准（CJJ/T 85—2002）［S］. 北京：中国建筑工业出版社，2002.

［267］ 城市公园设计规范（CJJ 48—92）［S］. 北京：中国建筑工业出版社，1992.

［268］ 西安建大城市规划设计研究院. 曲江新区空间形态高度控制研究［Z］. 2007.

［269］ 黄琦. 城市总体风貌规划框架研究［D］. 北京：清华大学，2014.

［270］ 大野隆造，小林美纪. 人的城市：安全与舒适的环境设计［M］. 北京：中国建筑工业出版社，2015.

［271］ 西安市景区周边缓冲区控高规划［S］. 西安市：西安市规划局.

［272］ 张诗雨. 发达国家城市治理的标准与模式，［J］. 中国发展观察，2015（2）：88-91.

［273］ 刘艺. 我国土地资源现状及其可持续发展［J］. 世界家苑，2014.

［274］ 魏国锐. 浅谈我国国土资源管理现状及发展对策［J］. 农业与技术，2014，34（11）：230.

［275］ 秦盼盼. 城市旅游规划与城市规划的协调研究［D］. 青岛：青岛大学，2012.

［276］ 王郁. 国际视野下的城市规划管理制度［M］. 北京：中国建筑工业出版社，2009.

［277］ 赵志霞. 城市旅游发展规划特殊性研究［D］. 南京：东南大学，2005.

［278］ 齐欢. 城市旅游公共服务设施指标体系研究［D］. 北京：北京建筑大学，2014.

［279］ 国务院法制办公室. 中华人民共和国旅游法.［M］北京：中国法制出版社 2013.

［280］ 范正业. 城市旅游规划与城市规划的关系与协调［J］. 规划师，2000（6）：95-97.

［281］ 罗祥伟，王占岐，杨华明. 城市土地利用中的外部性问题与治理研究［J］. 安徽农业科学，2006，34（21）：5731-5732.

［282］ 曾诚. 容积率空间分布的管控与实践初探［D］. 重庆：重庆大学，2015.